# LA NATION CANADIENNE

ÉTUDE HISTORIQUE

SUR LES

## POPULATIONS FRANÇAISES

DU NORD DE L'AMÉRIQUE

PAR

Ch. GAILLY de TAURINES

PARIS

E. PLON, NOURRIT et C<sup>ie</sup>, IMPRIMEURS-ÉDITEURS

RUE GARANCIÈRE, 8

1894

*Tous droits réservés*

LA
# NATION CANADIENNE

L'auteur et les éditeurs déclarent réserver leurs droits de reproduction et de traduction en France et dans tous les pays étrangers, y compris la Suède et la Norvège.

Ce volume a été déposé au ministère de l'intérieur (section de la librairie) en janvier 1894.

PARIS. TYP. DE E. PLON, NOURRIT ET C$^{ie}$, RUE GARANCIÈRE, 8.

# LA
# NATION CANADIENNE

ÉTUDE HISTORIQUE

SUR LES

## POPULATIONS FRANÇAISES

DU NORD DE L'AMÉRIQUE

PAR

Ch. GAILLY de TAURINES

PARIS

E. PLON, NOURRIT et C<sup>ie</sup>, IMPRIMEURS-ÉDITEURS

RUE GARANCIÈRE, 8

—

1894

*Tous droits réservés*

## A MON PÈRE

*Hommage de reconnaissance et de filiale affection*

# INTRODUCTION

La nation canadienne ! Voici un terme nouveau dans la classification des peuples. Le nom de Canada et de Canadiens, il n'y a pas bien longtemps encore, n'éveillait guère dans l'esprit des Français que l'idée des « arpents de neige », du froid, des sauvages et des castors.

De ce que la France eût possédé autrefois ce pays lointain, et de ce qu'elle l'eût cédé à une nation étrangère, nous avions le souvenir sans en avoir le regret, et nous partagions sur cette perte la facile résignation des contemporains de Voltaire.

Mais voici que sous les yeux mêmes de notre génération, une apparition étrange est venue troubler la quiétude de notre oubli. Après une croissance obscure et ignorée sur cette terre canadienne, un peuple est apparu tout à coup à nos regards étonnés, doué de toutes les qualités, de tous les caractères qui font les nations fortes, et ce peuple était un peuple français; il sortait des quelques hommes de notre sang que nous croyions définitivement perdus sur une terre que nous nous figurions ingrate. Son merveilleux et rapide développement venait donner un flagrant démenti à l'erreur de nos appréciations et provoquer en nous de tardifs remords pour l'injustice de notre oubli.

C'était donc une terre fertile et riche que ces quelques arpents de neige; c'était donc une population robuste et vivace que ces colons abandonnés il y a un siècle sur un sol dédaigné!

De cette nation canadienne, nul ne peut aujourd'hui nier ni l'existence, ni les progrès; les statistiques constatent la merveilleuse multiplication de sa population. Ses représentants viennent en France, y reçoivent les témoignages de notre sympathie, et ce n'est pas sans un légitime orgueil qu'ils traitent presque d'égal à égal, de nation à nation, avec une patrie qui a eu si peu de foi dans leur avenir. A juste titre, ils sont fiers de lui démontrer son erreur.

N'est-il pas intéressant pour nous d'étudier ces

populations françaises d'Amérique dans leurs origines, leurs progrès, leur état actuel, dans tous les éléments en un mot qui font d'elles à proprement parler une *nation?*

Ces éléments sont nombreux et complexes. Une nation, c'est une communauté d'hommes groupés sur un même territoire et reliés entre eux par des sentiments communs. Les Canadiens réunissent tous ces caractères.

Leur population est une de celles dans l'univers entier dont l'augmentation est la plus rapide. Leur territoire est riche et productif : non seulement il suffit à ses habitants, mais il livre en outre tous les ans des centaines de millions à l'exportation. Le sentiment national enfin, qui unit entre eux les Canadiens, est ardent, tenace, fier et inébranlable.

Le territoire et la population sont les éléments les plus sensibles et les plus évidents, mais ce ne sont ni les principaux ni les plus forts; les liens invisibles et presque indéfinissables du patriotisme contribuent autrement à la cohésion et à la puissance d'une nation. Ces liens, que tout le monde sent mais que personne ne définit pleinement, sont ceux qui résultent de souvenirs communs, des croyances communes, de travaux accomplis, de souffrances subies côte à côte, de gloire acquise de concert, et d'espérances nourries vers un même avenir.

L'histoire des Canadiens leur offre de glorieux souvenirs : au début même de leur existence coloniale, les plus grands noms de notre histoire, ceux de Henri IV et de Louis XIV, ceux de Richelieu et de Colbert, couvrent pour ainsi dire leur berceau et leur font partager comme un patrimoine commun le lustre de nos propres annales. Plus tard, quand violemment séparés de la France, la fortune des armes les contraint, sous un gouvernement étranger, à une existence désormais distincte de celle de leur mère patrie, ils reprennent seuls la chaîne non moins glorieuse et non moins belle de leurs traditions et de leur histoire. Parmi leurs conquérants, ils parviennent à se faire une place respectée, et méritent, par des services qui imposent la reconnaissance, la bienveillance et l'admiration du gouvernement anglais.

Tous ces souvenirs sont entretenus dans l'esprit du peuple par une littérature nationale dont l'unique tendance est la glorification et l'amour de la patrie; et de même que le titre de Français réunit pour nous et résume tout ce qu'en dix siècles nos pères ont accumulé de gloires et de souvenirs dans notre histoire, celui de Canadien évoque dans leur cœur l'image de la vieille France leur mère, condense toute leur histoire, et demeure la seule dénomination nationale sous laquelle ils veulent être désignés.

S'ils sont *Canadiens* et non plus Français, qu'importe, dira-t-on, à la France moderne la formation de cette nationalité nouvelle?

D'avantages politiques nous n'avons pas à en attendre en effet. Mais n'est-ce rien que l'existence en Amérique d'une nation de langue française conservant avec opiniâtreté d'inébranlables sympathies pour son ancienne patrie? n'est-ce pas là un contrepoids désirable à la suprématie par trop grande des peuples de langue anglaise dans le nouveau monde? Il y a trop peu, de par le monde, de terres où vive notre sang et où résonne notre langue; n'est-il pas consolant de trouver, au delà de l'Océan, un peuple qui se prépare à les propager et qui contribue à donner à la race française la place qu'elle doit occuper dans l'Univers?

Les liens qui résultent de la communauté du sang et de la communauté de la langue sont plus forts que ceux des frontières politiques; les uns sont durables et résistent à tous les bouleversements, les autres sont incertains et changeants.

La lutte pour l'existence est la constante destinée des hommes; au fond du perpétuel enchaînement de conflits, de guerres, de bouleversements et de révolutions que nous montre l'histoire, il est facile de reconnaitre l'éternelle rivalité des races. D'une façon apparente ou cachée, l'histoire politique tout entière est subordonnée à l'histoire ethnographique. Les guerres et les traités ne sont que les épisodes du grand drame qui entraîne l'humanité tout entière, toujours luttant et toujours combattant, vers sa mystérieuse destinée. Nul ne demeure en repos : il faut attaquer ou se défendre, et les races les plus fortes, les plus intelligentes et les plus nombreuses, finissent par l'emporter sur les autres et par les dominer.

Dans cet éternel combat, toujours renouvelé et jamais fini, c'est pour la race française que lutte la nation canadienne!

# LA NATION CANADIENNE

## PREMIÈRE PARTIE

### ORIGINES ET ÉVOLUTION HISTORIQUE DE LA NATION CANADIENNE

## CHAPITRE PREMIER

### LES ORIGINES.

Emporté par la vapeur sur un luxueux paquebot, le voyageur qui arrive à Québec par le majestueux estuaire du Saint-Laurent, peut difficilement se faire une idée de ce qu'était, il y a trois siècles à peine, la fertile et riche contrée étendue sous ses yeux.

Cette côte riante, toute couverte de moissons, toute pointillée de blanches maisons, toute parsemée de villages qui font briller au soleil l'éclatante toiture métallique de leurs clochers, ces vallées ombragées qui viennent jeter au grand fleuve l'eau bondissante de leurs ruisseaux, ces prairies, ces collines si coquettes, tout ce panorama changeant et plein de vie que la marche du navire déroule avec rapidité aux regards émerveillés des passagers; tout ce mouvement, toute cette activité, toute cette richesse n'étaient, à une époque qui n'est pas bien éloignée de nous, que silence, désert et solitude.

Quand en 1535, poussé par ce vent de découvertes qui soufflait depuis Colomb, le marin malouin Jacques Cartier remonte pour la première fois le cours du grand fleuve, il ne trouve sur ses rives que des forêts sans limites, et, pour toute population, que quelques pauvres tribus indiennes.

Campé sur la rive pour y passer l'hiver, il voit, à cet endroit même où s'élèvent aujourd'hui les fières murailles et les gracieux monuments de Québec, ses compagnons décimés par le froid, les maladies et la faim !

Il faut lire le récit de cet hivernage dans la relation même qu'en a laissée Cartier. Une affreuse épidémie, le typhus, décimait ses compagnons. Le mal sévissait avec une telle fureur qu'à la fin de février, des cent dix hommes de sa flotte, trois ou quatre à peine restaient capables de porter à leurs compagnons les soins que réclamait leur pitoyable état. Vingt-cinq d'entre eux succombèrent au fléau. Cartier fit faire l'autopsie du cadavre de l'un d'eux, Philippe Rougemont, d'Amboise, et il relate avec minutie dans son journal tous les détails de cette triste opération.

« Il fust trouvé qu'il avait le cœur blanc et flétri,
« environné de plus d'un pot d'eau rousse comme

« dacte, le foye beau, mais avait le poumon tout noirci
« et mortifié et s'était retiré tout son sang au-dessus
« de son cœur, car quand il fut ouvert, sortit au-dessus
« du cœur grande abondance de sang noir infect.
« Pareillement, avait la rate par devers l'échine un
« peu entamée, environ deux doigts, comme si elle
« eut été frottée sur une pierre rude. Après cela vu
« lui fut ouverte et incise une cuisse, laquelle était
« fort noire par dehors, mais dedans la chair fut
« trouvée assez belle. »

Plus de quarante des autres compagnons de Cartier étaient dans une situation désespérée, lorsqu'une femme indienne indiqua à leur chef un arbre dont l'écorce devait être un remède au terrible mal, et qui, en effet, rendit bientôt aux malades « santé et guérison ». « Si tous les médecins de Louvain et de Montpellier, ajoute Cartier, y eussent été avec toutes les drogues d'Alexandrie, ils n'en eussent pas tant fait en un an que ledit arbre a fait en six jours (1). »

---

(1) Brief récit et succincte narration de la navigation faite en 1535 et 1536 par le capitaine Jacques Cartier, aux îles de Canada, Hochelaya, Saquenay et autres, etc.

C'est pendant ce voyage que Cartier eut pour la première fois connaissance de l'usage du tabac par les Indiens. Voici la curieuse description qu'il donne de cet usage alors totalement inconnu en France :

« Ils ont, dit-il en parlant des Indiens, une herbe de quoi ils font grand amas durant l'été pour l'hiver, laquelle ils estiment fort, et en usent les hommes seulement en la façon que s'ensuit : ils la font sécher au soleil, et la portent à leur col en une petite peau de bête au lieu de sac, avec un cornet de pierre ou bois; puis, à toute heure font poudre de ladite herbe et la mettent en l'un des bouts dudit cornet, puis mettent un charbon de feu dessus et sucent par

Rebuté par tant de difficultés et de traverses, Cartier, dès le retour de la belle saison, s'empressa de quitter les eaux du Saint-Laurent et ne laissa sur ses rives aucun établissement durable.

Il fallut aux fondateurs de colonies un cœur fortement trempé, une triple cuirasse d'airain, comme dit Horace, pour aborder ces pays sauvages et tenter, au milieu des privations et des dangers, de s'y créer de nouvelles patries. Ils obéissaient à cette force invincible qui fait marcher les peuples vers de mystérieuses destinées ; le nouveau continent était ouvert à l'Europe, ils allaient le conquérir pour elle.

Commencée au seizième siècle, cette conquête est de nos jours à peu près définitivement achevée ; les plus habiles, les plus entreprenants et les plus forts en ont eu la plus grosse part. Nos grands hommes d'État en avaient compris l'importance : François Ier l'avait pressentie et avait lancé partout les marins français à la découverte de nouvelles terres. Henri IV avait commencé notre empire colonial, et c'est aux grandes vues de cet homme de génie qu'est dû le premier projet de créer sur les rives du Saint-Laurent une colonie permanente. Québec lui doit sa naissance.

C'est par ses ordres directs et contre l'avis, bien aveugle cette fois, avouons-le, du sage Sully, que

---

l'autre bout, tant qu'ils s'emplissent le corps de fumée, tellement qu'elle leur sort par la bouche et par les nazilles comme par un tuyau de cheminée ; et disent que cela les tient sains et chaudement, et ne vont jamais sans avoir lesdites choses. Nous avons éprouvé ladite fumée, après laquelle avoir mis en notre bouche, semble y avoir mis de la poudre de poivre, tant est chaude. »

dans l'été de l'année 1608, le navigateur saintongeais, Samuel de Champlain, remontait les rives solitaires du Saint-Laurent, examinant la côte, cherchant sur quel point il pourrait débarquer avec ses hommes pour établir la colonie qu'il avait mission de fonder.

Par une belle journée de soleil, le 3 juillet, il arrivait en vue d'un promontoire « couvert de noyers et de vignes sauvages » qui dominait au loin un coude majestueux du grand fleuve. C'était « la pointe de Québec, ainsi appelée des sauvages », comme il le rapporte lui-même.

Séduit par l'aspect grandiose de la nature et par la fertilité du sol, il résolut de s'arrêter là. Aussitôt débarqué, dans une modeste maison de bois il établit ses hommes; telles sont les humbles origines de la grande ville de Québec. Elle fut bien longtemps avant de devenir une cité et ce n'est qu'en 1621 que le premier édifice en pierre, une église, fut construit par les soins des missionnaires récollets.

Malgré la vigoureuse impulsion donnée par Richelieu au mouvement colonial, malgré tous les encouragements et tous les soins dont il entoura particulièrement la colonie naissante du Canada, elle était bien faible encore en 1642. Québec n'était alors qu' « un petit fort environné de quelques méchantes maisons donnant abri à de rares colons »; Montréal, où une société de personnes pieuses venait de fonder une mission, « deux ou trois cabanes » (1), Trois-

---

(1) Les fondateurs de cette mission lui avaient donné le nom de

Rivières et Tadoussac, deux petits postes pour la traite des fourrures; et tout cela perdu sur un continent sans limites, la porte de ces pauvres demeures s'ouvrant sur un désert de huit cents lieues !

Certes, quiconque eût vu le Canada en 1642 eût souri d'incrédulité si on lui eût parlé de sa grandeur future. Quelques colons et quelques cabanes, sont-ce là les prémisses d'une nation ? Et cependant, c'est bien de ces germes humains, si chétifs et si débiles, pauvres graines jetées par le vent du destin dans l'immensité d'un continent, que devait sortir, après deux cents ans de germination et de croissance, la forte nation que nous voyons aujourd'hui prospérer et grandir.

L'impulsion dont la colonie avait besoin, c'est Colbert qui la lui donna, et c'est lui qu'on peut considérer comme le véritable fondateur du Canada.

La politique qu'il suivit mérite d'être exposée avec quelques détails puisqu'elle a été, pour ainsi dire, la cause première des résultats que nous voyons aujourd'hui. Nous étudierons donc successivement les mesures par lesquelles Colbert pourvut au *peuplement* de

---

Ville-Marie. Celui de Mont-Royal ou Montréal lui est antérieur et avait été donné à cet endroit par Cartier lui-même en 1535, bien avant qu'aucun établissement y fût fondé. S'étant rendu au village indien d'Hochelaga, il fut conduit par le chef de ce village au sommet d'une montagne qui était à un quart de lieue de distance. De là il découvrit un pays sans bornes. Enchanté de la vue magnifique qu'il avait devant lui, il donna à cette montagne le nom de Mont-Royal, nom qu'elle a conservé et qui s'est étendu à la ville qui se trouve aujourd'hui à ses pieds.

la colonie, à la *découverte* des vastes régions qui l'entouraient, et à la *mise en culture* de son territoire.

Le peuplement est le premier besoin d'une colonie. Les diverses compagnies auxquelles Richelieu avait accordé, en échange de l'obligation d'amener des colons au Canada, le droit d'exploiter le riche et productif commerce de ses fourrures, avaient trop oublié leurs devoirs pour ne penser qu'à leurs intérêts. Les clauses des contrats, qui les obligeaient à emmener dans chacun de leurs navires un certain nombre d'émigrants, étaient demeurées à peu près lettres mortes, et nous avons dit plus haut combien était faible encore, au milieu du dix-septième siècle, le nombre des habitants de Québec.

Aussi Colbert dut-il prendre d'énergiques mesures pour provoquer tout d'un coup dans la métropole un vigoureux courant d'émigration.

Par ses ordres, les fonctionnaires civils et les autorités religieuses, les évêques, les intendants, sont chargés de rechercher, dans l'étendue des diocèses et des provinces, les personnes des deux sexes désireuses de s'établir au Canada.

Cette propagande produisit un grand effet; dès 1663, ce ne sont plus quelques émigrants isolés, ce sont de vrais convois qui quittent les côtes de France et font voile vers Québec. En cette année, trois cent cinquante émigrants sont en une seule fois embarqués à la Rochelle (1), et des convois semblables se

---

(1) Voy. Rameau, *Acadiens et Canadiens*, 2ᵉ part., p. 23.

succèdent d'année en année durant toute l'administration de Colbert.

En 1667, enfin, un régiment entier, fort de vingt compagnies, le régiment de Carignan-Salières, débarque à Québec et porte l'ensemble de la population à plus de 4,000 âmes. C'est alors vraiment que le Canada est créé et commence à devenir non plus un poste de traite, ni une mission, mais une colonie.

Le régiment de Carignan, dont M. de Salières était colonel, rentrait à peine de cette campagne de Hongrie, où le maréchal de La Feuillade, le comte de Coligny et les troupes françaises avaient apporté à l'Empereur, contre l'invasion des Turcs, un secours si puissant et si opportun.

Ce régiment tout entier reçut au Canada la récompense de ses services.

A mesure qu'ils obtenaient leur congé, officiers et soldats recevaient des terres. Les officiers, presque tous gentilshommes, prenaient naturellement pour censitaires les hommes qui avaient servi dans leurs compagnies. C'est ainsi que l'on forma, tout le long de la rivière Richelieu, au sud de Montréal, sur la frontière la plus exposée aux attaques des Iroquois, une sorte de colonie militaire qui, tout en concourant au progrès de la culture et du peuplement, servait en même temps comme de rempart contre un ennemi toujours en éveil, toujours prêt à s'élancer pour dévaster le pays (1).

(1) Le retour en France des officiers licenciés au Canada était fort mal vu du ministre : « Il s'est présenté ici, écrit Colbert à l'in-

On sait qu'au dix-septième et au dix-huitième siècle, tout soldat portait un sobriquet sous lequel seul il était connu et désigné de ses chefs. Sobriquet tiré soit de ses qualités physiques ou morales, soit des occasions de guerre dans lesquelles il s'était trouvé. Souvent aussi c'était un nom de fleur, ou celui d'une vertu civile ou guerrière. C'étaient : Va de bon cœur, Jolicœur, Brin d'amour, la Force, la Rencontre, la Déroute (ce qui signifiait sans doute que l'aspect seul de celui qui portait ce surnom suffisait pour mettre l'ennemi en fuite). C'étaient encore : La Fleur, la Tulipe, la Liberté.

Tous ces noms restent communs au Canada, et tous ceux qui les portent peuvent, à bon droit, se vanter d'être les descendants des héros du Raab et de Saint-Gothard, de ces hommes dont le grand vizir Achmet-Köpröli avait osé dire avant la bataille,

tendant, quelques officiers des troupes qui sont restées en Canada ; et comme il importe au service du Roi qu'ils s'établissent audit pays, et qu'ils servent d'exemple à leurs soldats, il est bien nécessaire que vous empêchiez qu'à l'avenir ces officiers ne repassent en France, leur faisant connaître que le véritable moyen de mériter les grâces de Sa Majesté est de demeurer fixes et d'exciter fortement tous leurs soldats à travailler au défrichement et à la culture des terres. » (*Correspondance de Colbert*, publiée par P. Clément, 2ᵉ partie, tome III.)

Non seulement le retour des officiers et soldats, mais celui même des colons civils de toutes classes était vu d'un très mauvais œil, et Colbert mandait au gouverneur de les retenir dans la colonie par tous les moyens en son pouvoir, hormis la force. Encore cette restriction n'était-elle imposée que pour ne pas nuire par excès de zèle au but qu'on se proposait et éloigner les Français d'aller s'établir dans une colonie à laquelle on aurait donné la réputation d'un lieu d'exil dont on ne pouvait sortir. (*Ibid.*)

en voyant de loin les manchettes de dentelle et les rubans des officiers : « Quelle est cette troupe de femmes ! » mais dont il se repentit sans doute d'avoir méconnu la valeur lorsqu'il vit son armée par eux mise en déroute.

Outre les convois d'émigrants envoyés en bloc, outre le licenciement des troupes, Colbert pourvut encore à l'accroissement de la population par l'institution des « *engagés* ».

Les engagés étaient une classe de colons toute spéciale. Recrutés dans les classes les plus pauvres de la population de France, ils s'obligeaient à servir trois ans dans les colonies comme ouvriers ou serviteurs ; leur salaire était fixé par les ordonnances. Ils aliénaient en somme leur liberté pour cette période de trois ans ; aussi étaient-ils désignés sous le nom de « trente-six mois ».

Pour multiplier leur nombre, il fut arrêté qu'aucun navire marchand ne pourrait mettre à la voile vers l'Amérique dans les ports français, sans que le capitaine ait justifié qu'il emmenait à son bord un nombre d'engagés proportionné au tonnage de son navire. C'étaient trois engagés pour un navire de 60 toneaux, six pour un navire de 100 tonneaux, etc. Le capitaine devait pourvoir à leur nourriture pendant la traversée, puis, arrivant à destination, les cédait, moyennant le remboursement de ses frais, aux colons qui avaient besoin de leurs bras.

Pour qu'il fût bien couvert de ses déboursés, il fallait qu'il pût retirer en moyenne 130 livres de chaque engagé; mais souvent la demande était au-dessous de l'offre, et à diverses époques les capitaines demandèrent d'être déchargés de cette obligation, ce qui leur fut accordé plusieurs fois, entre autres en 1706, en 1721 et 1744, à cause des événements de guerre.

Ainsi, grands convois de colons, troupes licenciées, engagés, telle est la triple origine du premier fonds de la population coloniale.

Mais pour qu'elle pût s'accroître, il fallait autre chose, et Colbert prit soin de pourvoir à l'établissement matrimonial de ces émigrants de toute classe.

Par une propagande active, il encouragea l'émigration féminine, comme il avait encouragé l'émigration masculine. Suivant ses ordres, des jeunes filles furent choisies parmi les orphelines de Paris, élevées dans les établissements hospitaliers. Beaucoup d'entre elles sollicitèrent ce choix comme une faveur.

Mais bientôt, sur l'observation du gouverneur que ces jeunes Parisiennes n'étaient pas d'une constitution assez robuste pour résister aux durs travaux de défrichement auxquels devaient s'adonner les colons, d'autres furent recherchées dans les campagnes de la province par les soins des évêques et particulièrement de l'archevêque de Rouen. Pendant plusieurs années on voit ainsi faire voile vers l'Amérique des convois de 150 à 200 jeunes filles, attendues par des fiancés impatients mais inconnus.

Ces mariages, il faut bien l'avouer, étaient traités un peu militairement. On ne laissait pas traîner les fiançailles en longueur. Quinze jours après l'arrivée du convoi il fallait que toutes les jeunes filles fussent mariées. Pour faciliter cette rapidité et engager les soldats à se presser dans leurs choix, il avait été décidé que tous ceux qui dans ce délai de quinze jours n'auraient pas pris femme seraient privés des profits qu'il leur était permis de tirer de la traite des fourrures : tout congé pour cette traite était refusé au célibataire endurci (1).

Nous trouvons encore dans un rapport adressé à Colbert d'intéressants détails sur l'établissement de ces jeunes émigrantes. Ils nous montrent le soin qu'on prenait de leur choix et de leur conduite : « Il « est arrivé cette année, écrit en 1670 l'intendant « Talon, 165 filles. Trente seulement restent à ma- « rier. Je les ai réparties dans les familles les plus « recommandables, jusqu'à ce que les soldats qui les « demandent en mariage soient prêts à s'établir; on « leur fait présent en les mariant de 50 livres en pro- « visions de toutes natures et en effets. Il faudrait « encore que Sa Majesté en envoyât 150 à 200 pour « l'an prochain. Trois ou quatre jeunes filles de nais- « sance trouveraient aussi à épouser ici des officiers « qui se sont établis dans le pays.

« Mme Étienne, chargée par le directeur de l'hô- « pital général de la direction des jeunes filles qu'il

---

(1) « Vous avez fort bien fait de faire ordonner que les volontaires seraient privés de la traite et de la chasse s'ils ne se mariaient quinze jours après l'arrivée des vaisseaux qui apportent les filles. » (Lettre de Colbert à Talon, 11 février 1671.)

« envoie, retourne en France pour ramener celles
« que l'on enverra cette année. Il faudrait fortement
« recommander que l'on choisît des filles qui n'aient
« aucune difformité naturelle, ni un extérieur re-
« poussant, mais qui fussent fortes afin de pouvoir
« travailler dans ce pays, et aussi qu'elles eussent de
« l'aptitude à quelque ouvrage manuel (1). »

Le choix de ces jeunes filles était sévère, on le voit, tant au point de vue moral qu'au point de vue physique. Colbert veillait avec soin à ce que parmi les personnes choisies il ne s'en trouvât aucune dont les mœurs eussent pu devenir, pour la colonie naissante, une cause de corruption et de décadence plutôt que d'accroissement.

Charlevoix, historien de la Nouvelle-France, presque contemporain et témoin de ces événements, a lui aussi rendu ce témoignage de la pureté des origines de la population canadienne : « On avait
« apporté, dit-il, une très grande attention au choix
« de ceux qui s'étaient présentés pour aller s'établir
« dans la Nouvelle-France... Quant aux filles qu'on
« y envoyait pour les marier avec les nouveaux habi-
« tants, on eut toujours soin de s'assurer de leur
« conduite avant que de les embarquer, et celle qu'on
« leur a vue tenir dans le pays est une preuve qu'on
« y avait réussi (2). »

Telles étaient les mesures par lesquelles Colbert

---

(1) Dépêche du 10 novembre 1670.
(2) CHARLEVOIX, *Histoire de la Nouvelle-France*.

favorisait le peuplement de la colonie. Il avait envoyé comme intendant à Québec un homme qui partageait ses vues, et qu'on peut considérer comme le véritable organisateur du Canada, l'intendant Talon. C'est lui qui, sur place, fut l'agent intelligent et fidèle des grandes vues du ministre et sut s'acquitter de l'exécution du détail avec autant de talent que celui-ci mettait de génie dans la conception du plan.

Grâce à la coopération de ces deux hommes, l'un la tête, l'autre le bras, l'impulsion donnée au peuplement du Canada fut si vigoureuse que de 1665 à 1668 la colonie, en trois ans, gagna 3,500 âmes, plus qu'elle n'en avait, en soixante ans, gagné depuis sa fondation (1) !

En même temps que le pays se peuplait, le gouverneur et l'intendant étaient invités à provoquer et à encourager les grandes découvertes vers l'intérieur du continent.

Déjà Champlain avait, dès le commencement du siècle, visité et baptisé le lac auquel il a laissé son nom ; il avait reconnu les lacs Ontario et Nipissing et remonté sur une grande partie de son cours la rivière des Outaouais (Ottowa). Les missionnaires avaient continué son œuvre : sur les Grands Lacs ils avaient peu à peu avancé leurs missions et découvert, une à une, ce chapelet de mers intérieures qui s'égrène jusqu'au centre de l'Amérique du Nord. En treize ans, de 1634 à 1647, dix-huit Jésuites avaient parcouru toutes

---

(1) RAMEAU, *loc cit.*, 2ᵉ part., p. 29.

ces régions. L'un d'eux, le Père de Quen, avait, en 1647 même, découvert au nord du Saint-Laurent une autre mer intérieure, un autre tributaire du grand fleuve : le lac Saint-Jean.

Mais un grand pas restait à faire, cette route de la Chine que les premiers voyageurs et Champlain lui-même avaient espéré trouver si près vers l'ouest, et qui semblait reculer à mesure qu'on la cherchait, il fallait enfin l'atteindre ! Suivant le dire des Indiens, un grand fleuve, le « *Père des eaux* », c'est ainsi que leur imagination se plaisait à le nommer, coulait dans une vallée dont nul d'entre eux ne connaissait les limites En marchant longtemps dans la direction du couchant on devait l'atteindre, disaient-ils; que croire de ces récits pleins de mystère et à demi fabuleux? n'était-ce pas là cette route de Chine tant cherchée?

Le gouverneur Frontenac et l'intendant Talon veulent résoudre ce grand problème. En 1673, ils chargent un coureur des bois, Jolliet, depuis longtemps au fait des coutumes et de la langue des Indiens parmi lesquels il a vécu, et un missionnaire, le Père Marquette, de se lancer à la recherche du grand et mystérieux cours d'eau. Malgré les représentations des tribus indiennes des bords du lac Michigan, qui s'efforcent de les retenir, les deux voyageurs, franchissant le court partage qui sépare le bassin de ce lac de la rivière Wisconsin, lancent leur canot sur des eaux inconnues.

En quelques jours le courant les entraine dans l'immense artère du Mississipi; le « *Père des eaux* » voyait pour la première fois voguer l'esquif d'un visage pâle.

Continuant leur exploration, les hardis voyageurs visitent un à un tous les grands affluents du fleuve, et ne rentrent au Canada, pour rendre compte de leur mission, qu'après avoir reconnu le confluent du Missouri, de l'Ohio et de l'Arkansas, c'est-à-dire découvert en quelques mois la moitié du continent nord-américain !

Quelques années plus tard, en 1682, le Rouennais Cavelier de la Salle complétait leurs découvertes. Descendant le grand fleuve jusqu'à ses bouches, il constatait que ses eaux se déversent non dans le Pacifique, comme on l'avait cru et espéré, mais dans le golfe du Mexique. Il donnait en même temps à la contrée traversée par la partie méridionale de son cours le nom de Louisiane, en l'honneur du roi qui avait été personnellement le protecteur et l'inspirateur de l'expédition.

Cette route de Chine, si longtemps cherchée, demeurait toujours un mystère, mais la moitié du continent était ouverte à l'activité colonisatrice des Français.

# CHAPITRE II

## LA COLONISATION.

Le pays était parcouru et découvert au loin par les explorateurs ; une population déjà assez nombreuse se multipliait autour de Québec, il fallait pourvoir à sa subsistance et à son avenir, défricher la forêt, favoriser la culture, mettre en un mot la colonie en état de se suffire à elle-même, et de continuer seule ses progrès.

Pour faciliter et activer les défrichements, Colbert suggéra un moyen radical et prompt :

« Étant constant, écrivait-il à l'intendant le
« 1ᵉʳ mai 1669, que la difficulté du défrichement des
« terres et la facilité que les Iroquois ont de venir
« attaquer les habitations des Français, proviennent
« de la quantité de bois qui se trouvent audit pays,
« il serait bon d'examiner si l'on ne pourrait pas
« brûler une bonne partie pendant l'hiver en y mettant
« le feu du côté du vent... et peut-être, si ce
« moyen est praticable, comme il le paraît, il sera
« aisé, en découvrant un grand pays, de défricher les

« terres et d'empêcher les ravages des Iroquois (1). »

Mais il ne suffisait pas de faire place nette, il fallait livrer à la culture les terres ainsi découvertes par le feu. Pour cela, non-seulement des bras, mais des capitaux étaient nécessaires. Les convois de colons, l'arrivée des engagés, le licenciement des soldats, avaient bien augmenté la population, mais non les ressources du pays. Tous ces émigrants sortaient des classes les moins fortunées de la population française; Colbert voulut attirer au Canada les classes aisées elles-mêmes. C'est dans ce but qu'il appliqua à la colonie le système des concessions seigneuriales.

Des étendues de terre assez considérables furent, avec le titre de seigneuries, promises à tous ceux qui, nobles ou non, mais disposant de capitaux suffisants pour mettre leurs terres en valeur, voudraient aller s'établir au Canada, et cette promesse y attira en effet un grand nombre de colons appartenant à la petite noblesse et à la bourgeoisie.

C'était là une mesure économique, nullement une institution nobiliaire, et presque tous les noms des premiers seigneurs canadiens sont des noms bourgeois. Un chirurgien du Perche, Pierre Giffard, obtient la seigneurie de Beauport. Nous trouvons encore Louis Hébert, Le Chasseur, Castillon, Simon Lemaître, Cheffaut de la Regnardière, Jean Bourdon, etc (2). Les

---

(1) Instructions pour le sieur Gaudais, 1er mai 1667. (*Correspondance de Colbert*, 2e part., t. III, p. 443.)

(2) Ces seigneuries avaient été concédées avant Colbert. Il n'inventa pas le système, mais le perfectionna et l'étendit.

seigneurs canadiens étaient en somme, comme le fait judicieusement remarquer M. Rameau de Saint-Père, « les entrepreneurs du peuplement d'un terrtioire ». Sur la vaste étendue qui leur avait été concédée, ils appelaient eux-mêmes des colons, et leur intérêt particulier se trouvait ainsi d'accord avec l'intérêt général.

Si la noblesse n'était pas une condition nécessaire pour obtenir une seigneurie, elle pouvait par contre devenir la récompense du zèle déployé dans la culture et dans la mise en valeur des terres, et nous trouvons au Canada plusieurs exemples de ces anoblissements (1). Les motifs invoqués dans les lettres de noblesse accordées entre autres au sieur Aubert en 1693 sont : « les avantages qu'il a procurés au commerce « du Canada, depuis l'année 1655 qu'il y est établi..., « qu'il a même employé des sommes très considé- « rables pour le bien et l'augmentation de la colonie, « et particulièrement pour le défrichement et la cul- « ture d'une grande étendue de terres en divers éta- « blissements séparés, et la construction de plusieurs « belles maisons et autres édifices (2)... ».

L'intendant Talon avait même proposé de récompenser ces services coloniaux, non seulement par des lettres de noblesse, mais, pour les hommes les plus marquants et les plus dignes, par des titres. Il

---

(1) On peut citer les Boucher de Boucherville, les Le Moyne, les Aubert de Gaspé, familles encore honorablement représentées au Canada.

(2) Lettres d'anoblissement du sieur Aubert de la Chesnaie, citées par CASGRAIN, *Biographies canadiennes*.

écrivait à Colbert en 1667 : « Afin de concourir par
« les faits aussi bien que par les conseils à la coloni-
« sation du Canada, j'ai donné moi-même l'exemple
« en achetant une certaine étendue de terrain cou-
« verte de bois. Je me propose de l'étendre encore
« de manière à pouvoir y établir plusieurs hameaux ;
« il est situé dans le voisinage de Québec et pourra
« être utile à cette ville. On pourrait doter cet établis-
« sement d'un titre nobiliaire si Sa Majesté y consen-
« tait, et on pourrait même annexer à ce fief, avec
« les noms qui pourront lui convenir, les trois vil-
« lages que je désirerais y créer. On arriverait ainsi,
« en commençant par mon exemple, à faire surgir
« une certaine émulation parmi les officiers et les
« plus riches colons à s'employer avec zèle à la colo-
« nisation de leurs terres, dans l'espoir d'en être ré-
« compensés par un titre.

« Vous savez que M. Berthelot m'a autorisé, jus-
« qu'à la concurrence de 10,000 livres, à faire établir
« ici une ferme pour son compte. D'autres personnes
« de France m'ont adressé de pareilles demandes, et
« la création de titres que je propose serait un moyen
« facile de faire progresser la colonie (1). »

(1) Lettre de Talon à Colbert, 10 novembre 1667, citée par
Rameau, *Acadiens et Canadiens*, 2ᵉ part., p. 286.
Voici la réponse de Colbert : « Sur le compte que j'ai eu l'honneur de rendre au Roi du défrichement considérable que vous avez
fait d'une terre au Canada, Sa Majesté a estimé à propos de l'ériger en baronnie, et j'en ai expédié suivant ses ordres les lettres
patentes... Je ne doute pas que cette marque d'honneur ne convie
non seulement tous les officiers et habitants du pays qui sont

La concession demandée par Talon lui avait été accordée. Elle porta d'abord le nom des Islets, avec le titre de Baronnie, puis celui d'Orsainville, avec celui de Comté, et c'est là qu'il avait établi ces villages modèles de Charlesbourg, Bourg-Royal et la Petite-Auvergne.

Il ne paraît pas qu'il ait été accordé d'autres seigneuries titrées. On continua seulement à concéder de simples seigneuries, soit à des gentilshommes, soit à des bourgeois. Talon, en faisant cette proposition, n'agissait d'ailleurs qu'en vue du bien de la colonie, et croyait donner un exemple utile, sans aucune arrière-pensée de vanité. Vanité d'ailleurs qui eût été bien aveugle, car le nom de Talon, porté par de célèbres magistrats, était aussi respecté, aussi illustre même, que celui d'Orsainville était obscur et nouveau. En quittant en 1672 ses fonctions d'intendant du Canada, Talon abandonna son comté d'Orsainville, qui put être concédé de nouveau aux religieuses de l'hôpital de Québec.

Outre qu'il favorisait l'émigration de la classe riche, le système seigneurial avait encore, dans la colonie même, cet avantage d'intéresser d'une façon

---

riches et accomodés, mais même les sujets du Roi de l'ancienne France, à entreprendre de pareils défrichements et à pousser ceux qui sont commencés, dans la vue de recevoir de pareilles grâces de Sa Majesté. C'est à quoi il est bien important que vous les excitiez fortement en poussant encore plus avant celui que vous avez fait. » Dépêche de Colbert à Talon, 11 février 1671. (P. Clément, *Correspondance administrative de Colbert.*)

puissante le seigneur au peuplement et à la mise en culture de ses terres.

Tous les avantages que le seigneur pouvait retirer de sa seigneurie étaient subordonnés à l'établissement et même à la réussite de ses censitaires. C'est *gratuitement,* en effet, qu'il devait leur concéder les lots qu'il taillait dans son domaine; son principal revenu consistait seulement en droits de mouture dans le moulin banal qu'il était *obligé* de construire. Ainsi, pas de récolte chez le censitaire, point de revenus chez le seigneur; la richesse de l'un dépend de la prospérité de l'autre. Mais pour que de son côté le censitaire n'ait pas la tentation de laisser ses terres incultes, il doit, tant qu'il les occupe, payer au seigneur une légère redevance annuelle.

Les obligations imposées par la loi au seigneur étaient rigoureusement observées. S'il refusait ou négligeait de concéder ses terres, l'intendant était autorisé à le faire d'office, par un arrêt dont l'expédition devenait un titre de propriété pour le censitaire. Un arrêt de 1711 va même plus loin : il ordonne la confiscation des seigneuries dont les terres ne seraient pas concédées dans l'espace de deux années (1).

La construction du moulin banal était un devoir tout aussi strictement exigé; et si le seigneur oubliait de s'y conformer, il s'exposait, d'après un édit de

---

(1) Voy. Turcotte, *le Canada sous l'Union*, t. II, p. 245. Québec, 1871, 2 vol. in-18.

1686, à voir son droit de banalité éteint au bout d'une année (1).

Le seigneur canadien était loin de jouir de privilèges exorbitants. La somme de ses devoirs était au moins équivalente à celle de ses droits. Pour tirer parti de son domaine, il était nécessaire qu'il y résidât lui-même et en cultivât pour son compte une portion; il n'était pas assuré d'arriver à la richesse, et les rapports des gouverneurs nous montrent plusieurs familles de seigneurs canadiens, — même parmi celles qui appartenaient à la noblesse, — obligées de prendre part elles-mêmes au travail des champs : « Je dois rendre compte à Monseigneur,
« écrivait au ministre le gouverneur M. de Denon-
« ville, en 1686, de l'extrême pauvreté de plusieurs
« familles... toutes nobles ou vivant comme telles.
« La famille de M. de Saint-Ours est à la tête. Il est
« bon gentilhomme du Dauphiné (parent du maréchal

---

(1) Arrêt du 4 juin 1686 : « Le Roi étant en son conseil, ayant été informé que la plupart des seigneurs qui possèdent des fiefs dans son pays de la Nouvelle-France négligent de bâtir des moulins banaux nécessaires pour la subsistance des habitants dudit pays, et voulant pourvoir à un défaut si préjudiciable à l'entretien de la colonie, Sa Majesté étant en son conseil, a ordonné et ordonne que tous les seigneurs qui possèdent des fiefs dans l'étendue dudit pays de la Nouvelle-France seront tenus d'y faire construire des moulins banaux dans le temps d'une année après la publication du présent arrêt; et ledit temps passé faute par eux d'y avoir satisfait, permet Sa Majesté à tous particuliers de quelque qualité et condition qu'ils soient, de bâtir lesdits moulins leur en attribuant à cette fin le droit de banalité, faisant defense à toute personne de les y troubler. » (Cité par LAREAU, *Histoire du droit canadien*, t. I, p. 191. Montréal, 1889, 2 vol. in-8°.)

« d'Estrade) chargé d'une femme et de dix enfants.
« Le père et la mère me paroissent dans un véritable
« désespoir de leur pauvreté. Cependant les enfants
« ne s'épargnent pas car j'ai vu deux grandes filles
« couper les blés et tenir la charrue. »

M. de Denonville nommait encore les Linctot, les d'Ailleboust (1), les Dugué, les Boucher, les Chambly, les d'Arpentigny, les Tilly.

Au début de la colonisation, la propriété seigneuriale garda au Canada les formes et la procédure un peu archaïque qu'elle n'avait même plus en France. Qu'on en juge par ce procès-verbal rédigé le 30 juillet 1646 à propos d'une contestation entre le sieur Giffard, seigneur de Beauport, et l'un de ses censitaires, Jean Guyon : « Ledit Guyon s'est transporté en
« la maison seigneuriale de Beauport et à la prin-
« cipale porte et entrée de ladite maison ; où étant
« ledit Guyon aurait frappé et seroit survenu François
« Boullé, fermier dudit seigneur de Beauport, auquel
« ledit Guyon auroit demandé si le seigneur de Beau-
« port étoit en sa dite maison seigneurale de Beau-
« port, ou personne pour lui ayant charge de recevoir
« les vassaux à foi et hommage... Après sa réponse et
« à la principale porte, ledit Guyon, s'est mis à *genouil*
« en terre nud teste, *sans espée ni esperons*, et a dit
« trois fois en ces mots : « Monsieur de Beauport,

---

(1) Les d'Ailleboust, dont il est question, étaient les enfants de Louis d'Ailleboust, qui avait été gouverneur du Canada de 1628 à 1651. Sa famille était originaire d'Allemagne. Venu en France, son grand-père avait été anobli comme premier médecin du Roi.

« monsieur de Beauport, monsieur de Beauport, je
« vous fais et porte la foy et hommage que je suis tenu
« de vous faire et porter, à cause de mon fief du *Buis-*
« *son* duquel je suis homme de foy, relevant de votre
« seigneurie de Beauport, laquelle m'appartient au
« moyen du contrat que nous avons passé ensemble
« par devant Roussel à Mortagne le 14° jour de mars
« mil six cent trente-quatre, vous déclarant que je vous
« offre payer les droits seigneuraux et féodaux quand
« dus seront, vous requérant me recevoir à la dite foy
« et hommage (1). » Le résultat pratique de cette pompeuse procédure est la promesse, faite par le censitaire à la fin du procès-verbal, d'acquitter les droits qu'il avait sans doute omis de payer jusqu'alors. Détour bien long et bien curieux pour en arriver là ; curieux surtout lorsque, sous la pompe des qualifications, l'on reconnaît les personnages : le seigneur de Beauport un chirurgien de province, son manoir une ferme, son vassal, Jean Guyon, un maçon du Perche, qui eût été bien embarrassé sans doute de se présenter autrement que *sans espée ni esperons* devant la porte de son seigneur.

Ces formes vieillies ne furent guère appliquées au Canada et cet exemple curieux est peut-être le seul que l'on cite. Il en est de même pour un droit qui, en Europe, avait été attaché à la propriété féodale : le droit de justice. Il avait déjà à peu près disparu

---

(1) DE LA SICOTIÈRE, *l'Émigration percheronne au Canada.* Alençon, 1887, broch. in-8°.

en France au dix-septième siècle. Au Canada il demeura en fait lettre morte. Ce n'est qu'en 1714, il est vrai, qu'un édit défendit d'accorder des seigneuries « en justice », mais jusque-là, comme pour entretenir des tribunaux, les seigneurs auraient été obligés d'en supporter tous les frais, ils se gardèrent d'user du droit onéreux qui leur était laissé, et l'administration judiciaire tout entière demeura aux magistrats du Roi.

« La vérité historique, affirme l'historien canadien « Garneau, nous oblige à dire que cette juridiction, « dans le très petit nombre de lieux où elle a été « exercée, ne paraît avoir fait naître aucun abus sé- « rieux, car elle n'a laissé, ni dans l'esprit des habi- « tants, ni dans la tradition, aucun de ces souvenirs « haineux qûi rappellent une ancienne tyrannie (1). »

Ainsi les concessions seigneuriales, loin d'être un abus, une entrave à la colonisation, comme l'ont prétendu certains historiens américains, furent au contraire très favorables au peuplement et à la mise en valeur des colonies ; elles favorisaient l'émigration parmi la classe aisée et encourageaient la culture des terres.

Le système colonial de Colbert fut en somme judicieux et habile. Il eut cependant un défaut, et ce défaut devait faire la faiblesse de l'œuvre tout entière et devenir une des causes de sa ruine : l'excès de centralisation !

Tandis que les colonies anglaises jouissaient d'une

---

(1) Garneau, *Histoire du Canada*, t. I, p. 182.

liberté locale qui laissait toute latitude à leur initiative et facilita leur merveilleux développement, les colonies françaises demeurèrent toujours soumise à une étroite sujétion envers leur métropole. Règlements, ordonnances, tout arrivait de France, et c'est du ministère que la colonie était gouvernée. Jamais il ne fut permis aux colons de prendre la moindre part à l'administration de leur propre pays, même dans les affaires qui ne touchaient qu'aux intérêts locaux.

Non seulement les habitants étaient tenus en tutelle, mais le gouverneur général lui-même n'était pas libre de gouverner à sa guise ; c'est à Paris qu'il devait prendre le mot d'ordre, et lorsqu'en 1672 le comte de Frontenac voulut essayer de consulter les Canadiens sur leurs intérêts, et réunit une assemblée qu'il nomma avec un peu d'emphase les *États généraux* de la colonie, il s'attira, de la part du ministre, une assez sévère réprimande : « Il est bon d'ob-
« server, lui mandait celui-ci, que comme vous devez
« toujours suivre dans le gouvernement de ce pays-là
« les formes qui se pratiquent ici, et que nos rois ont
« estimé du bien de leur service, depuis longtemps,
« de ne pas assembler les États généraux de leur
« royaume, pour, peut-être, anéantir cette forme an-
« cienne, vous ne devez aussi donner que très rare-
« ment, pour mieux dire *jamais*, cette forme au corps
« des habitants du dit pays (1). »

(1) Lettres et instructions de Colbert (30 juin 1673) au comte de Frontenac. (*Correspondance de Colbert*, 2ᵉ part., t. III, p. 558.)

Ainsi, pas d'assemblées générales; celles-là, à la rigueur, les Canadiens pouvaient s'en passer, mais ce qui est plus grave, c'est que les assemblées locales elles-mêmes furent interdites, et les intérêts municipaux confiés à l'administration, sans que les habitants eussent aucune part au règlement de questions qui les touchaient de si près. La nomination même d'un syndic, choisi pour transmettre au gouvernement leurs vœux et leurs réclamations, est rigoureusement prohibée. Dans la dépêche citée plus haut Colbert ajoute : « Il faudra même, avec un peu de temps, et « lorsque la colonie sera devenue plus forte qu'elle « n'est, supprimer insensiblement le syndic qui pré-« sente des requêtes au nom de tous les habitants, il « est bon que chacun parle pour soi et que personne « ne parle pour tous (1). »

Quand, en 1721, pour les besoins de l'organisation religieuse, les habitations répandues sur les deux rives du Saint-Laurent, entre Montréal et Québec, furent réparties en paroisses par le gouverneur, marquis de Vaudreuil, et l'intendant Bégon, l'administration de ces paroisses fut confiée non aux paroissiens, mais au conseil supérieur de la colonie. Les

---

(1) MIGNAULT, *Manuel de droit parlementaire*, p. 35. Montréal, 1889, in-12.

L'élection des syndics demeura — tant qu'elle eut lieu — si subordonnée au pouvoir, qu'elle ne devait pas pourtant être considérée comme bien dangereuse. En 1664, lors de l'élection d'un syndic de Québec, le gouverneur, M. de Mézy, *choisit* lui-même les électeurs, et ne convoqua *par billet* que les personnes « non suspectes ». (GARNEAU, t. I, p. 179.)

officiers qui, dans chacune d'elles, étaient chargés d'exécuter les décisions de ce conseil, dépendaient eux-mêmes d'une façon plus ou moins directe de l'administration; c'étaient le curé, le seigneur et le capitaine de la milice.

Aussi dans quel état d'inexpérience la conquête anglaise trouva les colons français! Ils étaient incapables de conduire eux-mêmes leurs propres affaires et les conquérants ne pouvaient revenir de leur étonnement! « L'erreur de ceux qui gouvernèrent la « Nouvelle-France, dit l'historien américain Park- « mann, ne fut pas d'exercer leur autorité, mais de « l'exercer trop, et au lieu d'apprendre à l'enfant à « marcher seul, de le tenir perpétuellement en li- « sières, le rendant de plus en plus dépendant, de « moins en moins apte à la liberté (1). »

Cet état d'enfance dans lequel le régime français avait tenu les Canadiens au point de vue politique, devint plus tard un grief contre eux. Dans le rapport qu'il rédigea à la suite de l'insurrection de 1837, lord Durham les déclara inhabiles au gouvernement représentatif, et indignes d'en profiter. Le leur avoir accordé, disait-il, était une faute, et la seule cause de l'insurrection était que « ces hommes, qui n'étaient pas même initiés au gouvernement d'une paroisse, avaient tout d'un coup été mis en mesure d'agir par leurs votes sur les destinées d'un État (2) ».

(1) Cité par BOURINOT, *Local government in Canada.*
(2) *Ibid.*

# CHAPITRE III

### PERTE DE LA COLONIE.

La sollicitude gouvernementale pour le Canada ne survécut pas au crédit de Colbert.

Elle ne dura guère que dix ans, de 1664 à 1675, mais cette courte période fut pleine de résultats féconds puisqu'elle vit doubler la population, qui s'éleva du chiffre de 3,400 (1) à celui de 7,800 âmes.

Du jour où Louvois commença à gagner dans l'esprit du Roi l'influence qu'y perdait Colbert, où l'organisateur de la marine dut s'effacer devant l'organisateur de l'armée, la politique d'expansion coloniale fut mise en oubli ; les idées de guerre continentale et de conquêtes européennes prévalurent, et le monarque, détournant les yeux des colonies auxquelles un effort de plus aurait peut-être assuré la prépondérance sur toutes celles des autres nations, se laissa entraîner dans des guerres glorieuses au début, mais qui devaient se terminer par de douloureux revers.

---

(1) Recensements de 1666 et de 1675, aux Archives des colonies, cités par M. Rameau.

Dès lors, le Canada fut un peu délaissé. Il avait perdu d'ailleurs son grand administrateur. L'agent si dévoué de Colbert, l'intendant Talon, avait été remplacé par des successeurs, pleins de zèle comme lui, mais d'un génie d'organisation moins puissant; après lui on peut considérer comme terminée la période de création de la colonie.

Les encouragements officiels à l'immigration cessèrent entièrement. On ne vit plus ces grands convois faisant voile vers l'Amérique, tout chargés, pour ces terres vierges, de populations nouvelles, pleines d'énergie et d'espérance. La colonie n'eut plus à compter pour s'accroître que sur sa propre vigueur, sur quelques immigrations individuelles et sur les *engagés*.

L'impulsion donnée par Colbert avait toutefois été si forte que, même ainsi livrée à elle-même, ses progrès furent encore considérables. Malgré les guerres perpétuelles et quelquefois malheureuses qui marquèrent la fin du règne de Louis XIV, la population canadienne s'élevait en 1713 à 18,000 âmes; et le recensement de 1739, le dernier qui fut fait sous la domination française, nous la montre atteignant le chiffre de 42,000 !

Ce n'est pas que le gouvernement se désintéressât entièrement de la colonie. Il consacrait même chaque année d'assez fortes sommes à son entretien; mais ses efforts n'étaient pas toujours dirigés de la façon la plus judicieuse et la plus prévoyante. On négligeait l'essentiel pour ne prêter d'attention qu'à l'accessoire ; on pensait à construire des forteresses et l'on oubliait la population : « De 1730 à 1740, on consacra chaque année 1,700,000 livres aux fortifications de Québec, et les autres dépenses n'étaient alors que de 400,000 livres par an (1)... et pourtant il était bien facile de juger qu'une citadelle en un pays dépeuplé est une défense illusoire, tandis qu'une population nombreuse peut au besoin se passer de forteresse pour repousser l'ennemi (2). »

On sait ce que valut pour la défense cette coûteuse forteresse de Québec : à peine investie elle dut se rendre. N'en fut-il pas de même de Louisbourg, autre forteresse construite, elle aussi, à grands frais dans l'île du Cap-Breton, à l'embouchure du Saint-Laurent, pour servir, pensait-on, de rempart à toutes nos possessions d'Amérique ! Que de milliers de vaillants émigrants, source féconde de progrès, aurait-on pu aider à s'établir avec les millions enfouis dans ces murailles inutiles !

Ce n'est pas, pourtant, que les gouverneurs ne donnassent de bons avis. Quelques-uns d'entre eux conçurent des plans vraiment grandioses et les exposèrent d'une façon claire et pratique ; mais les bureaux du ministère, qui n'avaient plus un Colbert à leur tête, ne surent ni reconnaître la grandeur de ces desseins ni les adopter. C'est dans les cartons des archives qu'on peut retrouver aujourd'hui d'admira-

---

(1) M. Rameau a tiré ces chiffres de la *Statistique des deux Canadas*, par Isidore LEBRUN, 1835, in-8°.

(2) RAMEAU, 2ᵉ part., p. 76.

bles projets dont l'exécution nous eût assuré peut-être la possession sans partage du continent nord-américain.

Dans un de ces mémoires restés sans réponse, M. de la Galissonnière, gouverneur du Canada de 1745 à 1749, signale au ministre la richesse merveilleuse de cette immense vallée du Mississipi, découverte par Joliet et La Salle. Quelques postes militaires y avaient été établis ; mais la Galissonnière voulait davantage. Pour donner à la civilisation française ces fertiles et vastes territoires, c'est toute une population d'agriculteurs qu'il lui fallait. Il était temps encore. Faire pour la vallée du Mississipi ce que Colbert avait fait pour celle du Saint-Laurent : quelques convois de colons, une propagande intelligemment exercée, et ces contrées qui comptent parmi les plus fertiles, les plus belles et les plus douces de l'univers, étaient définitivement françaises. Aucune dépense en France, disait la Galissonnière, pouvait-elle égaler l'utilité de cette entreprise ?

Mais le ministère avait d'autres vues et préférait les forteresses. Le projet fut oublié dans les bureaux, et ces immenses régions, découvertes par nous, appartiennent aujourd'hui, peut-être pour toujours, à la race et à la civilisation anglaises.

Tandis que notre colonie, négligée par la métropole, ne devait l'accroissement de sa population qu'à la force des choses et à l'impulsion acquise, les colonies anglaises, ses voisines, plus libres et régies par une plus habile politique, bénéficiant aussi, il faut le dire, d'heureuses circonstances, voyaient leur population s'accroître dans des proportions formidables; si bien que lorsqu'en 1755 éclata la guerre entre la France et l'Angleterre, à plus d'un million et demi de colons anglais, le Canada n'avait à opposer qu'environ 60,000 habitants français! C'est dans cette situation que nous surprit la guerre, ou plutôt ce fut là la cause même de la guerre.

« Les Américains, fait fort justement remarquer M. Rameau, s'étonnaient, non sans quelque raison, de voir les riches pays de la vallée de l'Ohio fermés pour eux, colons industrieux et laborieux, tandis que leurs maîtres négligents les laissaient incultes et déserts (1). »

A cette multitude qui se sentait à l'étroit chez elle, nous n'avions à opposer qu'une population dont le chiffre total n'atteignait pas, en y comprenant les femmes, les enfants et les vieillards, *celui des soldats* que nos adversaires pouvaient, sur leur propre territoire, mettre sur pied pour nous combattre.

Et cependant telle était la vigueur des Canadiens, que durant trois années ils surent résister à des forces si écrasantes, et leur infliger de sanglantes défaites.

En 1755, ce sont les 2,500 hommes du général Braddock battus par 300 Canadiens; c'est, l'année suivante, la prise du fort Oswego sur le lac Ontario,

---

(1) RAMEAU, *Acadiens et Canadiens*, 2ᵉ part.

et celle du fort William-Henri sur le lac Georges. En 1758, c'est Montcalm, le commandant en chef des troupes françaises en Amérique, battant à Carillon une armée anglaise cinq fois plus forte que la sienne.

Mais nos triomphes mêmes nous affaiblissaient. Montcalm ne recevait pas de secours, et tandis que l'Angleterre, pour cette conquête à laquelle elle s'acharnait, prodiguait l'or et les hommes, tandis qu'au dire de lord Chesterfield elle dépensait 80 millions de livres sterling (deux milliards de francs), qu'elle rassemblait en Amérique, pour la campagne de 1759, une force armée de plus de 50,000 hommes, pendant ce temps, la France, oubliant ses intérêts les plus chers, n'envoyait au Canada qu'un nombre dérisoire de soldats (1).

D'où venait cet oubli? Quelle était la cause de cet aveuglement? N'y avait-il donc personne en France, personne dans le gouvernement, qui comprît que ce continent, pour la conquête duquel nos ennemis faisaient tant de sacrifices, pouvait en mériter quelques-uns pour être défendu? Pourquoi, alors que toutes nos forces, tout notre argent, toute notre énergie, n'eussent pas été de trop pour la défense de nos droits, de notre influence, de notre souveraineté sur le continent américain (car c'est bien du continent tout entier, non du Canada seulement qu'il s'agissait), pourquoi nous laissions-nous entraîner à gaspiller,

---

(1) Quatre mille hommes pendant toute la durée de la guerre. (Voy. Dussieux, *le Canada sous la domination française*.)

en Europe, nos ressources et nos forces dans une guerre continentale engagée sans nécessité?

De cette guerre européenne si contraire à nos intérêts, et de l'alliance avec l'Autriche; qui en fut la cause, on a accusé Louis XV, ses ministres et surtout sa favorite. S'ils furent coupables, ils ne le furent pas seuls : la France tout entière fut leur complice. Cette faute politique, qui devait être si désastreuse par ses résultats, est imputable à l'opinion publique qui régnait dans le pays, à l'indifférence pour l'Amérique, à l'enthousiasme pour les conquêtes en Europe. Aveugles sur l'avenir, les Français du dix-huitième siècle semblaient, en dehors de Paris, de la France et de l'Europe, ignorer l'existence du monde. Une province sur leurs frontières leur semblait plus grande et plus importante qu'un continent sur l'autre hémisphère; c'est de cette erreur, de cette ignorance même que vint l'oubli des grands intérêts français dans le monde. Là fut le vice, là fut la faute.

Quelle impardonnable indifférence de l'opinion (1) pour cette guerre d'Amérique, dans laquelle nos héroïques troupes et les valeureuses milices canadiennes combattaient un contre dix et faisaient des prodiges de valeur! A M. de Bougainville, chargé par le gouverneur d'aller réclamer des secours, le ministre de la marine, Berryer, répondait brusquement : « Monsieur, quand la maison est en feu on ne s'oc« cupe pas des écuries. — On ne dira pas, mon-

---

(1) Voy. ci-dessous, chap. XXVII.

« seigneur, répondit finement et tristement Bougain-
« ville, on ne dira pas que vous parlez en cheval. »

Sans secours, sans troupes, comment résister encore ? Les dépêches de Montcalm trahissent son désespoir. « Monseigneur, écrit-il au ministre le
« 1er septembre 1758, la situation de la Nouvelle-
« France est des plus critiques. — Les Anglais réu-
« nissent, avec les troupes de leurs colonies, mieux
« de 50,000 hommes ;... qu'opposer à cela ? huit ba-
« taillons qui font 3,200 hommes ! »

Aussi de quelle lassitude est accablé le vaillant général qui sent l'inutilité de ses efforts ! quelle mélancolie dans ses lettres à sa famille ! Il écrit à sa femme : « Je soupire après la paix et toi ; aimez-moi tous... quand reverrai-je mon Candiac (1) !... » Candiac, c'était son lieu natal, le château où il avait passé son enfance ; il ne devait revoir ni Candiac ni les siens !

Dans l'été de 1759 une flotte anglaise formidable paraît devant Québec : 22 vaisseaux de ligne, 30 frégates, portant 10,000 hommes de troupes, couvrant le fleuve de leurs voiles. Un général de trente-deux ans, avide de gloire, impatient de se signaler, James Wolfe, commande cette nombreuse armée.

Impuissante ardeur ! Malgré le petit nombre des Français, la côte est bien gardée, et, pendant plusieurs mois, la flotte anglaise reste stationnaire dans

---

(1) Ch. DE BONNECHOSE, *Montcalm et le Canada français*. Paris, 1888, in-8°.

le fleuve, Wolfe ne peut parvenir à opérer un débarquement. Le désespoir commençait à gagner les Anglais et leur jeune général lui-même; l'hiver approchant allait enfermer le fleuve dans son épaisse muraille de glace. Bientôt la flotte entière devrait fuir ce formidable emprisonnement; déjà les Canadiens et Montcalm entrevoyaient leur délivrance, lorsque, par une sombre nuit d'automne, Wolfe, trompant la vigilance d'un poste français, put enfin, à la faveur des ténèbres, débarquer ses troupes dans une anse solitaire, à quelque distance au-dessus de Québec. Le soleil levant montra, aux yeux surpris et désolés des habitants, l'ennemi rangé en bataille devant la ville, dans une plaine dite la plaine d'Abraham, du nom du premier colon qui l'avait cultivée.

Le nombre était inégal; la bataille s'engagea sanglante, et, dans la fureur de la lutte, les deux généraux ennemis — deux héros — trouvèrent la mort. Déjà Montcalm, blessé mortellement, avait été ramené dans Québec, quand Wolfe fut lui-même frappé.

« Ils fuient! s'écrie près de lui un soldat anglais. — Qui? demande-t-il avec anxiété. — Les Français! — Je meurs heureux », murmure-t-il, et il expire.

Montcalm eut, lui aussi, le bonheur de mourir avant l'entrée des Anglais dans cette ville qu'il avait héroïquement défendue.

L'un des gouverneurs anglais, lord Dalhousie, a

voulu, en 1827, rendre un hommage commun aux deux chevaleresques ennemis, morts d'une même mort glorieuse pour deux causes rivales. Sur un monument qui se dresse au-dessus de la splendide terrasse de Québec, il a réuni leurs deux noms accompagnés de cette inscription souvent citée :

« Mortem virtus
Communem famam historia
Monumentum posteritas dedit. »

Les généraux ne méritent pas seuls l'admiration de la postérité : n'oublions pas de rendre hommage aux vaillantes troupes qui, dans les plaines d'Abraham et dans les champs du Canada, combattaient pour la France. C'étaient, avec les braves milices canadiennes, les régiments de Royal-Roussillon, Languedoc, la Reine, Artois, Guienne, La Sarre, Béarn et Berry.

Après la bataille, la forteresse de Québec, incapable de résister, dut se rendre sans siège, et le chevalier de Lévis, rassemblant les débris des troupes, battit en retraite sur Montréal où il hiverna. Dès le printemps de 1760, par une témérité inouïe, reprenant la campagne, il osa encore tenter la délivrance de Québec et vint gagner une dernière victoire dans cette plaine d'Abraham théâtre de notre désastre. Le retour de la flotte anglaise, dès la fonte des glaces, le força de nouveau à la retraite. Québec était définitivement perdu! Le 8 septembre 1760, le gouverneur de la colonie, le marquis de Vaudreuil, signait enfin à Montréal la capitulation qui livrait aux troupes anglaises le pays tout entier.

Trois ans plus tard, la paix était conclue entre la France et l'Angleterre, et le funeste traité de Paris cédait pour toujours aux Anglais le Canada et tous les territoires que nous possédions sur le continent.

Le jour où le ministre français Choiseul obtint la signature du plénipotentiaire britannique, il s'écria, dit-on, de l'air satisfait d'un homme qui remporte un succès : « Enfin nous les tenons ! (1) » Ce fut toute l'oraison funèbre d'une colonie pour la conquête de laquelle l'Angleterre avait sacrifié tant de sang et tant de millions ! Cette Nouvelle-France qu'avaient rêvée nos grands hommes d'État, que François I<sup>er</sup> avait fait découvrir, que Henri IV avait commencée, Richelieu augmentée, Colbert parfaite et Louis XV perdue, qu'allait-elle devenir ? était-elle morte, vivrait-elle ?

(1) Dussieux, *le Canada sous la domination française.*

# CHAPITRE IV

L'ANGLETERRE S'ATTACHE LES CANADIENS.
LA FRANCE LES OUBLIE (1763-1778).

«Enfin, le Roi dormira tranquille!» s'écria, dit-on, Mme de Pompadour en apprenant la signature du désastreux traité!

Le traité de Paris était pourtant l'échec le plus grave qu'eût, depuis quatre siècles, subi la monarchie française. Depuis le traité de Bretigny, aucune convention aussi humiliante n'avait été signée. Et comme alors, c'était le même ennemi que nous trouvions devant nous. Mais dans quelles différentes conditions!

Au quatorzième siècle, la lutte entre les rois de France et d'Angleterre était une lutte dynastique bien plus qu'une lutte de race; la guerre était une guerre civile entre deux nations de même origine. Les rois anglais, les barons et chevaliers qui les suivaient, les hommes d'armes qui composaient leur armée, étaient des Normands, tous de même sang, de même langue (1), de même religion que les sujets des rois

(1) Ce n'est qu'au commencement du quinzième siècle que le

de France et que les rois de France eux-mêmes; ceux-ci eussent-ils succombé dans la lutte engagée entre ces deux fractions d'un même peuple, la dynastie française eût été changée peut-être, mais non la nationalité des Français.

Il en était bien autrement de l'échec infligé par l'Angleterre à la France au dix-septième siècle. La communauté d'origine était oubliée depuis longtemps. L'ancienne noblesse normande avait disparu, absorbée dans la nation anglo-saxonne. La langue française était remplacée par un langage nouveau. La religion elle-même — un des liens les plus forts entre les hommes quand elle les unit, mais aussi une des plus violentes causes de haine et de guerres quand elle les divise — était devenue une barrière de plus entre les deux peuples.

La dynastie d'Angleterre n'était plus de souche française. Une maison allemande occupait le trône de Guillaume le Conquérant et de Henri Plantagenet. Rien de commun ne subsistait entre les deux peuples. La lutte qui venait de se terminer n'était plus une lutte de frères ennemis, c'était bien le combat acharné entre deux races qui se disputent l'empire du monde; et dans cette lutte, la France venait d'avoir le dessous!

On est écœuré et triste à la fois de voir avec quelle indifférence cette honteuse paix fut acceptée en

---

français a cessé d'être la langue exclusive de la noblesse anglaise et que cette classe a commencé à adopter le langage qui n'était jusqu'alors que celui du peuple, la langue anglaise actuelle.

France. Pas un cri d'indignation; pas un regret pour un monde perdu! Devant un tel aveuglement, devant un tel abaissement des caractères, on ne peut que regarder d'un œil de douloureuse pitié cette malheureuse époque de notre histoire, et partager l'opinion que le marquis de Mirabeau, père du célèbre tribun, exprimait sur ses contemporains : « Ce royaume est bien mal, disait-il un jour, il n'y a plus de sentiments énergiques, ni d'argent pour les suppléer (1). »

Le traité de Paris consacrait la prépondérance écrasante des Anglais en Amérique. Qu'allaient devenir ces 70,000 Canadiens-Français que nous y abandonnions avec si peu de regrets? Leur nationalité, leur langue, leur religion, allaient subir de terribles assauts; sauraient-ils les défendre?

Tout paraissait conspirer contre ce petit peuple; aucun obstacle ne semblait s'opposer aux projets de ses ennemis. Pauvre, peu nombreux, sans direction, que pourrait-il donc contre une nation puissante, hardie, riche, nombreuse, et chez qui le prestige de la victoire sur une rivale, jusqu'alors considérée comme la première puissance de l'Europe, justifiait un incommensurable orgueil?

Tous les chefs naturels des Canadiens semblaient les avoir abandonnés; tous avaient regagné la France.

---

(1) La scène se passait chez le docteur Quesnay. Un des interlocuteur, M. de la Rivière, ajouta : « Il ne peut être régénéré que par une conquête, comme la Chine, ou par quelque grand bouleversement intérieur. Mais malheur à ceux qui s'y trouveront. Le peuple français n'y va pas de main morte. » (*Mémoires de Mme du Hausset*, collection Barrière, p. 128.)

Il n'en restait qu'un, mais c'était le plus puissant, le clergé!

Les services que, depuis les débuts de la colonie, le clergé rendait au peuple, avaient mérité sa confiance : explorations, découvertes, missions, enseignement, hôpitaux, colonisation, il avait tout entrepris, tout dirigé. Des plus illustres familles françaises étaient sortis ses prélats; des Montmorency, des Saint-Vallier, des Mornay avaient occupé le siège épiscopal de Québec. Il avait fourni de hardis voyageurs : Marquette et Hennepin au Mississipi ; Druillettes et d'Ablon au lac Saint-Jean; Albanel à la baie d'Hudson.

Il avait eu ses colonisateurs : les Sulpiciens avaient défriché et mis en culture l'île de Montréal.

Il avait eu ses martyrs, les Pères Jogues, Daniel, de Brébeuf, Lallemand, torturés par les cruels ennemis des Français, les sauvages Iroquois.

Le clergé avait eu tant de part à la création de la colonie, qu'en parcourant les premières annales canadiennes, il semble qu'on lise une page de l'histoire de l'Église plutôt qu'une page de l'histoire de France. C'est avec la force d'influence qui lui était due pour tant de services que le clergé prit en 1763 la direction de la petite nation que nous venions d'abandonner. C'est lui qui mena, avec une vigueur dont nous devons lui savoir gré, la lutte nationale. Pour lui, la nationalité et la langue anglaises ne faisaient qu'un avec le protestantisme; il travailla avec acharnement à conserver les Canadiens à la nationalité française et au catholicisme, et c'est à ce puissant adversaire que vint, avec étonnement, se heurter la volonté du vainqueur.

C'est presque comme un crime que la loi anglaise, au dix-huitième siècle, considérait l'exercice du catholicisme. Au Canada, malgré les stipulations du traité de cession, la tolérance religieuse ne fut pas plus grande que dans la métropole. Le clergé fut en butte, sinon à toutes les persécutions, du moins à toutes les vexations, et des adresses venues de Londres sollicitaient les gouverneurs « d'ensevelir le papisme sous ses propres ruines ». L'une d'elles, entre autres, élaborée par une Université anglaise, proposait, pour y arriver, les étranges moyens que voici : « Ne
« parler jamais contre le papisme en public, mais
« le miner sourdement; engager les jeunes filles à
« épouser des protestants; ne point discuter avec les
« gens d'Église, et se défier des Jésuites et des
« Sulpiciens; ne pas exiger actuellement le serment
« d'allégeance; réduire l'évêque à l'indigence; fo-
« menter la division entre lui et ses prêtres; exclure
« les Européens de l'épiscopat, ainsi que les habitants
« du pays qui ont du mérite et qui peuvent maintenir
« les anciennes idées. Si l'on conserve un collège, en
« exclure les Jésuites et les Sulpiciens, les Euro-
« péens et ceux qui ont étudié sous eux, afin que,
« privé de tout secours étranger, le papisme s'ense-
« velisse sous ses propres ruines. Rendre ridicules
« les cérémonies religieuses qui frappent les imagi-
« nations; empêcher les catéchismes; paraître faire
« grand cas de ceux qui ne donneront aucune instruc-

« tion au peuple; les entraîner au plaisir, les dégoûter
« d'entendre les confessions, louer les curés luxueux,
« leur table, leurs équipages, leurs divertissements,
« excuser leur intempérance; les porter à violer
« le célibat qui en impose aux simples, etc. (1). »

Au point de vue civil les Canadiens n'étaient pas mieux traités qu'au point de vue religieux. Toute fonction publique leur était fermée, d'une façon absolue, par la nécessité du fameux serment du *test* exigé par la loi, et que leur foi leur interdisait de prêter comme impliquant une apostasie des plus sacrées de leurs croyances. Dans ce pays qui, au moment de la conquête, était exclusivement français, pas un fonctionnaire petit ou grand, pas un juge n'était Français! Où donc les prenait-on puisque les Français formaient toute la population? Il fallait, au regret et à la honte des gouverneurs eux-mêmes,
« prendre les magistrats et les jurés parmi quatre cent
« cinquante Anglais immigrés, commerçants, artisans
« et fermiers, méprisables principalement par leur
« ignorance (2) ».

Telle est l'humiliante domination à laquelle étaient soumis les Canadiens. Elle aurait pu durer longtemps encore, mais heureusement pour eux, un grand événement se préparait en Amérique qui allait changer leur sort.

Un vent de révolte soufflait sur les colonies an-

---

(1) GARNEAU, t. II, p. 404.
(2) Lettre du général Murray. (GARNEAU, t. II, p. 402.)

glaises. Le gouvernement de Londres voyait l'orage qui s'amoncelait à l'horizon, l'inquiétude le gagnait, partout il cherchait un appui contre le danger. Il espéra le trouver dans les Canadiens eux-mêmes, et depuis longtemps des hommes éclairés lui conseillaient cette sage politique : « S'il est un moyen, disait « un mémoire resté aux archives anglaises, d'em-« pêcher, ou du moins d'éloigner la révolution des « colonies d'Amérique, ce ne peut être que de favo-« riser tout ce qui peut entretenir une diversité d'opi-« nions, de langue, de mœurs et d'intérêts, entre le « Canada et la Nouvelle-Angleterre (1). »

Cédant à ces habiles conseils, l'Angleterre, contre ses anciens sujets prêts à prendre les armes, voulut, par d'habiles concessions, s'assurer la fidélité des nouveaux. L'acte de Québec, voté par le parlement britannique en 1774, rendit aux Canadiens l'usage des lois françaises, et leur ouvrit l'accès des fonctions publiques en les dispensant du serment du *test ;* il les fit sortir en un mot de cette triste situation de vaincus dans laquelle ils avaient été tenus jusque-là, et leur fit acquérir véritablement le titre et les droits de citoyens anglais.

Ces sages concessions arrivaient à point nommé. Le 26 octobre de cette même année, les treize colonies anglaises se réunissaient en congrès à Philadelphie, et l'année suivante la guerre éclatait, bientôt suivie de la déclaration d'indépendance.

(1) GARNEAU, t. I, p. XXI.

Le Congrès des colonies révoltées eut beau, dès lors, s'efforcer d'entraîner les Canadiens dans sa rébellion, il eut beau leur faire parvenir les proclamations les plus pathétiques, l'éloquence de ses manifestes demeura sans effet; « l'acte de Québec » avait gagné les Canadiens à la cause anglaise.

Ces prétendus alliés offrant si bruyamment leur amitié, qu'étaient-ils d'ailleurs? Les Canadiens ne reconnaissaient-ils pas en eux ces mêmes Bostonais, leurs pires ennemis depuis deux siècles? Parmi ces émissaires de paix, ne voyaient-ils pas venir à eux, la bouche pleine de paroles de sympathie, ce même Franklin qui, lors de la guerre de Sept ans, avait multiplié ses efforts pour engager l'Angleterre à porter la guerre dans leur pays et à l'enlever à la France?

Une seule considération, peut-être, aurait pu entraîner leurs sympathies en faveur de la nouvelle république, c'est l'alliance que la France fit avec elle en 1778 en lui accordant l'appui de ses armes.

On s'étonne quelquefois que les Canadiens qui, vingt ans auparavant, avaient combattu avec tant d'énergie pour demeurer Français, n'aient rien fait alors pour le redevenir. Eh bien, c'est encore à notre honte qu'il faut l'avouer, la faute n'en est pas à eux, mais à nous.

En déclarant la guerre à l'Angleterre, le désir des hommes d'État français les plus éclairés était de recouvrer le Canada; c'était l'idée du ministre des affaires étrangères, M. de Vergennes. Un des anciens

héros de la campagne canadienne, le chevalier, devenu le maréchal de Lévis, offrait ses services pour concourir à l'exécution du projet. Les Anglais eux-mêmes ne pouvaient croire que la France considérât le Canada comme définitivement perdu. Au lendemain même de la paix de 1763, ils prévoyaient, dans un avenir plus ou moins long, l'éventualité d'une nouvelle guerre, s'imaginant que le premier souci de la France serait de reconquérir son ancienne colonie : « Lorsque je considère, écrivait, en 1768,
« le gouverneur sir Guy Carleton, que la domination
« du Roi n'est maintenue qu'à l'aide de troupes peu
« nombreuses, et cela parmi une population militaire
« nombreuse, dont les gentilshommes sont tous des
« officiers d'expérience, pauvres, sans espoir qu'eux
« ou leurs descendants seront admis au service de leur
« présent souverain, je ne puis avoir de doute que la
« France, *dès qu'elle sera décidée à recommencer la
« guerre*, cherchera à reprendre le Canada... Mais si
« la France commence une guerre dans l'espérance
« que les colonies britanniques pousseront les choses
« aux extrémités, et qu'elle adopte le projet de les sou-
« tenir dans leurs idées d'indépendance, le Canada
« deviendra probablement la principale scène sur
« laquelle se jouera le sort de l'Amérique (1). »

Quel ne dut pas être l'étonnement des Anglais en voyant les événements tourner d'une façon si étrangère à leurs prévisions, et si contraires à la vraisem-

(1) *Rapport sur les Archives canadiennes.* Ottowa, 1888.

blanche ! Pouvaient-ils s'imaginer que la France, trouvant l'occasion de prendre sur une orgueilleuse rivale une éclatante revanche, et de recouvrer en même temps son empire colonial perdu, renonçât à tout cela, pour embrasser une cause qui n'était pas la sienne ? Pouvaient-ils croire, qu'oubliant l'intérêt national pour obéir à une opinion publique faussée par des sophismes, elle négligeât la défense de ses propres enfants, pour aller batailler, au nom des grandes idées de liberté, d'indépendance et d'émancipation, en faveur d'hommes qui, dans le même temps, consacraient l'esclavage, et, dans le nôtre, se sont battus pour le conserver ?

Le comte de Ségur, un de ces jeunes militaires que l'enthousiasme guerrier porta à demander la faveur d'un emploi dans la guerre d'Amérique, et qui prit part à la campagne comme colonel en second du régiment de Soissonnais, nous donne, dans ses Mémoires, une vivante peinture de l'étrange engouement de la nation française en faveur de ses ennemis d'hier et des ingrats de demain : « Ce qu'il y a de
« plus singulier et de plus remarquable à l'époque
« dont je parle, dit-il, c'est que, à la cour comme à
« la ville, chez les grands comme chez les bourgeois,
« parmi les militaires comme parmi les financiers,
« au sein d'une vaste monarchie, sanctuaire antique
« des privilèges nobiliaires, parlementaires, ecclé-
« siastiques, malgré l'habitude d'une longue obéis-
« sance au pouvoir arbitraire, la cause des Améri-
« cains insurgés fixait toutes les attentions et excitait

« un intérêt général. De toutes parts, l'opinion
« pressait le gouvernement royal de se déclarer pour
« la liberté républicaine, et semblait lui reprocher
« sa lenteur et sa timidité. »

La cause des Américains insurgés, voilà donc ce qui excitait l'enthousiasme des Français! Des intérêts de la France elle-même il n'était pas question (1).

Saisis par cet entraînement fatal, les ministres, en signant le traité d'alliance avec la république américaine, osèrent accéder à cette étrange clause réclamée par nos nouveaux amis, *que la France renoncerait à reprendre le Canada!*

Ainsi, les Canadiens n'avaient pas oublié leur patrie ; c'était elle qui les oubliait !

(1) « Ce n'était pas seulement le désir de gloire, la plupart d'entre nous se trouvaient animés par d'autres sentiments; l'un, très raisonnable et très réfléchi, celui de bien servir son roi et sa patrie, et de tout sacrifier sans regrets pour remplir envers eux son devoir; l'autre, plus exalté, un véritable enthousiasme pour la liberté américaine ! » (*Mémoires du comte de Ségur*, collection Barrière, p. 165.)

# CHAPITRE V

## DES RIVAUX AUX CANADIENS : LES LOYALISTES
## (1778-1791).

Si la révolution américaine eut pour les Canadiens d'heureuses conséquences, si elle leur fit accorder par l'Angleterre un traitement plus juste et une situation plus favorable, elle eut, d'autre part, cet effet funeste d'amener, sur leur propre sol, des voisins qui devaient fatalement devenir pour eux des rivaux et même des ennemis.

Jusqu'à la révolution d'Amérique, pas un Anglais ne s'était établi parmi eux. Seuls, quelques négociants avaient, à la suite des vainqueurs, envahi les villes, y avaient formé cette petite oligarchie arrogante que les gouverneurs militaires traitaient avec tant de mépris, et dans laquelle ils rougissaient d'avoir à choisir des fonctionnaires et des magistrats.

Les campagnes étaient demeurées entièrement aux Canadiens. Mais la révolution refoula sur leur territoire tous ceux des habitants de l'Amérique anglaise qui voulurent continuer à vivre sous le drapeau anglais plutôt que d'adopter celui de la nouvelle république.

Les « loyalistes » (c'est le nom qu'on donnait à ces sujets fidèles, presque tous des fonctionnaires ou des officiers) arrivaient en foule. On estimait leur nombre à 10,000 en 1783 (1). Il fallut leur donner des terres. On les établit sur plusieurs points encore inoccupés, les uns à l'extrémité de la presqu'île de Gaspé, d'autres sur le lac Champlain, d'autres enfin, et de beaucoup les plus nombreux, dans la grande presqu'île intérieure formée par les lacs Érié et Ontario. Ce sont ces derniers qui ont créé là une grande province anglaise, nommée d'abord le Haut-Canada, à cause de sa situation en amont sur le fleuve Saint-Laurent et sur les lacs d'où il sort, province connue aujourd'hui sous le nom de province d'Ontario.

Les deux nationalités étaient désormais en présence sur deux territoires voisins ; la lutte allait commencer entre elles. Jusque-là les Canadiens n'avaient eu affaire qu'au gouvernement et à l'administration anglaise ; ils allaient se trouver face à face avec la population et la race anglaise elle-même. L'hostilité du gouvernement n'avait été ni bien terrible, ni bien prolongée. Le conflit de nationalité entre les peuples fut long, acharné, sanglant même.

C'est en vain que l'administration essaya de séparer les adversaires, de poser entre eux une sorte de barrière ; le conflit devait éclater un jour.

(1) RAMEAU, *Acadiens et Canadiens*, 2ᵉ part., p. 322.

Dès 1783, le Haut-Canada reçut une organisation à part. Son territoire fut divisé en quatre départements qui, par une idée étrange, reçurent les noms allemands de Lunebourg, Mecklembourg, Hesse et Nassau.

Séparés ainsi territorialement et administrativement de leurs voisins, les Anglais le furent encore au point de vue judiciaire. Une ordonnance de 1787 les mit en dehors de la juridiction française, établie par l'acte de 1774 pour tout le pays (1).

C'étaient là des mesures insuffisantes pour satisfaire une population que son loyalisme et son accroissement numérique lui-même rendaient exigeante. Dès la fin du dix-huitième siècle, elle s'élevait à 30,000 âmes, et ce n'étaient plus seulement des concessions et des droits qu'elle réclamait, mais — comme race conquérante — des privilèges, des faveurs et la domination de la population française.

La situation des gouverneurs était assez délicate, obligés qu'ils étaient de favoriser ces sujets — loyaux au point d'avoir abandonné leurs foyers pour demeurer fidèles à la couronne — et de ménager ces Canadiens dont la conduite venait de conserver à l'Angleterre une grande partie du continent.

Le gouvernement anglais sentait parfaitement que le concours de chacune de ces populations lui était également nécessaire, et dans l'impossibilité

---

(1) La loi en usage pour les Canadiens était la coutume de Paris. Un moment suspendue, elle leur fut rendue par l'acte de Québec en 1774.

de les concilier, il essaya de les séparer tout à fait.

Le grand ministre, William Pitt, prit l'initiative d'un projet consistant à diviser le territoire canadien en deux provinces, ayant chacune son gouvernement et son administration distincts. Le 4 mars 1791, il présentait ce plan à la Chambre des communes et en démontrait les avantages : « La division « en deux gouvernements, disait-il, mettra un terme « à cette rivalité entre les émigrants anglais et les « anciens habitants français, qui occasionne tant « d'incertitude dans les lois et tant de dissensions. « J'espère qu'elle pourra se faire de façon à assurer « à chaque peuple une grande majorité dans la partie « du pays qu'il occupe, car il n'est pas possible de « tirer une ligne de séparation parfaite (1). »

Le projet de Pitt comportait non seulement la séparation des provinces, mais — très libéral encore en ce point — il accordait à chacune d'elles ce gouvernement représentatif cher à tout citoyen anglais, en quelque partie du monde qu'il se trouve jeté par le destin.

C'était une faveur qu'il eût été difficile de refuser aux Anglais du Haut-Canada. Ces libres institutions, ne voyaient-ils pas les Américains, leurs concitoyens d'hier, en jouir? était-il juste que leur loyauté les privât de privilèges que leur eût assurés une conduite moins fidèle?

Sans réclamer d'une façon aussi pressante des

---

(1) Cité par GARNEAU.

institutions contre lesquelles ils avaient même un peu
la méfiance de l'inconnu, — car le régime français
ne les leur avait guère enseignées, — les Canadiens
tenaient à ne pas être traités d'une façon différente ;
ils voulaient recevoir en même temps que leurs voisins tout ce que ceux-ci recevraient. C'est ainsi qu'ils
furent, eux aussi, dotés d'un gouvernement représentatif.

La constitution préparée par Pitt fut votée sans
difficulté par le Parlement. Dans la province française, elle confiait le pouvoir législatif à deux Chambres, l'une composée de cinquante membres et élective, l'*Assemblée législative*, l'autre composée de
quinze membres choisis par le gouverneur, la Chambre
haute ou *Conseil législatif*.

Cette constitution de 1791 donna aux Canadiens
une autonomie et une liberté qu'ils n'auraient jamais
obtenues s'ils étaient demeurés sous la domination
de leur ancienne patrie : par intérêt, l'Angleterre
agissait envers eux d'une façon plus libérale que la
France ne l'eût jamais fait par amitié.

Son habile politique lui valut de précieux dévouements, et le clergé, entièrement rallié, n'eut plus que
des éloges pour un gouvernement si libéral et si bienveillant : « Nos conquérants, disait, en 1794, dans
« une oraison funèbre M. Plessis, plus tard évêque
« de Québec, nos conquérants, regardés d'un œil
« ombrageux et jaloux, n'inspiraient que de l'horreur;
« on ne pouvait se persuader que des hommes étran-
« gers à notre sol, à notre langue, à nos lois, à nos

« usages et à notre culte, fussent jamais capables de
« rendre au Canada ce qu'il venait de perdre en
« changeant de maîtres. Nation généreuse qui nous
« avez fait voir avec tant d'évidence combien nos
« préjugés étaient faux; nation industrieuse qui avez
« fait germer les richesses que cette terre renfermait
« dans son sein; nation exemplaire qui, dans ce
« moment de crise, enseignez à l'univers attentif en
« quoi consiste cette liberté après laquelle tous les
« hommes soupirent, et dont si peu connaissent les
« justes bornes; nation compatissante qui venez de
« recueillir avec tant d'humanité les sujets les plus
« fidèles et les plus maltraités de ce royaume auquel
« nous appartînmes autrefois; nation bienfaisante
« qui donnez chaque jour au Canada de nouvelles
« preuves de votre libéralité; — non, non, vous
« n'êtes pas nos ennemis, ni ceux de nos propriétés
« que vos lois protègent, ni ceux de notre sainte reli-
« gion que vous respectez! Pardonnez donc ces pre-
« mières défiances à un peuple qui n'avait pas encore
« le bonheur de vous connaître (1). »

Ces éloges, tout exagérées dans leur forme lyrique qu'ils puissent nous paraître aujourd'hui, le gouvernement anglais les méritait véritablement. Par la séparation des deux provinces, par l'octroi de la constitution de 1791, il venait, pour ainsi dire, de prendre lui-même la défense de la nationalité canadienne contre les attaques des populations anglaises. Les

---

(1) Oraison funèbre de Mgr Briand, prononcée le 26 juin 1794.

précautions prises pour séparer les rivaux étaient conformes à tout ce que pouvait prévoir la prudence humaine; elles furent cependant encore insuffisantes à contenir la haine atroce dont les Anglais du Canada poursuivirent les Canadiens, et dont nous allons voir bientôt les sanglants résultats.

# CHAPITRE VI

### GAULOIS CONTRE SAXONS.
### LA RÉVOLTE DE 1837.

L'hostilité sans trêve des colons anglais contre les Canadiens contrastait, d'une façon singulière, avec la générosité véritable et l'équité, désormais sincère, du gouvernement. Par la constitution de 1791, Pitt avait essayé de séparer les rivaux, mais, comme il le craignait, cette séparation n'avait pu être si rigoureuse, que quelques groupes de population anglaise ne se fussent trouvés compris dans les limites de la province française. C'était enfermer le loup dans la bergerie.

Malgré la prudence du grand homme d'État, un conflit inévitable se préparait.

Minime par le nombre, le parti anglais était, dans la province française de Québec, encombrant par les prétentions. Il apportait dans les luttes politiques une arrogance de conquérant. Ses représentants n'osèrent-ils pas, lors de la première réunion de l'Assemblée, eux les mandataires d'une infime minorité de citoyens, demander que la langue française, unique langage de la grande masse du peuple, fût exclue des délibérations ! Audacieuse et vaine tentative qui ne servit qu'à mettre en pleine évidence leur haine et leur injustice !

L'égalité avec les Canadiens, ce n'est pas ce qu'ils avaient souhaité. La constitution de 1791 était bien loin de les satisfaire. Leurs amis et défenseurs l'avaient eux-mêmes, lors de la discussion, déclaré devant la Chambre des communes : « Cette loi, disait un de ses membres, ne satisfera pas ceux qui ont sollicité un changement; car *elle ne met pas les choses* dans la situation *qu'ils avaient en vue*. »

Ce qu'ils avaient en vue, c'était l'oppression des Canadiens. Leurs journaux ne se cachaient pas pour le déclarer bien haut, et l'un d'eux, le *Mercury*, osait écrire : « Que nous soyons en guerre ou en paix, il « est essentiel que nous fassions tous nos efforts, « par tous les moyens avouables, pour nous op- « poser à l'accroissement des Français et de leur « influence (1). »

Dominer, c'est ce que voulait la petite oligarchie anglaise, et elle s'étonnait que la métropole mît obstacle à ce qu'elle regardait comme l'exercice d'un droit. Et pourtant, la part qui lui était faite dans le gouvernement local était bien plus grande que celle que lui eût donnée son importance par le nombre et par le talent.

Les gouverneurs, pour la plupart, lui étaient

---

(1) Cité par Garneau, t. III, p. 114.

ouvertement favorables. Large et libérale en Angleterre, la politique demeurait, sur place, étroite et partiale, et tandis que les Canadiens trouvaient toujours à Londres d'éloquents défenseurs, tandis qu'un député, sir James Mackintosh, s'écriait en 1828, à propos d'une enquête ordonnée alors : « Les Anglais « doivent-ils donc former là-bas un corps favorisé? « Auront-ils des privilèges pour assurer la domination « protestante (1)? », à Québec les gouverneurs réservaient aux Anglais toutes les places et toutes les faveurs. En 1834, sur 209 fonctionnaires, 47 seulement étaient Français, pour une population trois fois plus nombreuse que la population anglaise! Un conflit était inévitable; comment croire que tous ces hommes, qui depuis quarante ans se formaient dans les assemblées électives aux luttes oratoires et à la discussion des affaires publiques, les Papineau, les Vigier et tant d'autres, consentiraient longtemps encore à rester, dans leur propre pays, au milieu de leurs compatriotes, en une sorte d'humiliant ostracisme? Écartés du pouvoir, mis dans l'impossibilité de devenir des hommes de gouvernement, ils devaient nécessairement devenir des hommes d'opposition. C'est ce qui arriva.

Dans l'*Assemblée législative*, issue du suffrage populaire, dominait l'élément canadien; dans le *Conseil législatif*, nommé par les gouverneurs, régnait uniquement l'élément anglais. Entre ces deux parties de

---

(1) Cité par Garneau, t. III, p. 270.

la Législature, c'est une lutte de race qui s'engagea en même temps qu'une lutte politique. Pendant longtemps l'orage alla s'amoncelant de plus en plus, jusqu'à ce qu'il éclatât en sanglants conflits en 1838.

Déjà, dans la session de 1834, le plus éloquent des tribuns canadiens, Papineau, avait exposé devant l'Assemblée toutes les protestations de ses compatriotes, contre cette sorte d'exil à l'intérieur, dans lequel ils étaient tenus. Les « 92 *résolutions* » restées célèbres dans l'histoire parlementaire du Canada, étaient comme la liste de tous les griefs d'une population froissée dans son amour-propre et dans ses intérêts.

L'année suivante, Papineau continua son agitation : « J'aime et j'estime les hommes sans distinc-
« tion d'origine, s'écriait-il, mais je hais ceux qui,
« descendants altiers des conquérants, viennent dans
« notre pays nous contester nos droits politiques et
« religieux.

« S'ils ne peuvent s'amalgamer avec nous, qu'ils
« demeurent dans leur île !... On nous dit : « Soyez
« frères. » Oui, soyons-le. Mais vous voulez tout
« avoir : le pouvoir, les places et l'or. C'est cette
« injustice que nous ne pouvons souffrir (1). »

Voilà les sentiments qui firent germer la révolte de 1837.

Il ne manquait plus qu'un prétexte, un drapeau autour duquel on pût rallier le peuple. C'est le gou-

---

(1) Cité par Garneau, t. III, p. 316.

verneur lui-même qui le fournit en prétendant lever, de sa propre autorité, des impôts qu'avait refusé de voter l'Assemblée populaire.

Le gouvernement de Londres, toujours conciliant, eut beau envoyer aux Canadiens, en 1835, un gouverneur général, lord Gosford, la bouche pleine de flatteries et de paroles mielleuses; ce gouverneur eut beau s'efforcer de calmer les rancunes et de rapprocher les partis; il eut beau s'écrier en ouvrant la session de 1835 : « Considérez le bonheur dont vous « pourriez jouir sans vos dissensions. Sortis des deux « premières nations du monde, vous possédez un « vaste et beau pays, vous avez un sol fertile, un « climat salubre et l'un des plus grands fleuves de la « terre!... » Ces belles paroles restèrent sans écho : le feu était aux poudres, il fallait qu'il éclatât.

Au mois de novembre 1837, le tocsin sonna dans les villages du district de Montréal; quelques centaines de Canadiens prirent les armes. Ils remportèrent d'abord sur les troupes anglaises des succès partiels, et léguèrent à l'histoire d'admirables traits d'abnégation et de courage. Mais la révolte avait des chefs politiques et peu de soldats, l'agitation n'avait pas pénétré dans la masse du peuple. Le clergé l'avait tenu en garde contre des nouveautés qu'il considérait comme dangereuses. « Nous ne vous don- « nerons pas, avait dit dans un mandement l'évêque « de Montréal, notre sentiment comme citoyen sur « cette question purement politique : qui a droit ou « tort dans les diverses branches du pouvoir souve-

« rain, ce sont des choses que Dieu a laissées à l'ap-
« préciation des hommes. Mais la question morale,
« de savoir quels sont les devoirs d'un catholique à
« l'égard de la puissance civile établie dans chaque
« État, cette question morale, dis-je, est de notre
« compétence...

« Ne vous laissez pas séduire si quelqu'un voulait
« vous engager à la rébellion contre le gouverne-
« ment établi, sous prétexte que vous faites partie du
« peuple souverain. La trop fameuse Convention na-
« tionale de France, quoique forcée d'admettre la
« souveraineté du peuple, puisqu'elle lui devait son
« existence, eut bien soin de condamner elle-même
« les insurrections populaires, en insérant dans la Dé-
« claration des droits, en tête de la constitution de
« 1795, que la souveraineté réside non dans une
« partie, ni même dans la majorité du peuple, mais
« dans l'universalité des citoyens... Or, qui oserait
« dire que dans ce pays la totalité des citoyens veut
« la destruction de son gouvernement (1)? »

Maintenue par le clergé, la masse du peuple resta
calme, et les agitations suscitées par les hommes
politiques ne le remuèrent, pour ainsi dire, qu'à la
surface. La révolte était excusable; la population
n'avait-elle pas été poussée à bout par cinquante ans
de tracasseries d'une minorité hautaine et encom-
brante? Les Canadiens rencontrèrent en Angleterre
de nombreux défenseurs. La loi par laquelle le gou-

(1) Garneau, t. III, p. 340.

vernement demandait, à titre de répression, la suspension de la constitution de 1791, fut combattue dans les deux Chambres par des voix éloquentes. Lord Brougham, dans la Chambre des lords, trouva des accents pathétiques pour justifier, devant un auditoire anglais, la conduite des Canadiens : « Vous
« vous récriez, dit-il, contre leur rébellion, quoique
« vous ayez pris leur argent sans leur agrément, et
« anéanti les droits que vous vous faisiez un mérite
« de leur avoir accordés…

« Toute la dispute, dites-vous, vient de ce que
« nous avons pris 20,000 livres sans le consente-
« ment de leurs représentants!…

« Vingt mille livres sans leur consentement! eh
« bien, ce fut pour vingt schellings qu'Hampden
« résista, et il acquit par sa résistance un nom im-
« mortel… Si c'est un crime de résister à l'oppres-
« sion, de s'élever contre un pouvoir usurpé et de
« défendre ses libertés attaquées, quels sont les plus
« grands criminels? n'est-ce pas nous-mêmes qui
« avons donné l'exemple à nos frères américains (1)? »

La magnanimité et la clémence ne l'emportèrent pas cette fois. Malgré l'avis de ces éloquents défenseurs des Canadiens, la constitution de 1791 fut suspendue par un vote du Parlement, et lord Durham fut envoyé comme gouverneur, avec les pouvoirs les plus étendus, et la mission de faire une enquête sur le nouveau régime à adopter.

(1) Garneau, t. III, p. 354.

Lord Durham commença par exiler sans jugement quelques-uns des chefs de la révolte. Répression trop douce aux yeux de l'oligarchie anglaise : le sang des Canadiens n'eût pas été de trop pour satisfaire sa fanatique vengeance ; elle réclamait des gibets, la presse de Montréal ne se faisait pas faute de le proclamer bien haut. Ces haines furent satisfaites l'année suivante.

Une prise d'armes sans importance, organisée sur le territoire des États-Unis par les réfugiés politiques, et dirigée sans succès contre la frontière canadienne, fournit un prétexte à une répression sanglante.

Sir John Colbourne, le nouveau gouverneur, qui venait de remplacer lord Durham accusé de modération, s'appliqua à ne pas mériter les reproches adressés à son prédécesseur. Il promena la torche et l'incendie à travers les villages suspects, et obéit de la façon la plus complaisante aux vœux des pires ennemis des Canadiens.

Les Anglais ne reculaient pas devant les excitations les plus haineuses ni devant les plus froides cruautés : « Pour avoir la tranquillité, disait le *Hérald*, il faut « que nous fassions la solitude. Balayons les Canadiens « de la surface de la terre ! » Et quel lugubre tableau des atrocités qu'il avait conseillées et qu'il se félicitait de voir accomplies : « Dimanche soir, tout le « pays en arrière de Laprairie présentait le spectacle « funèbre d'une vaste nappe de flammes livides, et « l'on rapporte que pas une maison de rebelle n'a été « laissée debout. Dieu sait ce que deviendront les

« Canadiens qui n'ont pas péri, ainsi que leurs
« femmes et leurs enfants, pendant l'hiver qui appro-
« che ; ils n'ont plus devant les yeux que les horreurs
« du froid et de la faim... » « Il est triste, ajoutait
« le journal, d'envisager les terribles suites de la
« rébellion, et la ruine irréparable de tant d'êtres
« humains, *innocents ou coupables*. Néanmoins, il faut
« maintenir l'autorité des lois ; il faut que l'intégrité
« de l'empire soit respectée, *et que la paix, la pro-
« spérité soient assurées aux Anglais* même au prix de
« l'existence de la nation canadienne française tout
« entière (1) ! »

Sir John Colbourne n'était que trop porté à suivre ces sanglants conseils. A la lugubre joie de ces conseillers de haine, il dressa des gibets : « Nous avons
« vu, disait encore le *Hérald* du 19 novembre 1838, la
« nouvelle potence faite par M. Browson, et nous
« croyons qu'elle sera dressée aujourd'hui en face de
« la prison. Les rebelles sous les verrous pourront
« jouir d'une perspective qui, sans doute, aura l'effet
« de leur procurer un sommeil profond avec d'agréa-
« bles songes. Six à sept à la fois seraient là tout à
« l'aise, et un plus grand nombre peut y trouver
« place dans un cas pressé ! »

Douze des condamnés périrent sur l'échafaud, sous les yeux de leurs ennemis, accourus pour jouir de ce spectacle, un triomphe pour eux ! Les malheureux subirent leur sort avec fermeté. On ne peut lire sans

---

(1) Cité par GARNEAU, t. III, p. 367.

émotion les dernières lettres de l'un d'eux, Thomas Chevalier de Lorimier, à sa femme, à ses parents, à ses amis, lettres dans lesquelles il proteste avec de nobles accents de la sincérité de ses convictions.

Ces barbares exécutions eurent des effets bien contraires à ceux qu'en attendaient les ennemis des Canadiens. En étouffant dans le sang la rébellion, ils croyaient anéantir la nation canadienne. La rébellion fut étouffée en effet, mais de ces supplices la nation sortit plus fière d'elle-même, plus enthousiaste et plus forte.

La persécution ne servit jamais qu'à exalter les sentiments de ceux qui la subissent; à une cause proscrite, elle suscite de sublimes dévouements. Les Canadiens venaient de recevoir de la main du bourreau anglais des héros à révérer et à chérir; ils avaient désormais leurs martyrs politiques comme ils avaient eu leurs martyrs religieux !

Insignifiante en elle-même, si on ne regarde que ses résultats immédiats, la révolte de 1837-1838 eut de grandes conséquences pour l'avenir, et influa puissamment sur les destinées canadiennes. Le sang répandu, loin d'affaiblir cette nation qu'on voulait « balayer de la surface de la terre », fut pour elle une rosée féconde, source de nouvelle vigueur.

Ce rameau de l'arbre français, que nous avions si inconsciemment abandonné en Amérique, et que depuis nous avions si totalement oublié, se montrait tout à coup à nos yeux comme un arbre vigoureux; plein de sève, il prospérait et s'accroissait jusque sous une domination étrangère, en dépit des orages qui l'assaillaient de toutes parts.

Pour la première fois la presse française s'occupait du Canada, que sa révolte venait pour ainsi dire de lui révéler; pour la première fois, elle commençait à parler en termes émus de ces frères d'Amérique qui gardaient un souvenir si persistant d'une si oublieuse patrie.

Toutes les nuances politiques s'accordaient pour louer leur fidélité au sentiment français, et tandis qu'un journal libéral avait, durant l'insurrection, proposé la formation d'une légion de volontaires pour voler au secours de nos frères d'Amérique, la grave *Gazette de France* parlait, avec un attendrissement classique, du courage des Canadiens à défendre « cette nationalité que les émigrants français ont « transportée avec eux au nord de l'Amérique, de « même qu'Énée, selon la Fable, emporta avec lui « ses dieux, les mœurs d'Ilion et ses pénates ».

La révolte de 1838 avait révélé les Canadiens à l'Europe, la répression sanglante qu'ils subirent les révéla à eux-mêmes, exalta leur sentiment national et leur enthousiasme.

La suppression elle-même de cette liberté relative que leur avait donnée l'autonomie de leur province tourna à leur avantage. Leur enlever des droits, c'était leur donner un drapeau; ils gagnaient en force morale ce qu'ils perdaient en influence politique.

Un drapeau est souvent plus fort qu'une constitution; celui que le martyre des victimes de 1838 venait de déployer au-dessus des Canadiens leur permit de traverser victorieusement le nouveau régime, savamment combiné pour anéantir leur influence, auquel on allait les soumettre.

# CHAPITRE VII

## MALGRÉ LA RÉPRESSION, LES CANADIENS PROGRESSENT.
### RÉGIME DE L'UNION DES PROVINCES (1840-1867).

Si, à l'encontre de sir John Colbourne, lord Durham, homme sensible à la pitié, avait été bénin dans la répression matérielle, il s'était montré fort sévère envers les Canadiens dans les conclusions du rapport dont il avait été chargé.

Elles étaient entièrement conformes, quant à l'organisation politique à adopter, aux idées et aux désirs des ennemis les plus acharnés des Français : « Fixer « pour toujours le caractère national de la Province, « lui imprimer celui de l'Empire britannique, celui de « la nation puissante qui, à une époque peu éloignée, « dominera dans toute l'Amérique septentrionale! » Tel était le but qu'il fallait viser. Le moyen c'était : « la nécessité de confier l'autorité supérieure à la population anglaise, » le Bas-Canada devant être « gouverné par l'esprit anglais (1) ». En un

---

(1) Voy. dans GARNEAU, *Histoire du Canada*, t. III, p. 372 et suiv., de longs extraits de ce rapport.

mot, c'était l'asservissement politique des Canadiens!

Le projet de constitution soumis au Parlement anglais fut entièrement rédigé selon ces vues. Il décrétait :

La réunion des deux provinces sous un seul gouvernement ;

Égalité de représentation pour chacune d'elles dans le Parlement provincial ;

Partage des dettes ; et usage de la langue anglaise seul admis dans la procédure parlementaire.

Chacun des articles de cette constitution était une injustice voulue envers les Canadiens.

Injustice l'égalité de représentation de deux provinces si inégales par le chiffre de leur population ! la province française comptant 600,000 âmes tandis que sa rivale n'en avait que 400,000.

Injustice encore cette proscription de la langue française dans une Assemblée dont la moitié des membres pouvait ignorer l'anglais.

Injustice suprême enfin, sous son apparence d'équité, ce prétendu partage des dettes. Singulier euphémisme que ce terme de *partage*, quand la dette de la province anglaise s'élevait à 27 millions de francs, tandis que l'autre n'en avait aucune ! Partager, c'était en réalité dépouiller la province française, c'était prendre l'argent canadien pour solder les dépenses anglaises (1).

(1) En 1840, le revenu du Bas-Canada s'élevait à 166,000 *livres sterling* ; il n'avait pas de dette.

Le revenu du Haut-Canada était de 75,000 livres sterling seule-

Ce projet inique fut voté par le Parlement anglais, mais non sans y rencontrer, surtout dans la Chambre des lords, de généreuses oppositions.

Lord Ellenborough trouvait que « c'était mettre « la grande majorité du peuple du Bas-Canada, sous « la domination absolue de la majorité des Haut-Cana-« diens; c'était punir toute une population pour la « faute d'une petite portion de cette population ». Il ajoutait : « Si l'on veut priver les Canadiens français « d'un gouvernement représentatif, il vaudrait mieux « le faire d'une manière ouverte et franche, que de « chercher à établir un système de gouvernement sur « une base que tout le monde s'accorde à qualifier « de fraude électorale. Ce n'est pas dans l'Amérique « du Nord qu'on peut en imposer aux hommes par « un faux semblant de gouvernement représentatif. »

Lord Gosford, qui connaissait les Canadiens, puisqu'il avait été leur gouverneur en 1836, considérait l'union des provinces, telle qu'elle était proposée, « comme un acte des plus injustes et des plus tyranniques ». Il lui reprochait « de livrer, en la noyant, la population française à ceux qui, sans cause, lui ont montré tant de haine ». Il déclarait enfin que tant qu'il vivrait il espérait « n'approuver jamais une mesure fondée sur l'injustice (1) ».

---

ment avec une dette de 5 millions 458 mille DOLLARS, qu'il avait contractée en exécutions de grands travaux publics. Voilà le fardeau que le Bas-Canada était appelé à partager avec la province sœur. Partage vraiment fraternel en effet !

(1) Longs extraits de ces discours, dans GARNEAU, t. III, p. 383 et suiv.

Telle était l'opinion des Anglais éclairés et justes sur la constitution imposée aux Canadiens. Avec quels sentiments ceux-ci pouvaient-ils accueillir cette œuvre d'oppression et de vengeance ? Quels funestes résultats ne devaient-ils pas en attendre, et quelle devait être leur conduite ?

« L'avenir, dit un historien canadien, M. Turcotte,
« se montrait à nos compatriotes couvert de sombres
« nuages. Leurs institutions et leur nationalité sem-
« blaient menacées plus que jamais. Pour conjurer
« l'orage ils vont suivre l'exemple donné par leurs an-
« cêtres dans les moments critiques, et resserreront
« entre eux les liens de l'union la plus parfaite. Ils
« contraindront enfin leurs adversaires à leur rendre
« justice. A mesure que la race anglaise viendra en
« contact avec les Canadiens, elle reconnaîtra la ma-
« gnanimité de leur caractère, leur grandeur d'âme,
« et ses préjugés d'autrefois disparaîtront peu à peu...
« La politique ancienne fera place à une politique
« plus juste, plus modérée; les chefs de chaque
« parti, parmi les Canadiens et les Anglais, se donne-
« ront la main et formeront des coalitions puissantes.
« On verra alors les descendants des deux grandes
« nations qui président à la civilisation du monde,
« fraterniser ensemble et réunir leurs efforts pour
« procurer le bien-être et la prospérité au pays (1). »

Tel est le résumé de l'histoire de l'Union. Elle nous montrera que les Canadiens surent reconquérir

---

(1) Turcotte, *le Canada sous l'Union*. Québec, 2 vol. in-18.

un à un tous les avantages dont on avait voulu les priver.

Le gouvernement débutait pourtant contre eux d'une façon systématiquement hostile. Aucun nom français ne figurait dans le ministère que choisit le gouverneur, lord Sydenham. Injustice voulue qui ne tarda pas à être réparée; l'année suivante, le successeur de Sydenham, sir Charles Bagot, appelait au ministère un homme qui devait exercer sur la politique de son temps une influence prolongée et salutaire, M. Lafontaine.

C'était un premier succès, mais les Canadiens ne s'en tinrent pas là, et malgré le mauvais vouloir d'un nouveau gouverneur, lord Metcalfe, qui dirige systématiquement contre eux toutes les mesures gouvernementales, emploie en faveur de la province anglaise tous les fonds votés pour les travaux publics, donne aux protestants les revenus des biens confisqués aux Jésuites, accorde aux Anglais victimes de l'insurrection de 1837 des indemnités qu'il refuse aux Canadiens, et écarte du ministère M. Lafontaine, — malgré toutes ces vexations et toutes ces injustices, les Canadiens ne cessent d'accroître leur influence, jusqu'au jour, resté béni dans leur mémoire, où leur arrive enfin un gouverneur vraiment impartial et vraiment généreux, l'un des plus illustres qui aient gouverné le Canada : lord Elgin.

C'est en 1847 que lord Elgin prend le gouvernement. Son premier acte est de faire rentrer au ministère M. Lafontaine; puis, à la session de 1849, prenant la parole en français, il annonce solennellement à l'assemblée le vote, par le Parlement impérial, d'un amendement à la Constitution qui rétablit l'usage de la langue française comme langue officielle. Les Canadiens cessent d'être ces parias qu'on veut « balayer de la surface de la terre ». Les partis recherchent au contraire leur appui : ce sont des alliés dont on a besoin et qu'on flatte.

Ce n'étaient pas là les résultats que leurs ennemis avaient attendus. « Quoi donc, s'écriait en 1849, « dans l'Assemblée législative, sir Allan Mac Nab, « l'Union a été faite dans le seul but de réduire les « Canadiens français sous une domination anglaise, « et l'on obtiendrait l'effet contraire ! Ceux qu'on « voulait écraser dominent ; ceux en faveur de qui « l'Union a été faite sont les serfs des autres (1) ! »

Cette Union, tant demandée, ne valait plus rien, et c'est aux cris de : *Pas de papisme! Plus de domination française!* que les plus fanatiques réclamaient son rappel.

La clause elle-même de la représentation égale des provinces, tant sollicitée autrefois, on la répudiait aujourd'hui : les circonstances l'avaient rendue favorable aux Canadiens français. L'inégalité de population s'était en effet renversée. Une émigration considérable d'hommes de langue anglaise s'était tout à coup abattue sur le Haut-Canada. La seule année 1846-1847 y avait amené plus de

(1) TURCOTTE, t. II, p. 98.

100,000 Irlandais fuyant en bloc les horreurs de la famine qui sévissait dans leur pays. Des clans entiers arrivaient aussi d'Écosse, conduits quelquefois par leurs seigneurs eux-mêmes. Ce fut une véritable invasion ; la population de langue anglaise s'en trouva tout à coup accrue dans des proportions considérables et dépassa le chiffre de la population française du Bas-Canada.

De ce jour, cessa l'enthousiasme des Anglais pour la représentation égale des provinces. Une mesure qui leur avait paru excellente quand elle était en leur faveur, leur sembla détestable quand elle tourna à leur détriment, et la devise : « Représentation suivant la population », devint le mot d'ordre de toute agitation politique.

Les libéraux avancés du Haut-Canada, les *Clear-Grits*, se montraient les plus acharnés contre les Canadiens. L'un d'eux, M. Mac Dougal, durant la session de 1861, menaçait de « s'adresser au Parle-
« ment impérial pour lui dire que les Haut-Cana-
« diens gémissaient sous la domination d'une race
« étrangère et d'une religion qui n'est pas celle de
« l'Empire... » Il ajoutait comme un avertissement ou une menace à l'Angleterre : « Si à nos maux et
« aux difficultés actuelles venait se joindre un refus
« d'être écoutés du gouvernement impérial, il n'y
« aurait pas d'autre alternative que de porter les
« yeux sur Washington (1) ! »

(1) Turcotte, t. II, p. 412.

Ces *Clear-Grits* vraiment ne doutaient de rien et prétendaient tout régenter, même la métropole. Un ministre canadien, M. Cartier, répondit devant l'Assemblée d'une façon spirituelle à leurs réclamations : « L'Union, disait-il, avait fonctionné alors que le Bas-Canada avait 250,000 habitants de plus que l'autre province, et le même nombre de représentants. Pour que les choses restassent dans la justice, ne devait-on pas attendre, avant de demander un changement, que le Haut-Canada eût à son tour 250,000 habitants de plus que la province sœur? Or, il ne la dépassait que de 200,000. Il fallait donc encore une augmentation de 50,000 âmes, à moins que l'on ne considérât que 200,000 *Clear-Grits* valaient au moins 250,000 *Canadiens!* »

Les réclamations des *Clear-Grits* devenaient tellement pressantes, la résistance des Canadiens était de son côté si vigoureuse, et la force de chacun des partis se balançait d'une façon si égale, qu'il était devenu impossible aux gouverneurs de constituer un ministère. Les crises gouvernementales se suivaient et les ministres succédaient aux ministres. En trois ans (de 1857 à 1860), quatre ministères avaient été renversés et deux élections générales avaient eu lieu sans rétablir l'harmonie.

Il fallait aviser à sortir de cette embarrassante situation. C'est alors que M. John A. Macdonald, membre de l'un des derniers cabinets renversés, émit l'idée de rendre la liberté à chacune des provinces rivales, de rompre le lien d'union qui enchaînaît ainsi, malgré elles, l'une à l'autre ces deux sœurs ennemies, et de le remplacer par le lien plus souple et moins étroit d'une confédération.

L'idée se généralisait même et l'on proposait d'inviter toutes les colonies anglaises de l'Amérique du Nord à entrer dans la nouvelle combinaison. Un ministère de conciliation parvient en 1863 à se former sur ce projet. Sur l'initiative de M. John A. Macdonald, redevenu ministre, une conférence, composée des représentants des colonies anglaises de l'Amérique du Nord, Nouvelle-Écosse, Nouveau-Brunswick, Terre-Neuve, réunis à ceux du Canada, s'assemble à Québec, et présidée par un ministre canadien-français, M. Étienne Taché, elle pose les bases d'une entente commune. Dans la session de 1865 enfin, le projet élaboré reçoit à la fois la sanction du Parlement canadien et celle du gouvernement anglais qui, par la bouche du ministre des colonies, M. Caldwell, faisait connaître qu'il était tout prêt à l'appuyer.

L'opinion publique elle-même lui était partout favorable : le désir commun des Français et des Anglais du Canada était de sortir de cette promiscuité forcée, à laquelle les contraignait la constitution de l'Union, et à laquelle répugnaient également de part et d'autre leur caractère, leurs goûts, leurs idées et leurs croyances.

Après la session de 1865, quatre ministres canadiens, MM. John A. Macdonald, Cartier, Brown et Galt, furent envoyés en Angleterre pour régler les choses d'une façon définitive avec le gouvernement impérial. Les colonies de la Nouvelle-Écosse et du Nouveau-Brunswick agissaient de même en 1866, et l'année suivante le Parlement impérial donnait, par un vote du 1er mars 1867, son approbation à la *Confédération des colonies anglaises de l'Amérique du Nord*.

Le 29 mars, la nouvelle constitution recevait la sanction royale, et le 1er juillet, elle était proclamée au Canada, au milieu des réjouissances publiques. Lord Monck, gouverneur depuis 1861, restait gouverneur général de la Confédération ; M. John A. Macdonald, qu'on pourrait appeler le père de la Constitution, devenait premier ministre fédéral ; son collègue canadien, M. E. Cartier, premier ministre de la province de Québec.

L'Union avait vécu, et elle avait manqué son but, les Canadiens en sortaient plus forts qu'ils n'y étaient entrés. La province française prenait place, non plus comme une proscrite qu'on méprise, mais comme une égale qu'on respecte, dans ce nouvel État dont deux Canadiens, MM. E. Taché et Cartier, avaient été deux des principaux créateurs.

# CHAPITRE VIII

## L'AUTONOMIE DES CANADIENS.
## LE DOMINION (1867).

Toute grande œuvre politique a son grand homme. Sans Cavour, pas de royaume d'Italie; sans Bismarck, pas d'empire d'Allemagne. La Confédération canadienne — toutes proportions gardées — a, elle aussi, son fondateur.

Ministre presque sans interruption pendant plus de trente ans, sir John A. Macdonald est un type curieux et tient de beaucoup la première place parmi les hommes d'État anglais du Canada.

Ayant dans la conscience la souplesse qui tourne les obstacles, et dans la volonté la fermeté d'acier qui les brise; voyant clairement le but à atteindre, y marchant droit ou par un détour, suivant la nature des difficultés qui se présentaient sur sa route; assez habile et insinuant pour réunir sous sa bannière les ennemis les plus irréconciliables et les faire combattre côte à côte pour sa propre cause; idole du parti antifrançais et anticatholique des *Orangistes*, auxquels il accorda toujours une protection efficace, suivi aussi par les catholiques, auxquels il ne ménagea jamais les paroles ni les promesses ; cachant une volonté de fer sous une physionomie souriante et simple, sir John avait l'étoffe d'un véritable politique.

Son œuvre fut digne de son talent : un État grand comme l'Europe entière, baigné par deux océans, et traversé par la voie ferrée la plus étendue de l'univers, certes, c'est là une création dont plus d'un serait fier.

De sang écossais, il naquit à Glascow en 1815. Il était fils d'un yeoman (petit propriétaire) du Sutherlandshire, qui émigra au Canada vers 1820, et se fixa avec sa famille à Kingstone (Ontario). Élevé au collège de cette ville, le jeune Macdonald fit ses études de droit et entra au barreau en 1836. Dès 1839, à l'âge de vingt-quatre ans, il se faisait connaître comme avocat par la défense, restée célèbre, d'un aventurier allemand, von Schultz, qui pendant trois ans avait terrorisé le pays à la tête d'une bande de maraudeurs. Enfin, en 1844, il débutait dans la vie politique comme représentant de la ville de Kingstone à l'Assemblée législative du Canada. Il s'imposa dès lors comme un des chefs du parti conservateur, et figura, à partir de 1847, dans plusieurs ministères. En 1864 enfin, il prit la présidence du cabinet qui élabora et fit réussir le projet de Confédération canadienne.

Aux quatre provinces entrées tout d'abord dans la confédération : Ontario, Québec, Nouveau-Brunswick et Nouvelle-Écosse, il réussit bientôt à en ajouter d'autres. En ouvrant, le 7 novembre 1867, la première session du Parlement canadien, le gouverneur général, lord Monck, avait tracé, pour ainsi dire, un programme et marqué un but à la nouvelle nation : « J'espère et je crois, avait-il dit, qu'elle étendra ses frontières de l'Atlantique au Pacifique (1). » Sir John Macdonald ne tarda pas à réaliser ce programme et à atteindre ce but.

Avec la puissante compagnie de la Baie d'Hudson, il négocie dès 1869 l'achat des vastes territoires de l'Ouest, et y organise en 1870 la nouvelle province de Manitoba. C'était un pas immense fait par le nouvel État vers le Pacifique; mais les Montagnes Rocheuses l'en séparaient encore. L'année suivante, sir John les lui fait franchir, en obtenant l'adhésion de la Colombie britannique à la Confédération. En 1873 enfin, il y ajoute l'île du prince Édouard, qui porte à sept le nombre des provinces, et complète un territoire s'étendant sans interruption des bords de l'Atlantique à ceux du Pacifique, de l'embouchure du Saint-Laurent à l'île de Vancouver !

Restreint autrefois aux contrées limitrophes du Saint-Laurent, le nom de Canada embrasse aujourd'hui la moitié du continent américain, et le titre même de Dominion, imposé par ses fondateurs au nouvel État, montre bien quelles brillantes destinées ils espéraient pour lui.

La vie entière de sir John a été, depuis 1867, consacrée à la consolidation de son œuvre. Maintenu

---

(1) *Annual Register*, 1867, p. 282, discours de lord Monck.

constamment aux affaires par une imposante majorité dans les Chambres, — sauf une courte période, de 1872 à 1878, durant laquelle le parti libéral s'éleva et se maintint au pouvoir, — il eut le temps de développer toute son énergie et tous ses talents. Sa persévérante volonté réussit à mener à bien la grande et difficile entreprise du chemin de fer Transcontinental. C'est grâce à lui qu'en 1886, le *Canadian pacific Railway*, le *C. P. R.* comme on dit au Canada, faisait franchir à ses locomotives les cols abrupts perdus dans les glaciers des Montagnes Rocheuses, reliant par une ligne de quatre mille kilomètres la ville de Québec à celle de Vancouver !

En même temps qu'il ouvrait de grandes voies au commerce, sir John, par une politique étroitement protectionniste, — que tous n'admirent pas, mais dont tous reconnaissent l'énergie, — s'efforçait de développer les ressources industrielles du pays. Il n'a cessé de déployer en toute matière une infatigable activité, et sa mort, arrivée à Ottawa le 6 juin 1891, a été accueillie comme un deuil national par le parti conservateur tout entier. En mémoire de ses services, la reine Victoria a conféré à sa veuve le titre de comtesse de Earncliffe (1).

La Confédération, cet édifice tout neuf, composé

---

(1) Sir John A. Macdonald a été marié deux fois, d'abord à Isabelle Clarke, de Darnavert (*Invernesshire*), qui mourut en 1856, puis à Agnès-Suzanne Bernard, fille de l'hon. T. J. Bernard, membre du Conseil privé de Sa Majesté à la Jamaïque. (*Annual Register*, 1891.)

d'éléments un peu hétérogènes laborieusement réunis, survivra-t-il au puissant architecte qui l'avait construit? Ce qui pourrait inspirer des craintes à cet égard, c'est que les élections fédérales, surtout depuis la mort de sir John, semblent indiquer une diminution constante dans la majorité conservatrice, seul soutien de la Constitution, que le parti libéral s'efforce au contraire de battre en brèche.

Quoi qu'il en soit, et quel que doive être le destin du Dominion, il est intéressant d'en connaître la Constitution et de savoir quel degré d'autonomie lui est laissé dans ses rapports avec l'Angleterre; quelle autonomie il laisse lui-même aux provinces, et spécialement à la province française de Québec.

La Constitution canadienne de 1867 est à la fois une imitation de la constitution anglaise et de celle des États-Unis. A l'Angleterre elle a emprunté son système de responsabilité ministérielle, aux États-Unis leur organisation fédérale.

Le pouvoir exécutif est exercé par le gouverneur général. Il représente la Reine; en cette qualité il agit comme un souverain constitutionnel et garde une rigoureuse impartialité entre les partis, prenant invariablement ses ministres dans la majorité des Chambres. Toujours choisis parmi les hommes d'État les plus en vue, et parmi les plus grands noms de la pairie anglaise, les gouverneurs qui se sont succédé depuis 1867 ont été, après lord Monck, le marquis de Lansdowne, le marquis de Lorne, lord Dufferin, lord Stanley et aujourd'hui enfin lord Aberdeen.

Dans les provinces, les lieutenants gouverneurs, nommés par le gouverneur général, sont eux aussi les représentants du pouvoir exécutif, et agissent de la même façon quant au choix des ministres et à l'exercice de la responsabilité ministérielle.

Ainsi, deux hiérarchies de gouvernements : le gouvernement fédéral et les gouvernements provinciaux, l'un à peu près indépendant en fait du gouvernement anglais, les autres jouissant, vis-à-vis du gouvernement fédéral, d'une large autonomie.

Sur le Dominion, l'Angleterre ne fait guère sentir sa suprématie que par la nomination du gouverneur; tous ses droits souverains, elle les a abandonnés à sa colonie. Elle n'en a retenu qu'un seul, celui de présider à ses relations extérieures; encore l'exerce-t-elle avec une remarquable modération, et, bien que les agents diplomatiques et consulaires anglais soient seuls chargés, d'une façon officielle, de la représentation des intérêts coloniaux à l'étranger, le gouvernement canadien entretient cependant à Paris et à Londres deux agents, qui, avec le titre de *Commissaires généraux*, sont chargés de veiller, d'une façon plus directe, aux intérêts de leurs compatriotes (1).

Bien mieux encore : dans toute affaire diplomatique où les intérêts canadiens peuvent être en jeu, l'Angleterre a depuis longtemps reconnu en pratique

---

(1) Le commissaire général du Canada à Paris est M. Fabre, si sympathiquement connu de tous.

le droit, pour sa colonie, d'être consultée et de participer aux négociations. Dans les négociations des traités de Washington en 1871 et en 1888, relativement aux pêcheries de Behring (et dont les clauses, restées sans exécution de la part des États-Unis, ont été remplacées par celles de la sentence internationale récemment rendue à Paris), — le Canada avait chaque fois été représenté par un de ses hommes d'État les plus habiles : par sir John A. Macdonald en 1871, par sir Charles Tupper en 1888.

Tous les traités intéressant le Canada doivent être ratifiés par son Parlement aussi bien que par le Parlement impérial, et dans les traités eux-mêmes présentant un intérêt général pour l'empire britannique, l'Angleterre a soin, la plupart du temps, de stipuler qu'ils ne seront applicables à ses colonies qu'autant que leurs clauses ne seraient pas en opposition avec la législation de ces colonies au moment de la signature (1).

Non contents d'avoir, à Paris et à Londres, des représentants officieux, les Canadiens aspirent à en avoir dans tous les pays étrangers, et voudraient faire reconnaître par la métropole elle-même leur caractère diplomatique. Durant la session de 1892, le Parlement canadien a adopté une résolution tendant à ce que « des négociations soient entamées avec le « gouvernement de Sa Majesté afin de procurer au

---

(1) BOURINOT, *Federal government in Canada.* John Hopkins University, Studies, Baltimore, octobre 1889.

« Canada une représentation plus complète de ses
« intérêts à Washington et dans les capitales des
« autres pays où cette représentation pourrait être
« avantageuse. En tant — ajoute la motion — que
« cela pourra être compatible avec le maintien des
« relations qui doivent exister entre la Grande-Breta-
« gne et le Canada (1). »

Depuis longtemps le Canada n'a plus de garnison anglaise, sauf dans la seule forteresse d'Halifax, où se trouve encore un régiment. Toutes les autres villes, même fortifiées, et Québec entre autres, n'ont plus dans leurs murs que les milices du pays.

Bien plus encore qu'au point de vue diplomatique et militaire, c'est dans ses relations économiques avec la métropole que se manifeste d'une façon claire l'indépendance du Canada. Lorsqu'en 1879 sir John A. Macdonald inaugura sa politique protectionniste, et fit voter un tarif douanier assez élevé, l'Angleterre s'en trouva frappée à l'égal des nations étrangères; nulle exception ne fut faite en sa faveur, et elle dut subir la loi commune.

Certes, cette politique n'a pas été sans causer en Angleterre quelque dépit; mais quand, à la Chambre des communes, un député s'adressa au gouvernement pour lui demander de désapprouver la loi et de mettre obstacle à son application, le ministre des colonies fut forcé de répondre que la mesure en question ne sortait pas de la limite des droits garantis

(1) *La Patrie* (journal de Montréal), **24 septembre 1892.**

au Canada par sa constitution, et il ajouta que, quelque regret qu'on pût ressentir de lui voir adopter un système économique si contraire à celui de la métropole et à ses intérêts, toute opposition et toute entrave seraient impossibles et injustifiables (1).

Si libre, si indépendant en tout de la métropole, le Dominion est en somme aujourd'hui une véritable république, presque autonome, sous le protectorat bienveillant et peu onéreux de la couronne d'Angleterre. C'est là la meilleure et la plus exacte définition qu'on en puisse donner.

(1) BOURINOT, *Federal government in Canada*, et HANSARD, Parliamentary debates, vol. CCXLIV, p. 1, 311.

# CHAPITRE IX

L'AUTONOMIE DES CANADIENS-FRANÇAIS.
LA PROVINCE DE QUÉBEC.

Dans l'État, presque indépendant, que nous venons de décrire, quelle place tiennent les Canadiens-Français? Leur autonomie dans la province de Québec est aussi grande que celle du Dominion vis-à-vis du gouvernement anglais; elle leur permet de conserver intactes leurs traditions, leurs mœurs, leurs institutions et leurs lois.

Formant les quatre cinquièmes de la population de Québec, ils y sont, dans les limites de la Constitution, à peu près tout-puissants, et cette constitution est fort large. Tous les intérêts locaux sont laissés à la province. Le gouvernement fédéral ne fait sentir son autorité que dans les affaires d'intérêt général, telles que le régime douanier, les postes et télégraphes, la milice, la navigation, les monnaies et les lois *criminelles*.

Quant à la législation *civile*, à l'administration de la justice, aux institutions municipales, aux travaux publics provinciaux, au domaine public (*les terres de la couronne,* suivant l'expression officielle), à l'instruction publique, et à la constitution provinciale elle-même, tout cela reste dans la compétence de la province.

La province de Québec, en somme, est dès aujourd'hui, et non seulement au point de vue des mœurs et de la langue, mais même au point de vue politique, un petit État français.

Elle s'est donné une législation civile toute française par ses sources, puisqu'elle a été tirée en grande partie de la *Coutume de Paris* en usage dans l'ancien Canada, mais remaniée et modernisée dans les données de notre Code civil.

Son Parlement, aussi bien la Chambre haute (ou Conseil législatif), nommée par le lieutenant gouverneur, que la Chambre basse (ou Assemblée législative), nommée au suffrage universel, se compose à peu près exclusivement de Canadiens-Français; sur les soixante-cinq membres de l'Assemblée législative, on ne compte guère qu'une dizaine d'Anglais.

En somme, ce Parlement est un petit parlement français, toutes les discussions à peu près s'y font en français et, ajoutons-le, à la française, avec cette pointe de vivacité qui caractérise les nôtres. L'étiquette et la procédure parlementaires ont beau être empruntées à l'Angleterre, le président a beau s'appeler M. l'*Orateur,* un *huissier de la Verge noire* sorte de personnage sacramentel, la *Masse d'arme* elle-même qui, soi-disant, représente l'autorité de la Reine, ont beau donner aux apparences comme une sorte de vernis britannique, les hommes et leurs actes sont bien français.

La rapidité même avec laquelle se succèdent les ministères ne suffirait-elle pas à montrer que nos frères d'Amérique n'ont rien perdu de la promptitude de notre caractère? Dans l'exercice du gouvernement parlementaire, les Canadiens n'ont pu apporter cette patience et ce calme propres aux Anglo-Saxons; ils y mettent un peu de cette ardeur française, dont leurs concitoyens anglais leur font un reproche, mais qui, après tout, n'est peut-être pas un défaut.

Libéraux et conservateurs se disputent le pouvoir avec acharnement, et l'occupent tour à tour avec une remarquable périodicité. Bien mieux que des changements de ministères, les Canadiens ont eu, eux aussi, leurs *coups d'État*, — sans effusion de sang, grâce à Dieu! Déjà deux fois depuis 1867, les lieutenants gouverneurs ont, de leur propre autorité, renvoyé des ministres possédant la confiance du Parlement, et dissous le Parlement lui-même pour procéder à de nouvelles élections. C'est ce que fit en 1878, en faveur du parti libéral, M. Letellier de Saint-Just, et en 1892, M. Angers, en faveur du parti conservateur.

Mais ces luttes de parti n'altèrent en rien l'union nationale. Libéraux et conservateurs, divisés sur des détails de politique et d'intérêt, demeurent unis sur les points essentiels. Les uns et les autres sont également d'ardents défenseurs de l'idée catholique et de la nationalité française.

Cette unanimité s'est manifestée, il y a quelques années, lorsqu'en 1885, à la suite de la rébellion des métis français du Nord-Ouest, le gouvernement fédéral sévit contre les révoltés avec une sévérité qui put faire supposer qu'il poursuivait en eux les représentants de la race française plus que les rebelles. A la nouvelle du supplice de Louis Riel, la province de Québec tout entière fut unanime; libéraux et conservateurs oublièrent leurs querelles et, sous la direction d'un homme politique habile qui prit la tête du mouvement, s'unirent en un seul parti sous le nom de *Parti national*. Grâce à l'influence de l'auteur de cette fusion (M. Mercier, qui devint premier ministre de la province), la concorde dura quelques années. Mais la question Riel finit par tomber dans l'oubli, les luttes de parti reprirent, et ont eu dernièrement leur conclusion par la chute du cabinet Mercier, remplacé par M. de Boucherville.

Querelles de famille que ces luttes; arrive de nouveau un danger, ou même l'apparence d'un danger national, tous les partis s'uniraient de nouveau.

Cette suprématie de l'élément français, les Anglais de la province sont bien obligés de la subir; ils le font sans récriminations et, sauf quelques rares exceptions, se montrent satisfaits de la liberté absolue de conscience qui leur est laissée comme protestants, et de la part équitable, généreuse même, qui leur est faite dans la répartition des fonctions publiques. Un député anglais a beau s'écrier parfois dans l'Assemblée législative « que ce n'est pas par tolé-
« rance que la population anglaise se trouve dans la
« province de Québec et qu'elle y restera en dépit

« de tous (1) » ; ce sont là des fanfaronnades que personne ne relève parce qu'elles n'ont aucune portée. Personne, en effet, parmi les Canadiens-Français, ne conteste à la population anglaise le droit de demeurer dans la province, et ce n'est pas leur faute si, de l'aveu de tous, elle y est en voie de décroissance constante. De ce fait avéré et avoué par eux, les Anglais ne peuvent s'en prendre qu'à eux-mêmes. Il est pourtant quelques rares fanatiques qui ne craignent pas d'attribuer à l'action du clergé français la décadence de la population anglaise : « Est-il néces-
« saire de dire, écrit l'un d'eux, — un journaliste,
« — que l'introduction du système paroissial dans
« les cantons anglais de Québec y a apporté la déca-
« dence? Un grand nombre d'établissements anglais
« ont disparu et partout le nombre des Français
« augmente, au point que les Anglais qui pouvaient
« commander vingt collèges électoraux il y a vingt-
« cinq ans, s'y trouvent maintenant en minorité à
« l'exception de quatre comtés (2). »

La plupart des Anglais de Québec montrent un plus équitable esprit, et reconnaissent que le mouvement de diminution de leur population est un mouvement inévitable contre lequel il n'y a pas à récriminer :
« Les Anglais partent, les Français arrivent, dit un
« Anglais, le D$^r$ Dawson... Si les cultivateurs anglais
« peuvent améliorer leur sort en vendant leurs fermes,

(1) Séance du 16 janvier 1890.
(2) Brochure publiée par l'« Equal Rights association for the province of Ontario. »

« il est certainement préférable qu'ils puissent trou-
« ver des acquéreurs (1). »

Les Anglais de Québec se résignent, on le voit, de bonne grâce à la situation un peu effacée qu'ils occupent. Mais l'attitude des Anglais d'Ontario est tout autre en présence des progrès des Canadiens. Le dépit non dissimulé de ceux-là égale la sage résignation des premiers.

Il existe, dans la province anglaise, une coterie faisant profession d'un protestantisme intransigeant et haineux, et qui, réunie en une sorte de société secrète sous le nom de *Loges orangistes*, se plaît à accabler les Canadiens de tous les outrages et de toutes les injustices. Les Orangistes voilent leur fanatisme sous un prétendu dévouement dynastique à la couronne anglaise et sous un patriotisme d'ostentation; mais leur zèle est tenu en haut lieu pour ce qu'il vaut, et leur a plusieurs fois attiré des humiliations officielles.

Lorsqu'en 1860 le prince de Galles fit un voyage au Canada, ayant été averti que les Orangistes de la province d'Ontario préparaient en son honneur des manifestations quelque peu hostiles à l'élément catholique et français, il fit savoir aux autorités, par l'intermédiaire du duc de Newcastle, secrétaire d'État des colonies, qui l'accompagnait, qu'il n'accepterait aucune fête d'un caractère exclusif, et ne mettrait le pied dans aucune ville où les dispositions prises pour

---

(1) Cité par M. Honoré Mercier dans sa réponse au pamphlet de l'association des « Equal Rights ».

le recevoir seraient de nature à blesser les opinions ou les croyances d'une portion quelconque des sujets de la Reine. Dans plusieurs villes, on ne tint aucun compte de cet avertissement. Le prince, qui voyageait en bateau à vapeur, modifia son itinéraire, et passa sans s'y arrêter devant les villes de Kingstone et de Bonneville, et les Loges orangistes, rangées sur le quai en grand costume et bannières déployées, autour des arcs de triomphe emblématiques qu'elles avaient préparés, ne purent que poursuivre de leurs murmures le bateau à vapeur qui emportait le prince, sans avoir reçu de lui ni une parole, ni un regard.

Cette coterie orangiste s'émeut quelquefois de la politique suivie par la province de Québec. Le vote en 1888 par le Parlement de la province française, sur l'initiative de M. Mercier, d'une loi restituant aux Jésuites une partie des biens qui leur avaient été confisqués par le gouvernement anglais, a suscité dans ce milieu protestant les plus violentes tempêtes. Les protestants d'Ontario demandèrent au gouvernement fédéral le désaveu de la loi. Dans le cours de la discussion, les Canadiens furent accusés de vouloir arrêter le cours du progrès et remonter aux temps les plus ténébreux d'oppression et d'ignorance; des orateurs, sans doute peu au fait de l'histoire, confondirent dans une réprobation commune les Jésuites, le moyen âge, la tyrannie et le papisme! Bref, comme le dit sir John A. Macdonald, qui, pour cette fois, soutint les Canadiens d'une façon effective, « on eût « pu croire, à lire les articles publiés par certains

« journaux, et à entendre les discours prononcés par
« certains orateurs, qu'on se trouvait en face d'une
« invasion des Jésuites comme d'une nouvelle inva-
« sion des Huns et des Vandales, qui allait balayer la
« civilisation du pays (1) ! »

Si quelques centaines de mille francs restituées aux Jésuites (2), — car les biens eux-mêmes ne leur avaient pas été rendus, mais seulement leur valeur, — soulevaient de pareilles tempêtes, c'est que cette somme minime et qui ne regardait, après tout, que les contribuables de Québec, non pas ceux d'Ontario, c'est que les Jésuites eux-mêmes n'étaient, au fond, que l'accessoire de la question, et que le conflit, bien plus qu'une polémique religieuse, était une lutte nationale entre les deux populations rivales.

« La question qui agite l'esprit du peuple, s'écriait
« un député anglais, M. Charlton, qui crée l'intérêt
« causé par ce débat, c'est de savoir si la Confédéra-
« tion canadienne sera saxonne ou française... C'est
« une question d'une grande portée, une question
« dont nous ne pouvons exagérer l'importance... La
« tendance à développer en ce pays un sentiment
« intense de nationalité française, tendance qui s'ac-
« centue encore de ce que cette nationalité possède
« une Église nationale qui, dans son propre intérêt,
« travaille au développement de ce sentiment na-
« tional, est une tendance que nous devons tous dé-

(1) *Débat sur les biens des Jésuites.* Ottawa, 1889. Discours de sir John A. Macdonald.
(2) *Ibid.*

« plorer, une tendance que nous désirons ne pas
« voir s'accentuer, une tendance que ceux qui ont
« à cœur le bien du pays désireraient plutôt voir
« s'amoindrir et disparaître (1). »

Les Orangistes d'Ontario ont beau le déplorer, cette tendance s'accentue et s'accentuera. La nation canadienne-française n'est pas en voie de s'éteindre ; elle est, au contraire, tant au point de vue matériel qu'au point de vue moral, en pleine voie d'accroissement et de progrès.

(1) *Débat sur les biens des Jésuites.* Mars 1889.

# DEUXIÈME PARTIE

ÉTAT ACTUEL, AU POINT DE VUE MATÉRIEL
ET MORAL, DE LA NATION CANADIENNE
TERRITOIRE — POPULATION — SENTIMENT NATIONAL

## CHAPITRE X

LE TERRITOIRE DES CANADIENS ET SA RICHESSE.

Nous avons suivi à travers l'histoire les progrès politiques des Canadiens; quelle est aujourd'hui leur situation matérielle? Connaissant le passé, étudions le présent, et voyons quelle est l'étendue et la richesse de leur territoire, le chiffre et la vitalité de leur population.

Le domaine ethnographique des Canadiens s'étend au delà de la province de Québec. Les lignes de démarcation politique ou administrative qui les enserrent, ne sont nullement des barrières pour leur expansion; ils les franchissent de toutes parts, et tout autour de leur province ils ont formé, en territoire étranger, comme une zone de race et de langue française qu'ils élargissent tous les jours.

Ces progrès de la population canadienne à l'encontre de leurs voisins, nous les étudierons plus loin, mais avant de parler des hommes, décrivons le pays : avant les acteurs, le décor !

Pour se développer, une nation doit se nourrir, et son accroissement est intimement subordonné à la richesse productive du pays qu'elle occupe. Quelle est la richesse du territoire des Canadiens; quelle est l'étendue, quels sont les produits de la province de Québec, leur centre et leur citadelle ?

La *province de Québec,* c'est là un nom modeste, relativement aux territoires qu'il désigne. Que ce nom de province ne les fasse pas comparer à ceux de quelque province de France ou d'Europe. La superficie des territoires embrassés par la province de Québec, — 669,000 kilomètres carrés, — la France entière ne l'atteint pas, et de tous les États européens, la Russie seule en dépasse le chiffre.

Deux grandes villes, les plus importantes de toute la Confédération canadienne, l'une par le lustre de son histoire, l'autre par le chiffre de sa population et son activité commerciale, sont l'orgueil des Canadiens-Français.

Québec se glorifie de ses souvenirs militaires, et vante avec orgueil ses Frontenac et ses Montcalm. Seule de toutes les cités d'Amérique elle est plus célèbre encore par son histoire que par ses richesses.

Un spectacle admirable attend le voyageur qui débarque à Québec. De l'immense terrasse qui règne sur son rocher, dominée elle-même par les murailles de la citadelle, le spectateur embrasse un des plus beaux panoramas qui se puisse voir : à ses pieds l'œil plonge dans les rues qui bordent le port, toutes pleines de mouvement et d'où s'élève le lourd bruit des voitures et des chariots ; plus loin, les quais, où se chargent et se déchargent de nombreux navires ; plus loin encore, le fleuve majestueux et large, où se croisent barques et paquebots, où les élégantes et rapides voiles blanches des goélettes coupent la fumée noire des lourds et puissants remorqueurs. Au delà, bornant l'horizon, la pointe Lévis, toute couverte d'habitations et de verdure, l'île d'Orléans, avec ses nombreux villages, puis, la vaste plaine, au fond de laquelle les Laurentides découpent leurs crêtes boisées et montrent de loin leurs vallées déchirées et sombres.

Si nous remontons le fleuve, autre cité, autre perle : Montréal !

Montréal est la ville la plus importante du Canada ; elle est la septième de l'Amérique entière pour sa population, mais l'une des premières sans contredit par sa situation et sa beauté. Sur les flancs du mont Royal, qui la domine et lui a donné son nom, un parc splendide fait circuler ses allées sous l'ombre des arbres séculaires ; leurs gracieuses courbes et leurs douces pentes conduisent au sommet de la montagne. De là le regard embrasse la ville et son port, traverse le vaste Saint-Laurent et s'arrête, à la rive opposée, sur de jolis villages aux clochers pointus, rendus si petits par la distance qu'ils semblent des jouets d'enfant mis en ordre sur le rivage. Au delà, une plaine immense toute couverte d'habitations court jusqu'à l'horizon, formé d'une ligne bleuâtre de montagnes à peine estompées sur le ciel.

Telles sont les deux grandes cités de la province de Québec ; le territoire tout entier est digne de telles capitales.

Le fleuve le plus important et le plus majestueux de l'univers ; des rivières auprès desquelles nos fleuves sont des ruisseaux ; d'admirables forêts ; des mines encore inexplorées ; des terres fertiles, voilà en résumé la province de Québec, le vieux Canada français, la jeune France américaine de l'avenir.

Sa configuration géographique est remarquable. L'estuaire du Saint-Laurent, immense artère par laquelle le pays reçoit la vie, conduit jusqu'à son cœur, jusqu'aux grandes cités de Québec et de Montréal, les plus puissants navires venus d'Europe à travers l'Océan.

Dans cette grande voie fluviale, des affluents nombreux, partis du nord et du sud, déversent la masse de leurs eaux. Les plus grands viennent du nord ; sortis des plaines immenses et marécageuses qui forment, entre le bassin de la baie d'Hudson et celui du Saint-Laurent une séparation indécise, ils ont, dans leur course puissante, traversé la barrière que leur opposait la chaîne des Laurentides ; à travers les rochers, ils se sont fait un chemin, et franchissent cet obstacle par une suite de rapides et de chutes.

Des trois principaux de ces affluents du nord, le plus étendu, l'Ottawa (ou pour l'écrire à la française, la Rivière des Outaouais, du nom des Indiens qui habitaient autrefois ses bords), plus long que le Rhin, plus abondant que le Nil, déroule ses flots sur une longueur de 615 milles et débite, aux hautes eaux, 4,000 mètres cubes d'eau par seconde. Ses tributaires sont eux-mêmes des fleuves d'une longueur moyenne de 200 milles.

Un autre affluent du nord, le Saint-Maurice, à l'embouchure duquel s'élève la petite ville de Trois-Rivières, arrose une étendue de 280 milles.

Le Saguenay enfin, non pas le plus long, mais de beaucoup le plus important de tous les affluents du Saint-Laurent, profond de près de 300 mètres, bordé sur ses deux rives de rochers escarpés qui font l'admiration des touristes, accessible sur la moitié de son cours aux navires du plus fort tonnage, large de plusieurs milles, présente plutôt l'aspect d'un golfe sinueux entrant profondément dans les terres que celui d'un fleuve au cours régulier et constant.

Les affluents de la rive sud n'ont pas la même importance hydrographique, mais la population se presse sur leurs bords, bien plus dense que sur ceux des affluents du nord. Les deux plus connus sont la rivière Richelieu, qui sort du lac Champlain et aboutit dans le Saint-Laurent au sud de Montréal, et la rivière Chaudière, dont le cours arrose, au sud de Québec, le riche comté de la *Beauce*, nom que les habitants ont voulu donner à la contrée, en souvenir, sans doute, de leur pays d'origine, ainsi qu'en témoignage de sa fertilité.

Et les lacs ! De véritables mers intérieures ! C'est le lac Saint-Jean, qui couvre de ses eaux 92,000 hectares ; le lac Témiscamingue, 85,000 hectares, et une multitude de lacs de moindre importance, reliés entre eux par de gracieuses et pittoresques rivières. Le pays est comme sillonné d'un réseau de cours d'eau, navigables aux seuls canots à cause de la rapidité de leur cours, mais qui, par là même, fournissent à l'industrie la force motrice de leurs chutes.

Avec cela, des montagnes pittoresques, mais ne présentant pas de sommets inaccessibles, et dont toutes les vallées pourront un jour être utilisées pour la colonisation et la culture ; tel est le tableau général de la province de Québec.

La plus grande partie de cet immense et beau territoire est encore, il est vrai, le domaine exclusif de la forêt. Lorsque du haut de la terrasse de Québec on admire cette splendide campagne couverte d'habitations, que l'on voit les lignes ferrées sillonner au loin la plaine, il est curieux de se dire qu'à dix lieues à peine de cette civilisation, sur ces hauteurs boisées des Laurentides qui ferment l'horizon, les arbres dont on aperçoit les cimes sont les premières sentinelles du désert ! Ce verdoyant et gracieux rideau, c'est la lisière d'une forêt sans bornes, dont les dernières branches plongent, à 200 lieues de là, dans les eaux glacées de la mer d'Hudson !

Ce désert, c'est la richesse même du pays, c'est la réserve de l'avenir ! Cette immense forêt dont l'imagination atteint péniblement les bornes, c'est le domaine ouvert à l'activité des Canadiens. C'est là que vont pénétrer le bûcheron avec sa hache et le colon avec sa charrue : l'un pour en faire sortir tous les ans ces produits des forêts qui, exportés au loin, procureront en échange au pays l'aisance et la richesse, les autres pour transformer la forêt en moisson, remplacer par la vie et le bruit le silence et la solitude, et faire sortir du néant des hameaux et des villes.

Dans ces cités, nées du travail du colon, fleuriront à leur tour le commerce et l'industrie ; telle est la marche du progrès, la gradation du travail humain, aux prises avec la nature primitive.

# CHAPITRE XI

## LA FORÊT ET LES FORESTIERS.

Suivons d'abord les bûcherons dans les limites les plus reculées de la forêt. Ses vastes étendues appartiennent au domaine public des provinces, qui en disposent à leur gré, soit pour l'exploitation des bois, soit pour la colonisation et le défrichement.

La province de Québec possède le plus riche domaine forestier. Il s'étend, au nord du Saint-Laurent, sur une superficie d'environ 120,000 milles carrés (1), couvrant encore, malgré les progrès de la colonisation, les neuf dixièmes du territoire. Près de 30,000 bûcherons sont tous les ans employés à son exploitation, et la valeur des produits qu'ils en retirent dépasse 50 millions de francs (2) !

Ne vous effrayez pas de ces chiffres; ne craignez

---

(1) 47,037 milles carrés octroyés pour l'exploitation et 68,136 milles carrés disponibles. (MERCIER, *Esquisse de la province de Québec*, 1890.

(2) C'est le chiffre de l'exportation des bois de la province de Québec. Le chiffre total pour tout le Dominion est de 100 millions de francs. On voit qu'à elle seule la province de Québec en fournit la moitié.

pas de voir rapidement disparaître la forêt soumise à un tel régime : sur de pareilles étendues, l'homme ne peut détruire aussi rapidement que la nature crée. Il est certain que la limite des bois exploitables recule peu à peu vers le nord, mais ce mouvement est d'une lenteur qui le rend imperceptible. Suivant un rapport officiel de 1856 (1), la seule vallée de l'Ottawa contenait alors une réserve *actuelle* suffisante pour fournir, pendant un siècle, à cette exportation de 50 millions par an, et cela sans tenir compte du bois qui pourrait repousser dans l'intervalle.

D'ailleurs, si l'exploitation change la valeur de la forêt, elle n'en modifie guère l'aspect. Les spéculateurs ne la saccagent pas autant qu'on pourrait le croire ; non pas qu'ils soient retenus par aucun scrupule artistique ni philanthropique, mais parce que leur intérêt ne les y pousse pas. Les frais de transport étant énormes, ils n'abattent que des arbres choisis sur de grands espaces ; tout le reste demeure intact, et l'œil n'aperçoit d'abord aucune différence entre les portions exploitées et celles où le bûcheron n'a pas encore promené sa hache.

Le feu est, pour la forêt, un ennemi autrement redoutable que l'homme. Allumé par la foudre ou par l'imprudence de quelque bûcheron, l'incendie peut se propager sans obstacles sur des centaines

---

(1) Cité par S. Drapeau, *Études sur la colonisation du Bas-Canada*. Québec, 1863, in-8°.

de lieues. Toute la région du Saguenay fut ainsi dévastée il y a une vingtaine d'années. Ce fléau est impuissant lui-même à diminuer, d'une façon sensible, l'immense domaine forestier ; dans les *brûlés* (c'est le nom que donnent les Canadiens aux espaces dévorés par le feu), le bois reprend peu à peu le dessus, et l'on voit, au bout de quelques années, les troncs calcinés des vieux arbres dominer, de leurs noirs squelettes, la masse verdoyante qui repousse à leurs pieds.

La province de Québec n'aliène pas son domaine forestier ; elle ne l'exploite pas non plus elle-même. Elle le loue par lots, ou *limites*, suivant l'expression officielle, et de ces locations elle retire tous les ans un revenu d'environ 3 millions de francs (600,000 piastres) (1).

Le commerce des bois n'est pas accessible à tous : un personnel nombreux à entretenir, des transports difficiles, nécessitent une mise de fonds considérable qui ne le rend possible qu'à un nombre restreint de capitalistes. Les marchands de bois sont, par leur richesse, presque une puissance dans le pays.

La vallée de l'Ottawa, dans son cours supérieur, est la plus riche de toutes les régions forestières canadiennes. A elle seule, elle fournit les trois quarts des bois abattus dans toute la province ; tous les ans elle occupe près de dix mille ouvriers forestiers ; en

---

(1) Rapport du commissaire des Terres de la Couronne pour 1892.

1889 un seul négociant d'Ottawa, M. Mac-Kay, en avait engagé quinze cents.

C'est une véritable armée, presque une invasion. Au commencement d'octobre, les auberges, les chemins de fer, les bateaux à vapeur, retentissent des chants de ces joyeux compagnons. Profitant de leurs dernières heures de liberté, ils se préparent, par une gaieté un peu bruyante, à la captivité de six mois qu'ils vont subir, séparés du reste de l'univers par la forêt, la neige et les glaces. Pour tout voisinage, ils n'ont à espérer que celui de quelque tribu indienne campée dans sa Réserve ; une fois seulement dans la saison ils reçoivent la visite d'un missionnaire qui, vers Pâques, vient leur faire remplir leurs devoirs religieux, car tous sont de fervents catholiques.

La petite ville de Mattawa, leur principal rendez-vous avant de monter dans les *chantiers*, ne doit qu'à eux son existence, et n'a guère d'autres maisons que des hôtelleries. Quand ils partent à l'automne, et quand ils reviennent au printemps, elle est bondée ; lorsqu'ils sont passés, elle est vide.

C'est là que cette armée se divise. Sous la conduite du chef de chantier, du *foreman*, chaque groupe gagne la limite sur laquelle il doit travailler. Laissant bien loin derrière nous le dernier village, la dernière ferme et le dernier champ cultivé, pénétrons avec eux dans la forêt.

Supposons-nous au sommet de quelque haute colline : un océan de verdure s'étale devant nous et se prolonge, sans interruptions et sans clairières, sur des centaines de lieues vers le Nord. Seuls, les lacs, les rivières et les torrents, viennent couper de leurs eaux ces immensités boisées ; encore les broussailles rongent-elles leurs rives et semblent-elles, en allongeant sur l'eau leurs branches pendantes, jalouses d'en diminuer la surface.

La forêt est aussi diverse d'aspect que variable de valeur marchande. Ici dôme élevé de verdure, là inextricable fouillis de broussailles, tantôt elle darde vers le ciel la haute mâture de ses pins géants, tantôt elle présente humblement le triste profil de ses épinettes rabougries, dont les pauvres branches décharnées pendent comme de misérables haillons, donnant au paysage cette impression de mélancolique abandon, si souvent ressentie par le voyageur, dans les forêts du nord de l'Amérique.

Dans cette solitude, s'élève la solide et massive demeure où les bûcherons, leur travail terminé, se réunissent chaque soir.

Le *chantier* (car ils nomment ainsi, non pas comme les ouvriers le font chez nous, le lieu où ils travaillent, mais celui où ils prennent leur repos) est un bâtiment de 15 mètres de long environ, sur 8 de large. Les murs sont faits de troncs d'arbres aplanis sur deux de leurs-faces, posés l'un sur l'autre et assemblés *à demi-bois* dans les angles. Le toit, formé lui-même de pièces de bois plus légères dont les interstices sont bouchés avec de la mousse, est percé dans son milieu d'une large baie, par où s'échappe la fumée et pénètre la lumière ; c'est, avec la porte, la seule ouverture de la massive construction.

Pénétrons dans l'intérieur. Une seule salle l'occupe tout entier ; au centre, sur un énorme brasier dont les cendres croulantes sont maintenues par un cadre de pièces de bois, des arbres entiers brûlent en pétillant ; c'est la *cambuse*, c'est le centre et l'âme du chantier, c'est le foyer des forestiers.

Tout autour, contre l'épaisse muraille de bois, les lits s'alignent en deux rangées superposées. Ne cherchez là ni matelas, ni draps : une épaisse couche d'élastiques branches de sapin est le meilleur des sommiers. Étendez-y une chaude couverture de laine ; cela suffit aux travailleurs de la forêt.

Si vous levez la tête, par l'ouverture béante du toit, d'où s'échappe en tourbillonnant la fumée bleuâtre et pleine d'étincelles, vous pouvez, durant le jour, apercevoir le clair rideau du ciel, et, le soir, le lointain scintillement des étoiles, dans la sombre profondeur de la nuit.

C'est là que, la journée finie, les bûcherons rentrent un à un. Déjà quelques-uns, accroupis devant le vaste flamboiement de la *cambuse*, les mains tendues vers la flamme, ont allumé leur pipe à la braise du foyer. Le feu monte en tournoyant vers le ciel, projetant à la fois dans la vaste pièce une réconfortante chaleur et une éclatante lumière, et tandis qu'au dehors la neige tombe, la gelée pince, et la forêt gémit sous la bise, ici règnent le repos, le calme et la gaieté.

De temps en temps un retardataire arrive; la porte en s'ouvrant laisse apercevoir la nuit et pénétrer une bouffée d'air froid. Le nouveau venu, en se frottant frileusement les mains et secouant la neige qui fond sur ses vêtements, vient prendre place autour du foyer. Puis, quand tous sont rentrés, quand tous ont puisé, dans la grande marmite mijotante, leur frugal mais abondant repas, les conversations s'engagent et les histoires commencent.

La France est — en la présence d'un Français — l'objet de toutes les questions. Ils ne la connaissent pas beaucoup la France, ces braves bûcherons, mais ils l'aiment tout de même. Ils savent qu'elle est bien loin, au delà de la mer, et qu'ils ne la verront jamais, mais c'est de là que sont venus leur grands-pères, c'est leur pays, et cela leur suffit pour l'aimer.

— « Avez-vous des forêts? Avez-vous des sauvages?» Des forêts sans sauvages! Ils n'en reviennent pas d'étonnement!

L'histoire de France elle-même les intéresse autant, mais leur est aussi peu familière que sa situation ethnographique. Napoléon! voilà le héros de tous leurs récits, et quelles proportions fantastiques ils lui donnent! Dans leur bouche, ce n'est plus un homme, c'est un demi-dieu, si au-dessus de l'humanité, que les narrateurs eux-mêmes en viennent à douter de son existence réelle. Napoléon, pour eux, c'est une sorte de grand fantôme qui, pendant de longues années, a fait trembler les Anglais : « On tirait sur lui... à boulets rouges! Il vous les *poi-*

*gnait* à deux mains et les renvoyait sur les ennemis! »
Et c'est avec une mimique expressive que le narrateur — un peu *gouailleur* et sceptique — faisait, en s'arc-boutant de toutes ses forces, le geste de *poigner* le boulet, de l'élever péniblement au-dessus de sa tête, pour l'envoyer avec vigueur dans le camp opposé.

Après maint récit, les conversations finissent par s'éteindre. Roulé dans sa couverture, chacun cède au sommeil. Seul, l'ardent brasier de la cambuse veille dans le chantier silencieux perdu dans la forêt.

Dès l'aube, les bûcherons sont sur pied. Pour le travail ils sont divisés par *gagnes*, suivant l'expression consacrée par eux. Chaque gagne se compose de six hommes : deux bûcherons qui abattent les arbres, deux *piqueurs*, qui en dégrossissent les quatre faces, et deux *équarreurs* qui les aplanissent d'une façon parfaite. A chaque gagne sont joints quelques « *coupeux* » *de chemins*, dont le rôle est de tailler, à travers les broussailles, les pistes par où chaque pièce de bois sera traînée jusqu'à la rivière voisine. Les salaires de ces diverses catégories d'ouvriers sont assez élevés. Le *foreman* (contremaître) reçoit par mois 60 piastres (300 francs), les équarreurs 40 (200 francs), les piqueurs et abatteurs 35 (175 francs), enfin les *coupeux de chemins* eux-mêmes, de 12 à 20 (60 à 100 francs).

Il faut avoir vu à l'œuvre les bûcherons canadiens pour se rendre compte de leur habileté et de l'étonnante rapidité de leur travail. Les arbres sont attaqués à hauteur d'homme, par deux bûcherons à la fois; à peine à terre, ils sont dépouillés de leurs branches, divisés en tronçons, livrés aux *piqueurs* qui les dégrossissent, puis aux *équarreurs* qui en polissent les quatre faces.

Tout cela marche rondement : abatteurs, piqueurs, équarreurs, tous travaillent à la fois. Le bruit des haches tombe dru comme celui du fléau dans une grange, et la besogne avance à vue d'œil. Les énormes poutres équarries gisent au milieu des écailles de leurs flancs, sur la place même où sont tombés les arbres superbes dans lesquels elles ont été taillées. Leur nombre s'augmente d'heure en heure, et les bûcherons m'ont assuré qu'une *gagne* pouvait abattre et équarrir jusqu'à quinze pins par jour.

A la fin de la saison, la somme de travail s'élève à un chiffre énorme. En 1888, m'a dit un foreman, 3,300 pièces de bois équarries, faisant ensemble 170,000 pieds cubes, sont sorties de la *limite* dont il dirigeait l'exploitation. Le nombre d'ouvriers de toute catégorie qui avaient fourni ce travail était d'une quarantaine d'hommes.

Quand la terre est couverte de neige, les pièces de bois, traînées par de vigoureux chevaux, sont amenées au bord de la rivière, seul chemin ouvert au transport. Toute *limite* qui n'est pas traversée par une rivière, quelle que soit la beauté des arbres qu'elle contient, est sans valeur pour l'exploitation. Durant tout l'hiver, les bois sont amoncelés sur la rive; au printemps, dès que la débâcle des glaces a rendu la liberté au courant, ils sont confiés à ce chemin mouvant, et emportés dans une course rapide par les eaux gonflées. Parfois un embarras se produit : une des pièces, arrêtées par quelque rocher ou quelque anfractuosité de la rive, barre le passage aux autres, qui s'amoncellent une à une autour d'elle et s'enchevêtrent en un formidable désordre.

C'est alors que commence la partie périlleuse de la vie du bûcheron. Les *draveurs,* ceux qui, de la rive, surveillent la descente, doivent se dévouer. Il faut que l'un d'eux, s'aventurant sur cet instable échafaudage, aille dégager la *clef,* la pièce de bois qui retient toutes les autres. Pour se garer à temps de l'effroyable débâcle qu'il provoque, il lui faut déployer une remarquable adresse, aidée d'un admirable sang-froid. Mais le bûcheron canadien affronte fièrement le danger, il sait quels sont ceux auxquels il s'expose, et il n'ignore pas que souvent les hommes d'un *chantier* ne reviennent pas aussi nombreux qu'ils étaient partis.

D'affluent en affluent les bois descendent jusqu'à la rivière Ottawa. Là, sur ce fleuve large de plusieurs kilomètres, leur conduite devient plus facile. Ils sont rassemblés en d'immenses trains de bois ou «*cages*», comme disent les Canadiens, longues de plusieurs centaines de mètres, qui, lentement, suivent le cours de la rivière. A l'un des angles du radeau, s'élève l'habitation des hommes qui le dirigent. Au centre, le tronc d'un pin sert de mât, et supporte une voile.

Treize rapides interrompent la navigation de l'Ottawa. Pour permettre aux *cages* de les franchir, on a établi latéralement des glissoires, étroits canaux à forte pente dont les talus et le fond sont garnis de madriers qui amortissent les chocs et régularisent la vitesse du courant. Les *cages* y sont introduites par sections, par *cribs*, pour employer le mot technique, qui sont de nouveau réunis une fois l'obstacle franchi. Les cribs, au nombre d'une centaine, comprennent chacun environ trente pièces de bois.

C'est à Québec, où les attendent tous les ans douze cents navires, montés par 20,000 matelots, que descendent les bois équarris. Ils y sont chargés à destination de l'Angleterre ou des États-Unis.

Les billots de sciage ne viennent pas jusque-là. Ils sont arrêtés au passage dans les scieries d'Ottawa et de Hull.

Situées face à face, sur chaque rive du fleuve, ces deux villes pourraient, à bon droit, se nommer les métropoles du bois. La population de Hull (13,000 âmes environ) est tout entière occupée dans les scieries. Nuit et jour des milliers de scies lancent dans l'air leur strident grincement. Les pyramides de planches s'amoncellent partout. Du haut de la terrasse du parlement d'Ottawa, qui domine le fleuve d'une hauteur de trente à quarante mètres, tout un panorama de planches se déroule à la vue et c'est à peine, tant les rives sont encombrées de piles de bois, de magasins et d'usines, si l'on aperçoit cette chute de la Chaudière où le fleuve Ottawa précipite d'un seul coup les quatre mille mètres cubes de ses eaux !

L'air est imprégné de l'âcre parfum du bois frais. La sciure (le *bran de scie*, comme disent les Canadiens), encombre tout. Elle vole dans les rues en poussière impalpable, elle nage sur le fleuve dont elle couvre la surface comme d'une cuirasse d'or, elle en garnit le fond de couches épaisses qui vont se stratifiant chaque année et se sont, en certains endroits, accumulées sur une profondeur de dix à quinze pieds. Toute cette masse fermente au fond des eaux, et quelquefois, l'hiver, lorsqu'une glace épaisse oppose sa masse compacte à l'échappement des gaz qui se forment, de formidables explosions se produisent, brisant la surface glacée du fleuve et mettant la ville en émoi.

La quantité de bois sciés à Ottawa et à Hull, en 1888, a été de 3 millions de billots, et leur valeur, une fois ouvrés, était de 11 millions de francs.

Telle est, dans la province de Québec, cette industrie forestière sur laquelle nous avons cru devoir particulièrement insister à cause de son importance, puisqu'elle fournit chaque année, répétons-le, 50 millions de francs à l'exportation.

Telle est aussi la vie accidentée et pittoresque de ces bûcherons canadiens dont la nombreuse armée est dans la forêt comme l'avant-garde de la civilisation. Derrière eux s'avance l'agriculteur, qui mettra à nu la terre fertile et en tirera de nouvelles richesses. Après le bûcheron, nous allons suivre le défricheur et le colon.

7.

# CHAPITRE XII

## LE PRÊTRE COLONISATEUR ET LE COLON.

Dans l'œuvre commune qu'ils accomplissent pour le pays, dans la mise en valeur de ses richesses et de son territoire, le rôle du colon est plus grand que celui du forestier. Celui-ci ne produit qu'une richesse passagère et ne laisse rien derrière lui; il détruit et ne crée pas; le colon, au contraire, fait sortir de la terre une source permanente de richesse; là où régnait le désert, il fonde un foyer. Il plante un jalon pour l'accroissement du pays, et c'est à sa puissance qu'il contribue en même temps qu'à sa prospérité.

Le domaine ouvert à l'activité des Canadiens et à l'accroissement de leur pays, c'est cette vaste forêt, réserve de terres presque sans limites. Les premiers colons français en avaient à peine entamé les bords. Leurs *seigneuries* ne s'éloignaient guère de la rive des fleuves, qui servaient de voies de communication pour les réunir entre elles.

Pour plusieurs générations, ce cadre avait suffi; la population s'y était multipliée, en avait occupé les terres jusqu'à la dernière parcelle. Un moment vint pourtant où il fut entièrement rempli. Les habitants, trop pressés sur un domaine insuffisant, durent chercher de nouveaux héritages. Mais où les trouver? Les rives du fleuve et de ses affluents navigables étaient occupées; comment, sans chemins, sans voies de communication, s'établir dans l'intérieur? L'agriculteur ne peut, comme le forestier, pénétrer seul dans le désert, il doit rester en communication directe avec le consommateur de ses produits, et la population croissante demeurait ainsi enfermée dans cet embarrassant dilemme : la nécessité d'élargir un domaine trop étroit, et l'impossibilité d'en sortir.

C'est vers 1835 que des signes d'encombrement commencèrent à se produire. Déjà quelques Canadiens, fuyant une patrie qui n'offrait pas à la culture autant de terres que sa population lui procurait de bras, étaient allés chercher de l'emploi dans les manufactures des États-Unis. Le mouvement tendait à se généraliser et inquiétait à la fois les patriotes et le clergé. Les forces vitales du peuple allaient-elles donc s'écouler ainsi chez une nation étrangère, et quel était l'avenir religieux réservé aux émigrés, perdus au milieu des populations protestantes de la République américaine?

Une véritable croisade s'organisa aussitôt pour ouvrir au peuple le trésor de ses propres richesses, lui faciliter l'accès de son propre territoire, et lui donner chez lui ce qu'il courait chercher ailleurs. Des chemins furent ouverts, une propagande active et intelligente s'exerça.

Comme toujours, le clergé prit la direction de ce patriotique mouvement, et tout prêtre canadien proposa à ses fidèles la conquête de la terre comme le plus sûr moyen de gagner le ciel. Le prêtre colonisateur est un des types caractéristiques du peuple canadien. Mgr Labelle en a été l'une des figures les plus accomplies. Sa réputation est venue jusqu'en France, où sa brusque franchise et sa rude parole lui ont attiré de chaudes sympathies. Considérant la colonisation à la fois comme une œuvre patriotique et comme une œuvre religieuse, c'est lui qui s'écriait un jour dans un sermon : « Il y a bien des manières
« d'offenser Dieu, mais une des plus communes et des
« plus graves, c'est de ne pas tirer parti des ressources
« que la Providence a mises à notre disposition ; elle
« nous a donné une terre féconde, des mines, des
« forêts et des cours d'eau. Eh bien, sous peine d'in-
« gratitude envers Dieu, il faut labourer la terre,
« exploiter vos mines et vos forêts et ne pas laisser
« sans emploi la force motrice de vos rivières. »

Mgr Labelle avait voué sa vie à la noble tâche de conserver les Canadiens à leur pays. A lui seul, il a fondé plus de quarante paroisses dans la province de Québec. A la fin de sa carrière, la grande popularité dont il jouissait l'avait fait rechercher des partis politiques, et il avait accepté la direction du département de la colonisation dans le gouvernement provincial de Québec.

Quel merveilleux enthousiaste et comme il savait vous faire partager sa foi ! C'est dans son bureau de l'édifice du Parlement, à Québec, qu'il fallait le voir, son crayon à la main, devant tout un amoncellement de cartes et de plans, crayonnés de rouge et de bleu. Comme il franchissait du doigt les cours d'eau, comme il remontait les vallées, comme il poussait en avant ses chers Canadiens et faisait reculer les Anglais ! Puis, finalement, indiquant d'un vaste geste circulaire le domaine qui doit, du lac Ontario au fleuve Saint-Laurent, appartenir un jour à la race canadienne-française, avec quelle sûreté d'attitude, de ton et de geste, il l'y établissait par avance, et, de sa voix prophétique, la montrait pleine de fierté, projetant sur tout le reste du continent américain le flambeau de la civilisation française !

Tout prêtre canadien a la noble ambition d'être un Labelle, et partout où la colonisation a pénétré depuis cinquante ans, dans les cantons de l'Est comme au lac Saint-Jean, sur le Saguenay comme au lac Temiscamingue, le nom d'un prêtre est attaché à la fondation de chaque village. Partout c'est un prêtre actif et patriote qui a exploré la forêt, reconnu les terrains favorables à la culture, et qui, prenant un égal souci de l'existence matérielle et de la vie spirituelle de ses futurs paroissiens, a choisi sur quelque pittoresque détour de la rivière l'emplacement du moulin à côté de celui de l'église.

Et quelles vaillantes troupes que celles qui marchent derrière ces chefs dévoués ! Quoi de plus courageux, de plus persévérant et plus fort que le colon canadien ! Il faut l'avoir vu sur une terre nouvelle, cet opiniâtre travailleur, près de la grossière construction de bois où il abrite sa famille, au milieu des arbres abattus et des troncs à demi calcinés, dans ce désordre apparent d'une chose qui n'est ni entièrement détruite, ni remplacée par une autre; alors que la forêt n'est plus, et que le champ n'est pas encore, à ce point mort entre le chaos de la destruction et l'harmonie de la création nouvelle; il faut l'avoir vu défrichant, bûchant, construisant, disputant pied à pied son champ à la forêt, pour se rendre compte de ce qu'on peut attendre de son énergie et de sa persévérance. Son travail est dur; il lui faut pour l'accomplir un bras aussi vigoureux que sa patience est grande. Suivons avec lui ses procédés de défrichement.

Pour le pionnier qui s'installe dans la forêt, le temps est précieux et le bois sans valeur : il faut mettre le sol à nu au plus vite, et les moyens les plus rapides sont les meilleurs. Le feu lui-même n'est pas un destructeur trop puissant; c'est lui que le colon appelle à son aide.

Si la portion de la forêt qu'il défriche n'est peuplée que de *bois mou*, c'est-à-dire d'arbres de petite venue et de broussailles, il abat le tout sur place, il *fait un abatis plat*, suivant son expression, et, durant toute une saison, il laisse sécher cet inextricable fouillis de branchages. L'année suivante, il met le feu à l'un des angles. Activée par le vent, la flamme court, s'étend avec rapidité, embrase bientôt l'étendue entière de l'abatis, et ne s'arrête que devant les larges tranchées ménagées tout autour pour que l'incendie ne puisse gagner au delà. Pendant des semaines l'immense brasier brûle et se consume ; il n'en reste plus bientôt que quelques amas de cendres qui, répandues sur le sol, servent d'engrais pour les récoltes futures.

Le terrain à défricher est-il, au contraire, peuplé de futaie, de *bois franc*, suivant l'expression canadienne, le colon n'abat tout d'abord que les broussailles végétant sous le dôme élevé des hautes cimes. C'est le *sarclage*, dont le produit est immédiatement mis en tas et brûlé. Le terrain ainsi nettoyé de tous ces *embarras*, les grands arbres demeurent seuls et sont facilement abattus, dépouillés de leurs branches qu'on brûle, et débités en billes de 10 à 20 pieds de longueur.

Traînées par une vigoureuse paire de bœufs, ces billes sont rassemblées en un lieu élevé, puis, à l'aide de leviers, amoncelées en bûchers plus ou moins nombreux, suivant l'épaisseur même de la forêt qu'on détruit. C'est là ce qu'on appelle *tasser le bois*. On obtient en moyenne six ou sept tas par acre de terrain. A ces tas de *bois franc*, le feu peut être mis de suite, leur masse produisant un brasier d'une chaleur intense qui les consume, en plein hiver même, au milieu des neiges et des glaces. Amoncelée et recueillie avec soin, la cendre, n'étant pas mélangée de terre comme celle que produit sur le sol la combustion du bois mou, peut servir à la fabrication de la potasse, et c'est là, pour le colon, un premier et assez important revenu.

En six jours, un bûcheron canadien peut sarcler, abattre, ébrancher et couper par billes un arpent de forêt ; une paire de bœufs et trois hommes armés de leviers sont nécessaires pour mettre les billes en tas, ce qui porte les frais de défrichement en bois franc à 10 piastres (50 francs) l'arpent en moyenne ; ils sont de 12 piastres (60 francs) dans le bois mou, le travail — moins pénible — y étant plus long et plus minutieux.

Ne croyez pas que là s'arrêtent les peines du colon, et qu'il va pouvoir profiter de suite de cette terre qu'il a si péniblement mise à nu. Le feu n'a détruit que la surface, les souches sont restées dans le sol et opposent à la charrue l'obstacle persistant de leurs racines. Les enlever de main d'homme serait beaucoup trop coûteux ; c'est à la nature elle-même qu'il faut s'en remettre pour leur destruction ; ce n'est qu'au bout de six à neuf ans, lorsqu'elles sont en grande partie consumées par la pourriture et les insectes, que le premier labour devient possible. Jusque-là, le colon doit se contenter de herser la surface, et de transformer la terre en prairie ou pacage.

Le labourage lui-même ne détruit que lentement les derniers vestiges du bois ; bien longtemps encore, au milieu des champs déjà fertiles, d'opiniâtres souches dressent tristement leur mince silhouette noire, humbles monuments funèbres des pins géants tombés et ensevelis dans ce cimetière de la forêt.

Ce n'est pas peu de chose, on le voit, que de disputer le sol à cette force opiniâtre de la végétation forestière. Des bras robustes, un courage persévérant, et l'indispensable concours du temps, sont à la fois nécessaires pour en venir à bout; aussi le Canadien est-il devenu le pire ennemi de cet arbre à qui, pied à pied, il a dû disputer son champ; il le détruit avec fureur, quelquefois par plaisir et sans nécessité. Jamais, près de sa maison, il ne le conservera pour son agrément; il fait place nette, et l'idée du frais ombrage, des nids printaniers et des oiseaux gazouillants cédera toujours devant celle d'*un champ bien « planche »*.

Excusable rancune, car, malgré tout son courage, malgré son travail incessant, le colon défricheur n'est quelquefois que bien faiblement récompensé, et les récoltes qu'il obtient ne l'indemnisent pas toujours de ses peines. Mais rien ne l'abat, rien ne le désespère, ni les échecs ni les déboires. S'est-il trompé, sous la forêt qu'il a mise à nu a-t-il trouvé un sol ingrat, il abandonne le champ qu'il a ébauché, la maison qu'il a construite et s'en va, suivi de sa famille, chercher plus loin un sol plus rémunérateur.

Aussi voit-on quelquefois par les chemins des maisons à demi achevées, squelettes de bois que secoue le vent et que consument les éléments, ruines précoces, mélancoliques témoins de bien des peines et de bien des sueurs perdues. Ne vous apitoyez pas trop pourtant en les voyant; les ruines des jeunes pays d'Amérique n'ont rien de triste comme celles des vieux pays d'Europe; elles ne rappellent pas la mort et le regret, mais la vie et l'activité. 'Soyez sûr que celui qui a dû abandonner cette demeure avant de l'avoir terminée, a su déjà se créer ailleurs, par un labeur persévérant, un foyer plus stable et plus heureux.

Il semble que le colon canadien obéisse à une impulsion providentielle et qu'en défrichant il entonne ce chant d'un poète américain : « Frappons, que chaque coup de hache ouvre passage au jour; que la terre, longtemps cachée, s'étonne de contempler le ciel! Derrière nous s'élève le murmure des âges à venir, le retentissement de la forge, le bruit des pas des agriculteurs rapportant la moisson dans leur demeure future! »

# CHAPITRE XIII

LA LÉGISLATION FAVORISE LA COLONISATION.

La législation tout entière de la province tend à favoriser la colonisation : système de propriété, mode de concession des terres, organisation administrative et municipale, tout concourt à ce résultat.

Le système de propriété, différent d'abord entre le Haut et le Bas-Canada, est unifié depuis que la loi de 1854 a aboli la tenure seigneuriale.

Après la conquête, les Anglais avaient respecté sur toutes les terres déjà concédées le mode de propriété établi par le gouvernement français, mais ils ne l'étendirent pas au delà ; toutes les nouvelles concessions faites aux loyalistes, après la guerre d'indépendance, le furent en pleine propriété, libre de toute charge : *free and common soccage*. Ainsi, à côté du Bas-Canada français, où la propriété demeurait soumise au système seigneurial, se forma la province du Haut-Canada, où la propriété fut libre (1).

(1) Les concessions faites aux Anglais dans les cantons de l'Est qui, en 1791, furent compris dans les limites de la province de de Québec, avaient été faites également en propriété libre

Tant que les deux provinces demeurèrent séparées, ces différences de législation ne choquèrent pas les Canadiens-Français; habitués au régime sous lequel ils vivaient, ils ne songeaient pas à en demander le rappel. Mais lorsque, après 1840, les provinces se trouvèrent réunies sous un même gouvernement, la différence les frappa davantage, et l'opinion publique commença à réclamer l'abolition de la tenure seigneuriale. Le mouvement gagna peu à peu, et vers 1848, cette question devint le tremplain politique, l'arme de combat dont, pendant plus de cinq ans, se servirent les partis dans les luttes électorales.

Au début de la colonisation, le système seigneurial avait eu son utilité; comment il avait favorisé à la fois le seigneur, le colon et la colonie tout entière, nous l'avons expliqué plus haut.

Mais la raison d'être des institutions change en même temps que les circonstances qui les ont fait naître. Déjà peuplé d'une façon assez dense sur bien des points, possédant de grandes villes, le pays n'avait plus besoin de ces *entrepreneurs de peuplement* qu'avaient été les seigneurs; le progrès était assez avancé pour continuer de lui-même. La liberté devait être désormais un encouragement plus puissant que cette sorte de tutelle et de protection, fournie jadis par le système seigneurial, aux débiles origines de la colonie. La banalité des moulins, les rentes annuelles, les droits de mutation, institués presque comme des garanties pour le censitaire, étaient devenus de véritables charges.

Arrivé à l'aisance par son travail et par celui de ses ascendants, le censitaire considéra comme une lourde servitude l'obligation de porter son blé au moulin banal, oubliant que son aïeul avait été heureux, un siècle auparavant, de pouvoir user de ce moulin, que la loi obligeait le seigneur, sous des peines assez sévères, à construire et à entretenir.

La rente annuelle et les droits de mutation ne représentaient-ils pas aussi le prix de la terre elle-même? Gratuitement, sans aucune avance de capital, ainsi que le voulait la loi, le seigneur l'avait livrée au colon : les droits seigneuriaux représentaient l'équivalent de cette avance ; c'était la reconnaissance d'un service rendu.

Si la réforme était urgente et nécessaire, la justice exigeait donc qu'elle consistât, non dans la suppression des droits seigneuriaux, ce qui eût été une véritable spoliation, mais dans leur rachat. C'est dans ce sens en effet qu'elle fut, en 1854, — durant l'administration, restée si populaire, du grand gouverneur lord Elgin, — opérée suivant un vote émis par les Chambres canadiennes.

Une somme de 25 millions de francs fut affectée par la loi au rachat des droits de banalité et de mutation. Quant à la rente annuelle, on laissa aux censitaires eux-mêmes le soin de s'en affranchir en remboursant au seigneur le capital. Beaucoup d'entre eux ont jusqu'ici préféré continuer à acquitter la rente (1).

(1) Comme il n'y avait pas de droits seigneuriaux à racheter, ni

Ainsi fut supprimé, sans secousses et sans léser aucun intérêt, le système de propriété seigneuriale. Utile au moment de son institution, il s'éteignit le jour où il cessa de l'être, n'ayant à aucune époque causé la moindre oppression ni la moindre injustice, ayant même excité si peu de rancune dans l'esprit du peuple, que le grand tribun populaire Papineau, plébéien de naissance, mais possesseur d'une seigneurie, fut, dans les Chambres, son dernier défenseur !

Un seul mode de propriété subsiste dans la province de Québec depuis la loi de 1854, et toutes les concessions nouvelles, à titre gratuit ou à titre onéreux, sont faites en propriété libre.

Mais ces concessions, à qui appartient-il de les faire et suivant quelles règles le sont-elles?

C'est aux provinces que la constitution fédérale de 1867 a laissé la disposition de toutes les terres du domaine public situées sur leur territoire respectif; et c'est là une de leurs plus importantes prérogatives.

Le domaine public, *les terres de la couronne* (c'est le terme officiel) de la province de Québec couvrent, nous l'avons déjà dit, une immense étendue, et forment une réserve inépuisable qu'il faudra bien des générations, bien des siècles encore, pour occuper entièrement (1). Une petite portion, bien minime par

---

dans le Haut-Canada, ni dans les cantons de l'Est, on dut leur offrir une indemnité équivalente à la somme votée en faveur des régions françaises. Le Haut-Canada reçut 15 millions de francs, et les cantons de l'Est 4 millions.

(1) La province de Québec comprend dans ses limites actuelles (sans y comprendre le territoire qu'elle revendique jusqu'à la baie

rapport à l'ensemble, a pu être arpentée jusqu'ici. Mais telle qu'elle est, elle dépasse encore de beaucoup les besoins actuels.

Un ministre, le *commissaire des terres de la couronne*, est chargé de ce département, un des plus importants des départements ministériels de la province. Il a sous sa direction les arpenteurs et les agents chargés de la vente des terres.

Le rôle des arpenteurs est des plus importants. Ce sont eux qui tracent, à travers la forêt, ces lignes qui divisent le pays en cantons de forme géométrique. Les cantons sont partagés en *rangs* longitudinaux, et les rangs en *lots* de soixante acres environ.

C'est une vie aventureuse et pénible que celle de l'arpenteur. Il est pour ainsi dire l'éclaireur de la civilisation ; c'est dans le désert, bien loin des pays habités, qu'il va planter sa tente. Ses compagnons sont l'Indien et le traitant de fourrures, l'agent de la Compagnie de la baie d'Hudson, vivant solitaire sur quelque lac perdu dans le Nord. Les voyages des arpenteurs sont de véritables expéditions, et quelques-uns sont connus pour les progrès qu'ils ont fait faire à la connaissance topographique des régions du Nord. L'un d'eux, M. Bignell, a fait au lac Mistanini, dont l'étendue et la forme sont encore voilées comme d'une

---

d'Hudson) 120,763,000 acres, dont 10,678 sont compris dans les anciennes seigneuries, et 11,744,000, plus récemment occupés. Il reste donc une aire de 98,341,000 acres disponibles, dont 20 millions de bonnes terres arables. Il y en a 6 millions d'arpentés. (MERCIER, *Esquisse*.)

sorte de mystère, plusieurs explorations remarquables.

Les *lots*, que les arpenteurs préparent au colon, lui sont livrés, soit à titre gratuit, soit à titre onéreux. — A titre onéreux bien entendu pour les meilleurs et les mieux situés. — Dans les deux cas, la concession est soumise à des conditions particulières, les unes ayant en vue l'avantage de l'acquéreur, et destinées à encourager la colonisation, d'autres imposées comme garantie de sa bonne foi, de son intention sincère de mettre la terre en culture, non d'escompter sa plus-value à venir. A une terre nouvelle il faut des agriculteurs, non des spéculateurs; le travail de l'un enrichit le pays, le trafic de l'autre le ruine.

En faveur du colon, la loi dispose que le prix d'achat pourra être acquitté par termes, un cinquième seulement en prenant possession du lot, les quatre autres, par annuités successives. En faveur du colon encore, la loi déclare que le lot sur lequel il s'établit ne pourra être ni hypothéqué ni vendu pour dettes antérieures à la concession; elle déclare insaisissable, tant pour dettes antérieures que pour dettes *postérieures*, un grand nombre d'objets mobiliers, dont la liste est longue et curieuse, et parmi lesquels nous pouvons citer : la literie et le vêtement, la batterie de cuisine et la vaisselle, les outils, et même — remarquons ceci, c'est un indice de l'instruction dans la classe agricole — une bibliothèque! Parmi les volumes qu'il possède, le colon saisi peut en conserver dix à son choix. Citons encore, parmi les objets les plus importants, tout le combustible et les provisions de bouche à l'usage de la famille pour trois mois ; toutes les voitures ou instruments d'agriculture avec deux chevaux ou bœufs de labour, quatre vaches, dix moutons, quatre cochons, huit cent soixante bottes de foin et les autres fourrages nécessaires pour compléter l'hivernement de ces animaux.

On ne voit pas bien, après cette longue énumération, ce qui peut rester à saisir. Et pourtant le législateur voulait aller plus loin encore ; il s'est arrêté devant la crainte de ruiner, par une protection outrée, le crédit du colon et de le desservir au lieu de lui être utile.

Voici, d'autre part, les conditions imposées au colon comme garantie de sa bonne foi. Un délai de quelques mois lui est accordé pour se rendre sur sa concession ; il doit y construire une maison *habitable* d'au moins 16 pieds sur 20, y résider pendant deux ans au moins, et défricher dans l'espace de quatre ans une étendue d'au moins 10 acres par centaine d'acres concédés.

Lorsqu'il a rempli toutes ces conditions il obtient, comme disent les Canadiens, *sa patente,* c'est-à-dire un titre de propriété définitif.

Une habile propagande est exercée pour favoriser la colonisation, et des brochures, publiées par les soins du *Commissaire des terres de la couronne* et répandues partout à profusion, font connaître à tous la situation des lots à vendre ou à concéder gratuitement, leur étendue, la nature et la fertilité de leur sol, et leur prix.

L'organisation administrative elle-même est conçue de façon à favoriser la colonisation, et l'appui qu'elle lui donne consiste dans une absolue liberté. On peut dire que c'est par son inaction et par son absence même que l'administration vient en aide au colon.

Le voyageur — le voyageur français surtout — qui parcourt le Canada, s'étonne de ne voir nulle part aucun fonctionnaire, et se demande comment le pays est administré. Il s'administre lui même.

La commune canadienne est toute-puissante. C'est un petit État en miniature. Il a son petit parlement : le conseil municipal élu au suffrage universel et qui délibère sur toutes les questions d'intérêt communal. Le chef du pouvoir exécutif, c'est le maire, élu par les conseillers. La commune n'a ni domaine ni propriétés, toutes les *terres de la Couronne* appartenant à la province; donc pas de revenus. Mais le conseil municipal vote pour tous les travaux qu'il veut faire exécuter, ou pour toutes les dépenses auxquelles il lui plaît de pourvoir, des taxes dont il règle sans contrôle la nature et la quotité, et qu'il fait percevoir par un fonctionnaire communal, le *secrétaire trésorier*.

M. Duvergier de Hauranne a, d'une façon humoristique, fait remarquer l'ingéniosité de ce système de localisation des taxes : « Ce qui me frappe surtout dans les institutions canadiennes, dit-il, c'est la spécialité et pour ainsi dire la localisation des taxes; chacun paye pour ses propres besoins à ses propres députés... et l'impôt est perçu et appliqué dans la localité. Chez nous, au contraire, l'État est comme le soleil qui pompe les nuages, les amasse au ciel et les fait également retomber en pluie. Je ne nie pas la beauté apparente du système, mais il a l'inconvénient de cacher aux contribuables l'emploi et la distribution de leurs ressources. Ils voient bien leurs revenus s'en aller en fumée; mais ne voyant pas d'où vient la pluie qui les féconde, ils s'habituent à considérer les exigences de l'État comme des exactions et ses bienfaits comme un don naturel (1). »

La réunion de tous les maires d'un même *comté* forme le *conseil de comté,* qui élit lui-même son maire ou *warden* et possède pour l'ensemble du comté les mêmes droits que le conseil municipal pour la commune.

Aucune gêne, aucune entrave au colon; ce qu'il paye, il sait pourquoi il le paye et il en voit l'emploi sous ses yeux. C'est ainsi que, par la liberté même qu'elle accorde, la législation vient en aide à l'effort individuel, véritable et seule source du progrès.

(1) *Huit mois en Amérique* (*Revue des Deux Mondes*, 1ᵉʳ novembre 1865).

# CHAPITRE XIV

## MARCHE DE LA COLONISATION.

Les résultats de cette activité colonisatrice sont déjà fort beaux. Les Canadiens n'occupaient, il y a cinquante ans à peine, qu'une bien faible partie de leur immense et riche pays; des grands cours d'eau qui le traversent, ils n'avaient pas encore quitté les rives. Aujourd'hui, pénétrant partout, ils font gagner au loin la culture sur la forêt, et lancent, à travers les massifs montagneux, des chemins de fer qui portent la civilisation et la vie dans des lieux hier solitaires et sauvages.

En 1851, 8 millions d'acres étaient en culture dans la province de Québec; le recensement de 1881 en a élevé le chiffre à 12 millions d'acres.

La colonisation ne s'est pas portée partout d'une façon uniforme, elle s'est étendue tout d'abord dans les régions les plus fertiles, les moins accidentées et les plus douces de climat. Il est facile de s'en rendre compte à la seule inspection d'une carte : partout où les divisions administratives, les comtés, enferment dans des limites démesurément étendues de vastes portions de territoire, on peut être sûr que la population est, sinon totalement absente, au moins bien faible; tel est le cas du comté du Saguenay, qui s'étend depuis la rive nord de ce fleuve jusqu'aux frontières du Labrador, immense région déserte dont la côte seule est occupée çà et là par quelques rares habitations de pêcheurs.

Là au contraire où, comme au sud de Montréal et de Québec, des comtés étroits se pressent les uns contre les autres, la population s'accumule d'une façon dense, donnant au pays un aspect fort peu différent de celui qu'on peut trouver en Europe.

De ce noyau principal formé au sud des grandes cités, partent trois grandes trouées de colonisation qui s'avancent vers le Nord : l'une par la vallée de l'Ottawa, l'autre au nord de Québec, vers le lac Saint-Jean, et la troisième vers la presqu'île de Gaspé, encore peu habitée relativement à son étendue, à cause des massifs montagneux qui en occupent le centre, mais que la culture attaque de tous côtés à la fois par sa ceinture de rivages.

Au nord de Québec, une vaste et fertile plaine s'étend jusqu'à la chaîne des Laurentides. C'est là que se trouvent tant de jolis et pittoresques villages, célèbres autant par leur histoire, mêlée à celle des premiers temps de la colonie, que par la renommée que leur ont de nos jours donnée les touristes; c'est Beauport, le premier fief canadien concédé au temps de Richelieu, qui égrène, tout le long de la route conduisant aux célèbres chutes de la rivière de

8.

Montmorency, ses coquettes maisons peintes en blanc, et présentant au passant leurs légères galeries de bois tournées vers le chemin. Plus loin, c'est Sainte-Anne, avec son église monumentale et son célèbre pèlerinage, pieusement fréquenté des Canadiens, en souvenir de Notre-Dame d'Auray, la patronne vénérée de leurs ancêtres bretons. Vers le nord, c'est encore, au milieu de la plaine, le village de Lorette, habité par une tribu indienne, les derniers représentants des Hurons — très civilisés aujourd'hui — et que rien, n'était la tradition de leur descendance, ne distinguerait des blancs.

Au delà encore se trouve le riche village de Saint-Raymond ; mais si, poussant plus loin, on veut remonter davantage vers le Nord, on se heurte bientôt à la chaîne des Laurentides, massif montagneux d'une élévation médiocre, mais dont les plateaux et les vallées sont jusqu'à ce jour demeurés complètement inhabités. Non seulement ils ne sont pas utilisés pour la culture, mais l'exploitation forestière elle-même ne les a pas encore pénétrés. Les bois y sont moins beaux, les transports y sont moins faciles qu'en forêt de plaine, et dans un pays où ils ont le choix sur de vastes étendues, les forestiers se montrent aussi difficiles que les agriculteurs.

Les gracieuses et fraîches vallées des Laurentides, aux flancs couverts de bois épais, aux rivières torrentueuses coupées de rapides et de chutes, ne sont guère fréquentées que des touristes, non pas de touristes comme ceux d'Europe, auxquels il faut des chemins, des hôtels et du confortable, mais de touristes pour lesquels le plaisir du voyage a d'autant plus de prix qu'il est acheté par un peu de peine.

Dans ces rivières aux flots bondissants, aux rives encombrées de broussailles, dans ces lacs aux ondes calmes formés dans le creux des vallées, les habitants de Québec amateurs de sport viennent, durant l'été, se livrer aux plaisirs de la pêche, et se donner, à quelques dizaines de lieues de chez eux, l'illusion de la vie sauvage, en plein désert, aussi loin de la civilisation que s'ils en étaient séparés par des océans et des continents.

Aucune apparence de travail humain, nul chemin, nul sentier ne profane la solitude des Laurentides. C'est en suivant le cours des rivières qu'on pénètre dans leurs silencieuses vallées.

Les guides qui vous dirigent dans leurs mystérieux détours sont de gais compagnons, contant volontiers des histoires du pays, et chantant les chansons canadiennes. Leur vigueur ne le cède pas à leur gaieté, et très gaillardement, sans trahir le moindre effort, ils portent sur leurs épaules, quand la navigation est interrompue par quelque rapide, votre bagage et votre tente. Ils savent d'une très ingénieuse façon les enrouler dans une couverture, de manière à ne former qu'un seul et volumineux paquet, serré par une courroie qu'ils passent sur leur front, portant ainsi leur charge à peu près à la façon des bœufs attelés au joug. Si le rapide est une véritable chute, impraticable même au canot allégé de tous les bagages, le guide transporte jusqu'au delà du *Portage* l'embarcation elle-même, ce canot si léger, fait d'écorce de bouleau, et si bien adapté aux nécessités et aux besoins du pays.

Et comme il sait encore habilement dresser la tente et choisir, sous la forêt, un emplacement favorable, à l'abri du vent et des intempéries! A l'aide de la hachette qu'il porte toujours à la ceinture, il a vite coupé les piquets et, sous la toile tendue, dressé un lit de branches de sapin, moelleux et favorable au sommeil après ces journées de la vie des bois.

Tels sont aujourd'hui les seuls visiteurs des vallées des Laurentides. Ce massif montagneux semble former vers le Nord comme la barrière et la limite des cultures, mais cette barrière ne les arrête pas d'une façon définitive; elles ont pour ainsi dire sauté cet obstacle, et c'est au delà de la chaîne des Laurentides que s'effectue la colonisation des régions voisines du lac Saint-Jean, cette mer intérieure qui, par le Saguenay, déverse ses eaux dans le Saint-Laurent.

Le nom indien du lac Saint-Jean : Pikoua-gami (lac plat), rend bien l'impression qu'on éprouve sur ses rives sans relief et dépourvues de pittoresque. Mais cette monotonie d'aspect qui désole l'œil de l'artiste, réjouit celui de l'agriculteur devant lequel se déroulent de vastes terres d'alluvions favorables à la culture.

C'est en 1647 que le lac Saint-Jean a été découvert par un missionnaire, le Père de Quen. Les colons ont tardé de deux cents ans à suivre ses traces, et ce n'est guère qu'en 1850 que, pour la première fois, quelques aventureux pionniers sont venus s'établir dans le pays. Comme toujours, ils étaient conduits par de courageux apôtres, vouant leur existence au développement de leur pays. L'un d'eux, l'abbé Hébert, a fondé l'une des premières paroisses créées dans la région, et devenue aujourd'hui l'une des plus prospères, le village d'Hébertville.

De grands progrès ont eu lieu depuis lors. Un chemin de fer, traversant la chaîne des Laurentides, a été ouvert il y a quelques années, et met ces nouvelles terres en relations directes avec Québec. La région du lac Saint-Jean — des bords mêmes du lac aux rives du Saguenay — renferme aujourd'hui une population de plus de 30,000 âmes, répartie en un assez grand nombre de villages, dont quelques-uns sont groupés et forment des centres importants. Telle est la petite ville de Chicoutimi sur le Saguenay, dont le port est, chaque année, visité par des navires d'Europe qui viennent y charger des bois.

La plupart des villages cependant ne forment pas d'agglomération ; les habitations sont éparses, semées au hasard suivant les besoins de la culture, et distantes quelquefois les unes des autres de plusieurs milles. C'est l'église, construite en un lieu central, qui sert aux colons comme de point de réunion. Solitaire durant la semaine, au point que le voyageur européen s'étonne de trouver, au milieu d'un pays qui lui paraît inhabité, un édifice si soigné et si bien entretenu, on y voit chaque dimanche affluer les fidèles ; les légères voitures canadiennes débouchent de toutes parts, arrivent par tous les chemins, et viennent, en lignes serrées, se ranger devant le porche de l'église.

Dans ce pays, occupé depuis quarante ans à peine, la viabilité est demeurée dans un état très primitif. La plupart des chemins ne sont que des pistes encombrées d'ornières, et ne peuvent être suivis que par des véhicules d'une construction toute spéciale. Aussi, quels chefs-d'œuvre de légèreté sont les voitures canadiennes! Deux longues planches flexibles posées sur les essieux et supportant deux légères banquettes en composent la partie essentielle. Ce simple véhicule se ploie à toutes les apérités du sol. Avec cela on passe partout; au grand trot des vigoureux chevaux canadiens, au milieu des cahots et des heurts, on franchit les ornières, on monte les côtes et l'on descend les ravins.

Des chemins semblables joignent entre eux les principaux centres de la région du lac Saint-Jean, et font communiquer les villages des bords du lac avec la ville de Chicoutimi et le Saguenay. Bientôt une voie ferrée, aujourd'hui en construction, fera elle-même ce trajet, ouvrant de nouvelles facilités à la colonisation et reliant par une double issue la région du lac Saint-Jean aux régions du Sud : d'un côté, par la ligne ferrée de Québec qui existe déjà, de l'autre, par la voie fluviale de Chicoutimi et du Saguenay.

Le mouvement de colonisation qui, à l'extrême ouest de la province, s'avance vers le Nord par la vallée de l'Ottawa et le lac Temiscamingue, est plus récent encore que celui du lac Saint-Jean, mais il n'est pas moins audacieux. En 1863, les rives du lac Temiscamingue, bien qu'ayant été, elles aussi, reconnues dès le dix-septième siècle, étaient absolument désertes; seul un poste de la Compagnie de la baie d'Hudson s'y dressait solitaire, et les chantiers d'exploitation forestière n'atteignaient même pas l'extrémité méridionale du lac.

Aujourd'hui, une colonie florissante, due à l'initiative des Pères Oblats, occupe une portion de ses rives, et les bûcherons se sont eux-mêmes avancés bien au delà vers le Nord.

Les communications de la colonie du Temiscamingue avec la ligne ferrée du Pacifique canadien, qui passe à 150 kilomètres au sud, sont assurées par un service de petits bateaux à vapeur remontant le cours de l'Ottawa. Plusieurs rapides interrompent la navigation, et partagent la rivière comme en trois biefs successifs, sur lesquels trois embarcations différentes font le service. Les bagages et marchandises sont transportés de l'une à l'autre à l'aide d'un tramway, de construction très primitive, mais très économique, ce qui, dans un pays neuf, est une considération qui doit l'emporter peut-être sur celle du luxe et du confortable.

Le trajet se fait en deux jours. Les voyageurs trouvent à mi-chemin une auberge suffisamment confortable pour la nuit, car les embarcations n'offrent aucun abri et consistent en de simples chalands traînés par des remorqueurs.

Les moyens de communication se perfectionneront d'ailleurs en même temps que la colonisation du Temiscamingue fera des progrès. Les promoteurs de l'établissement de la *Baie des Pères* ne doutent pas de sa prospérité future; déjà ils ont arpenté l'emplacement d'une ville, et l'on peut, dès aujourd'hui, en plein champ, au milieu des moissons et des prairies, parcourir la rue Notre-Dame et la rue Saint-Joseph! Admirable exemple de cette confiance en l'avenir si souvent couronnée de succès dans ces pays des prodigieuses surprises et des progrès imprévus.

Aux régions du lac Saint-Jean et du lac Temiscamingue, ajoutons celle de la presqu'île de Gaspé : telles sont les trois grandes régions de la province de Québec livrées depuis peu à la colonisation. Certes, sur bien d'autres points, il reste de nombreuses et fertiles terres à concéder, mais ce sont là les poussées extrêmes, et pour ainsi dire le front de combat, dans cette lutte engagée par le colon contre la nature primitive.

Ainsi qu'on ne s'étonne pas de l'apparence de désordre, de négligence et de pauvreté, que ces nouvelles terres prennent quelquefois aux yeux d'un Européen. Aucune comparaison n'est possible, non seulement avec nos campagnes d'Europe, si soignées et cultivées depuis de si longues générations, mais même avec les campagnes canadiennes des environs de Québec et de Montréal, et toutes les régions du Saint-Laurent colonisées depuis un siècle ou deux.

Dans les anciennes paroisses nous constatons le résultat du travail des générations antérieures; nous assistons, dans les nouvelles, au travail même de création entrepris par la génération présente pour les générations de demain. Par une vie âpre et rude dans une campagne désolée, le colon défricheur prépare la vie facile, dont jouiront ses descendants dans un pays riche et fertile. Ce n'est pas sans travail, sans peines, et sans déboires, que se sont créés les villages dont nous admirons aujourd'hui la prospérité, et le poète canadien a pu dire du voyageur qui, débarquant au Canada, admire la richesse et la beauté du pays :

> Il est loin de se douter du prix
> Que ces bourgs populeux, ces campagnes prospères
> Et ces riches moissons coûtèrent à nos pères (1).

La richesse présente des anciennes paroisses est un gage de la richesse future des nouvelles; la prospérité agricole de la province de Québec est, d'ailleurs, d'une façon générale, attestée par le chiffre de son exportation. Il s'élève tous les ans à plus de 20 millions de dollars (100 millions de francs) pour les seuls produits de l'agriculture (2), chiffre assez éloquent par lui-même pour se passer de tout commentaire.

(1) Fréchette, *Légende d'un peuple*, p. 63.
(2) Voir *Esquisse générale de la province de Québec*, par M. Mercier. Québec, 1890, broch.

# CHAPITRE XV

RICHESSE COMMERCIALE ET INDUSTRIELLE.

La richesse matérielle de la province de Québec, au point de vue commercial et industriel, les statistiques suffisent pour la constater. Elles nous montrent que son mouvement d'affaires est supérieur de 60 à 80 millions de francs à celui de la province d'Ontario, renommée pourtant pour son activité et sa merveilleuse prospérité.

C'est à plus de 200 millions de francs que s'élève tous les ans la seule exportation de Québec (1). Quelles richesses cette province livre-t-elle donc en si grande abondance à l'étranger? Ce sont celles surtout que lui fournit la nature même, et que lui procure sa situation pour ainsi dire privilégiée. Ce sont ses forêts, d'où sort tous les ans, comme nous l'avons dit plus haut, une valeur de 50 millions de francs; ce sont ses pêcheries maritimes et fluviales, ce sont ses mines, c'est son industrie, c'est surtout enfin l'agri-

---

(1) Voy. *Résumé statistique* publié par le gouvernement d'Ottawa, année 1886, tableau, p. 192; année 1888, p. 205.

culture qui, en produits directs ou en transit, fait sortir annuellement par ses ports une valeur de 100 millions de francs.

L'industrie ne fait que de naître, mais elle est déjà florissante, et donne un démenti à ceux qui accusent les Canadiens d'inactivité et de stagnation. D'après le recensement de 1881, les capitaux engagés dans l'industrie dans la province de Québec étaient de 59,216,000 piastres (296 millions de francs), et le nombre des personnes employées de 85,700.

La plus importante de beaucoup est l'industrie des cuirs ; elle occupe à elle seule 22,000 ouvriers et ses produits fournissent le tiers de l'exportation totale des objets manufacturés. Son centre principal est Québec où, dans cette partie de la ville basse qui s'étend le long de la rivière Saint-Charles, se pressent de nombreuses et importantes manufactures.

Vient ensuite le sciage des bois, ayant son centre à Hull et à Ottawa, dont nous avons parlé plus haut, et qui fournit encore un gros chiffre à l'exportation ; une foule d'autres industries enfin, plus modestes dans leur développement, mais dont l'ensemble donne encore un total important.

La situation même de la province de Québec est pour elle une richesse. La navigation du Saint-Laurent lui appartient tout entière; occupant l'embouchure du fleuve, elle en tient pour ainsi dire les portes et la clef, et nulle importation, nulle exportation ne se fait d'Europe au Canada, ou du Canada en Europe, sans passer par ses ports de Québec ou de Montréal.

L'hiver, il est vrai, les glaces en empêchent l'accès, mais le trafic d'hiver est peu considérable; il serait d'ailleurs possible, dit-on, d'établir, sur le territoire même de Québec, un port d'hiver soit à l'extrémité de la presqu'île de Gaspé, dans la baie du même nom, soit à Tadoussac, à l'embouchure du puissant Saguenay.

Grâce à cette situation privilégiée, près de la *moitié* du commerce total du Dominion passe par la province de Québec. En 1887, sur 200 millions de piastres (1 milliard de francs), 90 millions de piastres (450 millions de francs) sont sortis ou entrés par ses ports!

Le réseau de navigation maritime intérieure est énorme, et la province de Québec est peut-être la seule contrée de l'Univers qui puisse voir remonter dans l'intérieur de ses terres les paquebots du plus fort tonnage sur un parcours de plus de 700 kilomètres! Ajoutez à cela 100 kilomètres sur le Saguenay, que des navires norvégiens remontent tous les ans pour y charger des bois.

Quant à la navigation fluviale, elle comprend 456 kilomètres sur l'Ottawa, 125 kilomètres sur le Saint-Maurice et 100 sur le Richelieu. Le lac Saint-Jean, véritable mer intérieure, lui offre encore les 92,000 hectares de ses eaux.

Sur toutes ces artères navigables, maritimes et fluviales, la province de Québec possède une flotte de 1,474 bâtiments, dont 300 à vapeur, d'un tonnage total de 178,000 tonneaux. Le tonnage de la flotte de commerce française tout en entière est de 900,000 tonneaux, la différence est loin de correspondre à la différence de population, et semble tout à l'avantage de nos compatriotes d'Amérique. Le Canada, il est vrai, comprend dans sa statistique toutes les barques de pêche et embarcations, mais ce n'est pas de là seulement que vient l'importance du chiffre : la flotte de Québec comprend de grands navires océaniques, et la *Ligne Allan,* dont le port d'attache est Montréal, est une des plus importantes de toutes celles qui mettent l'Amérique en communication avec l'Europe. Sa flotte rivalise avec celle des grandes compagnies, et des navires tels que le *Parisian* (5,000 tonneaux) ne le cèdent en rien, pour le confort, aux plus beaux transatlantiques.

Dans ce transit important, dans ce mouvement maritime considérable, la France ne prend malheureusement qu'une bien petite part. Tandis que — vu la communauté d'origine et les sympathies mutuelles — de nombreux navires apportant en France les produits canadiens, et portant au Canada les produits français, devraient traverser l'Océan et relier, comme par une ligne non interrompue, le port de Québec à nos ports français, notre commerce avec le Canada — inférieur même à celui de l'Allemagne — ne s'élève pas au chiffre total d'une dizaine de millions (1).

(1) *Résumé statistique* publié annuellement par le gouvernement d'Ottawa.

Ce port de Québec, où sont reçus avec tant d'enthousiasme nos navires de guerre, où l'on salue avec tant de bonheur la présence du pavillon français, semble inconnu à notre marine marchande, et tandis que 8,000 navires anglais, 6,000 navires américains le visitent annuellement, une centaine de bateaux français, d'un tonnage infime, y paraissent à peine chaque année, cédant le pas, pour le nombre et le tonnage, aux navires norvégiens eux-mêmes !

N'accusons pas les Canadiens de ce manque de relations commerciales avec la France. La faute en est à nous qui, pendant si longtemps, avons cessé avec eux tout rapport. Mais aujourd'hui que la période d'oubli est passée, que les relations littéraires et de sympathie sont reprises depuis longtemps entre les deux peuples, pourquoi les relations économiques ne se renouent-elles pas aussi?

La réponse à cette question, c'est un Canadien même qui nous la donne : « Les négociants français, « dit-il, ont l'habitude de s'en prendre à leur gouver- « nement, à leur administration, qui ne leur ouvrent « pas assez de débouchés à l'étranger. Qu'ils s'en pren- « nent donc à leur manque d'initiative ! Qu'ils se syndi- « quent et créent des compagnies de transport ; qu'ils « se syndiquent encore par groupes de trois ou quatre « maisons pour se faire représenter dans les centres « commerciaux étrangers, et ils verront si les débou- « chés ne s'ouvrent pas ! Quant à tenter de faire des « affaires par correspondance, c'est un rêve malheu- « reux... Que les négociants français cessent de se

« plaindre et de demander au ministère du com-
« merce comment ils doivent s'y prendre pour écou-
« ler leurs produits. En notre siècle, c'est à l'initia-
« tive privée qu'est due la prospérité d'un peuple.
« Voilà les conseils que moi, Canadien, je me per-
« mets d'offrir à mes frères d'au delà de l'Atlanti-
« que (1). » Sage conseil où perce peut-être une pointe
d'ironie et bien capable de nous faire comprendre le
danger d'enfermer comme d'un mur, dans une en-
ceinte douanière, l'activité industrielle et commerciale de la nation.

Puisse la ligne de navigation directe de France à
Québec, si longtemps réclamée en vain, si longtemps
attendue avec impatience par les Canadiens, et qui
vient enfin d'être établie et inaugurée récemment,
ouvrir au commerce français un de ces débouchés
que nos négociants demandent en vain aux échos
administratifs.

Le développement du réseau des voies ferrées de
la province de Québec n'est pas inférieur à celui de
son réseau fluvial et maritime. Il comprenait en 1888
2,500 milles en exploitation, et 500 milles en construction. Toute la partie de la province située au
sud de Québec et de Montréal est sillonnée en tous
sens de chemins de fer, et reliée par plusieurs voies
parallèles aux lignes américaines de Portland, Boston, New-York et Philadelphie. La ligne de l'*Inter-
colonial* suit, sur un parcours de 250 milles environ,

---

(1) *Revue française*, 1ᵉʳ mai 1891. — Lettre d'Ottawa.

la rive droite du Saint-Laurent, puis, s'infléchissant brusquement vers le sud, traverse le Nouveau-Brunswick et gagne la presqu'île de la Nouvelle-Écosse, établissant ainsi la communication entre ces deux provinces maritimes et les provinces intérieures de la Confédération.

Une ligne a été récemment ouverte de Québec au lac Saint-Jean, une autre remonte la vallée du Saint-Maurice jusqu'aux Grandes Piles. Au nord de Montréal, plusieurs tronçons pénètrent vers le nord, amorces à peine formées de grandes lignes futures. Tout ce système enfin est, vers l'ouest, relié à la ligne du Pacifique, qui traverse le continent entier, franchit les Montagnes Rocheuses, et rejoint au port de Vancouver la ligne océanique des mers de Chine.

Si étendu qu'il soit, le réseau de voies ferrées de la province de Québec paraissait encore insuffisant au zèle et à l'enthousiasme du grand promoteur de colonisation, Mgr Labelle. Par delà le massif encore désert des Laurentides, il voyait un domaine immense à ouvrir à l'activité des Canadiens. Là, une ligne ferrée reliant le lac Temiscamingue au lac Saint-Jean devait, suivant ses plans et son désir, faire courir dans l'intérieur des terres une nouvelle artère de colonisation. Par là il comptait doubler l'étendue exploitable et la richesse de la province. Si loin que nous soyons encore de la réalisation de plans aussi vastes, le réseau de voies de communication de Québec n'en reste pas moins, tel qu'il est aujourd'hui, un élément de prospérité et de croissance.

Tel est le territoire occupé par les Canadiens-Français. Nous avons dit son étendue, décrit sa beauté, énuméré ses richesses; n'a-t-il pas, avouons-le, toutes les qualités nécessaires à l'établissement d'une grande nation? Quels peuples d'Europe, pris parmi les plus puissants, peuvent s'enorgueillir de fleuves comme le Saint-Laurent et le Saguenay, de rivières comme l'Ottawa et le Saint-Maurice, de lacs comme le Témiscamingue et le lac Saint-Jean?

Le climat, objecte-t-on, est sévère; mais diffère-t-il sensiblement de celui sous lequel vivent et prospèrent plusieurs nations européennes riches, populeuses et puissantes?

Certes, la province de Québec renferme encore bien des terres désertes, bien des parties incultes; mais combien de siècles n'a-t-il pas fallu pour donner à la Gaule les 40 millions d'habitants de la France actuelle et pour faire de son sol ce merveilleux instrument de production, dont pas une parcelle, ni sur le sommet des montagnes, ni dans le plus profond des ravins, n'est laissée inexploitée par l'agriculture ou l'industrie?

Des jugements trop hâtifs sur les jeunes contrées d'Amérique provoquent quelquefois des conclusions bien étranges et bien fausses. Le sage Sully n'avait-il pas, contrairement à l'idée plus hardie et plus géniale de Henri IV, condamné d'avance et voué à un échec fatal tout essai de colonisation au nord du

9.

# CHAPITRE XVI

### POPULATION CANADIENNE-FRANÇAISE
### DANS LES PROVINCES DE QUÉBEC ET D'ONTARIO.

La merveilleuse multiplication de la population canadienne est devenue presque proverbiale. Tout le monde a entendu parler de ces familles de quinze ou vingt enfants qui fleurissent sur les bords du Saint-Laurent. Tout le monde connaît aussi cette curieuse coutume qui veut que le vingt-sixième soit élevé aux frais de la commune. Ces faits sont dans toutes les bouches, ont été relatés dans tous les récits de voyage, et reproduits par tous les journaux.

En 1890, l'Assemblée législative de Québec vota une loi accordant une certaine quantité de terres à tout chef de famille père de douze enfants vivants. L'année suivante, plus de 1,500 demandes étaient déjà enregistrées (1). Dix-sept avaient pu être émises dans une seule paroisse !

Inutile d'insister sur un fait si universellement

---

(1) Rapport du commissaire des Terres de la Couronne pour 1891, p. 437.

connu. Il suffira de donner ici quelques chiffres pour montrer que non seulement la population canadienne augmente, mais qu'elle augmente d'une façon bien plus rapide que celle de tous ses voisins, anglais, américains ou autres.

Dans la province de Québec, les Canadiens, que nous avions laissés, en 1763, au nombre de 68 à 70,000, s'élèvent aujourd'hui au chiffre de 1,200,000. La population totale de la province étant de 1,500,000 habitants, le chiffre laissé pour les Anglais n'est pas bien fort, on le voit. Et cependant, si faible qu'il soit déjà, chaque recensement décennal indique, d'une façon continue, une diminution constante de leur nombre relativement à celui des Canadiens.

En 1851 les Anglais formaient les 25,49 p. 100 de la population.
En 1861 — — 23,68 —
En 1871 — — 21,93 —
En 1881 — — 20,98 —
En 1891 — — 20,00 — (1)

Ces chiffres se passent de tout commentaire. Il

(1) Voici les chiffres tirés des rencensements décennaux :

| ANNÉES | CANADIENS | ANGLAIS et IRLANDAIS | POPULATION TOTALE |
|---|---|---|---|
| 1851 | 669.528 | 226.733 | 890.261 |
| 1861 | 847.615 | 263.019 | 1.110.661 |
| 1871 | 929.817 | 261.321 | 1.191.516 |
| 1881 | 1.073.320 | 285.117 | 1.359.027 |
| 1891 | 1.196.346 | 292.189 | 1.488.586 |

peut être intéressant pourtant d'en suivre le détail dans certaines régions de la province de Québec. Il en est dans lesquelles est groupée d'une façon toute spéciale la population anglaise, qui ont été ouvertes et colonisées par elle. Voyons ce qui s'y passe.

La principale et la plus connue de ces régions est celle des *cantons de l'Est,* peuplés, à la suite de la guerre d'Amérique, par quelques-uns des *loyalistes* réfugiés au Canada. Jusqu'en 1830 environ, la population y demeura exclusivement anglaise; pas un Canadien n'avait pénétré dans ces régions où sa langue était inconnue, qui portaient des noms anglais et s'appelaient des *Townships,* des *Trompechipes* comme ils disaient, faute de pouvoir mieux prononcer cette désignation étrangère.

Mais un moment arriva où les Canadiens furent contraints de sortir des vieilles seigneuries françaises, devenues trop pleines, et, dès lors, la nécessité les poussa à chercher des terres dans les cantons anglais; ils osèrent aborder de front ces noms terribles qui les avaient effrayés; ils surent d'ailleurs tourner la difficulté, et dans une bouche canadienne, Sommerset devint Sainte-Morisette, et Standfold se changea en Sainte-Folle. En même temps qu'ils en altéraient les noms, ils changeaient de fond en comble la situation ethnographique de la contrée, si bien que, partis de 0 en 1830, ils formaient, en 1881, 63 pour 100 de la population des cantons de l'Est (1).

---

(1) E. Reclus, *Géographie universelle, l'Amérique boréale,* p. 494.

Une à une dans cette région les municipalités, autrefois anglaises, deviennent des municipalités françaises : « La langue anglaise, dit le journal « anglais le *Witness*, du 22 juillet 1890, a été abolie « dans une partie du canton de Stanbridge (comté « de Missiquoi), maintenant appelé Notre-Dame de « Stanbridge; elle est à la veille d'être abolie dans « une partie du canton de Whitton (comté de « Compton). *Dans dix ans, que seront devenus les* « *cantons de langue anglaise dans l'Est ?* »

Même résultat au point de vue des élections politiques. Sur les soixante comtés ou divisions électorales existant dans la province de Québec, treize présentaient encore, il y a quelques années, une majorité anglaise; elles sont aujourd'hui réduites au nombre de six (1); dans les cinquante-quatre autres, les Canadiens dominent.

Les villes elles-mêmes, où l'élément anglais, attiré par l'industrie, le commerce et les affaires, avait afflué bien plus que dans les campagnes, sont peu à peu reconquises par les Canadiens.

A Montréal la population comprenait :

| | | | |
|---|---|---|---|
| 450 | Français sur 1,000 habitants en | | 1851 |
| 482 | — | — | 1861 |
| 530 | — | — | 1871 |
| 559 | — | — | 1881 |
| 576 | — | — | 1891 (1). |

(1) Ce sont : Argenteuil, Brome, Compton, Huntington, Pontiac, Stanstead.
(2) Reclus, *Nouvelles géographiques*, 1891, p. 236.

Tels sont les progrès, indéniables et flagrants, des Canadiens dans la province de Québec. Suivons-les dans les autres provinces de la Confédération.

Dans la province d'Ontario elle-même, peuplée entièrement, comme nous l'avons dit plus haut, par les descendants des loyalistes, — milieu hostile certes à l'élément français et catholique, — les Canadiens se sont fait une place et l'agrandissent chaque jour. Peu à peu ils ont acheté des terres dans la province anglaise, et partout où ils s'établissent ils tendent à supplanter et à remplacer leurs voisins de sang étranger, moins actifs, moins patients et surtout moins prolifiques. De l'aveu même de leurs rivaux, le taux de la natalité des Canadiens est bien plus fort et bien plus continu que chez les Anglais : « Le « Canada anglais, dit M. Johnson, directeur du « recensement de 1891, n'a pas échappé au courant « d'abaissement dans la natalité qui se fait sentir aux « États-Unis, et les naissances y ont diminué à « mesure que montent les gages et que se propage « l'instruction. Le nombre des membres de la famille « moyenne a baissé depuis vingt ans dans Ontario. En « 1871, la famille ontarienne comptait en moyenne « 5,54 personnes. En 1881 elle n'en compte plus que « 5,24, et 1891 la réduit à 5,10 (1). » Cette décadence ne se fait pas sentir dans la famille canadienne-française, et les Canadiens gagnent d'une

---

(1) Reclus, *Nouvelles géographiques,* janvier 1893.

façon constante sur leurs voisins. Dans cette province d'Ontario où ils n'avaient, il y a cinquante ans, aucun représentant, ils comptaient déjà en 1871 pour 4 pour 100 de la population totale ; ils atteignaient 5 pour 100 en 1881. Là, comme dans les cantons de l'Est, ce mouvement est une véritable conquête.

Il est plus apparent encore si on l'étudie dans les comtés d'Ontario limitrophes de la province de Québec, les plus à portée, par conséquent, d'être envahis par l'élément canadien. Dans l'ensemble des huit comtés orientaux d'Ontario, la proportion des Canadiens était en 1871 de 13 pour 100 ; elle est passée à 22 pour 100 en 1881 (1). Dans les comtés de Prescott et de Russel, ils tiennent même la majorité et envoient au parlement provincial de Toronto deux députés canadiens. Ils sont nombreux encore dans le comté d'Essex, limitrophe de la rivière de Détroit, à l'extrémité opposée de la province, et sont en voie d'occuper encore les régions septentrionales du lac Supérieur, dédaignées jusqu'ici par les Anglais.

La presse anglaise d'Ontario, qui ne se pique pas de sympathie pour les Canadiens-Français, ne peut cependant nier leurs progrès. Un journal de Toronto, *le Mail,* terminait ainsi un de ses articles : « Nous « nous plaignons, non sans raison, de nous sentir « envahis par nos voisins ; mais au lieu de nous

---

(1) Reclus, *Géographie universelle, l'Amérique boréale,* p. 494.

« répandre en plaintes stériles et en invectives irritées
« et irritantes, observons ce qu'ils font, et faisons
« en même temps un retour sur nous-mêmes. Il est
« inutile de chercher à conquérir par la violence,
« ou par des règlements, ce que l'on peut acquérir
« par la raison et par le travail; si les Canadiens
« forment des établissements agricoles prospères,
« s'ils réussissent mieux que nos cultivateurs à y
« vivre heureux et contents, c'est qu'ils ont sans
« doute quelques procédés ou quelques qualités qui
« sont cause de leurs succès. Pour nous, il nous
« semble qu'ils sont plus sobres que les nôtres, plus
« économes aussi de leur argent, et en même temps
« moins économes de leur travail et de leurs soins;
« ils recherchent moins les distractions hors de leurs
« familles; ils ont enfin plus de modération dans les
« habitudes de leur vie, dans leurs désirs et dans
« leurs visées.

« Est-ce que nous pourrions, par contrainte ou par
« artifice, allonger notre taille d'une coudée? Com-
« ment donc espérer que nous puissions par ordon-
« nance ou par violence ajouter un atome de force
« à notre faiblesse, si celle-ci est réelle? C'est notre
« impuissance, en effet, qu'il faut modifier, et non
« pas la puissance de nos associés qu'il faut abattre.
« Ne cherchons donc pas à dénigrer ceux-ci, mais
« bien plutôt à nous perfectionner. Si nous le vou-
« lons bien, nous réussirons tout comme eux; mais
« si nous ne savons pas, si nous ne pouvons pas mo-
« difier nos habitudes et notre existence, à quoi ser-

« virait-il d'inventer de vaines formules ou de créer
« des associations? Si notre énergie est défaillante, il
« faut nous résoudre à supporter ce que nous n'au-
« rons su ni prévenir, ni empêcher (1). »

Devant cet aveu des intéressés eux-mêmes, les chiffres donnés par le recensement de 1891 ont étonné tout le monde. S'il fallait les en croire, cette progression constante et ininterrompue de la population française dans Ontario, constatée régulièrement depuis vingt ans et plus, aurait tout d'un coup cessé, et les Canadiens — singulière stagnation — seraient aujourd'hui justement le même nombre — à 71 près — qu'en 1881 ! Résultat tellement inattendu, tellement contraire à la vraisemblance, que personne au Canada, ni parmi les Canadiens, ni parmi les Anglais, n'a pu croire à son exactitude. Le directeur du recensement, M. Johnson, a été vivement attaqué pour avoir un peu trop autorisé, de la part de ses agents, les artifices par lesquels on espérait voiler les progrès incontestables des Canadiens dans Ontario. Un sénateur canadien, M. Joseph Tassé, a protesté au nom de ses compatriotes, devant le Sénat fédéral, contre l'évident parti pris des recenseurs et l'évidente inexactitude de leur œuvre. La presse anglaise elle-même n'a pu admettre un pareil tour de passe-passe dans un travail fort onéreux aux contribuables, et dont la seule utilité n'est autre que son exactitude

---

(1) Cité par la *Revue française*, 15 avril 1891. Article de M. Rameau.

même : « Ceux qui savent par un examen personnel, « disait à ce propos un journal *anglais* d'Ottawa, qu'il « y a eu, depuis dix ans, une augmentation considéra- « ble de la population française dans les comtés de « Prescott, Russel, Glengary, ainsi que dans la cité « d'Ottawa et le district de Nipissing, seront certai- « nement surpris d'apprendre que les Canadiens ont « diminué en nombre, de 1881 à 1891, dans notre « province. Et vraiment il y a lieu d'être stupéfait; « on le serait à moins (1). »

En présence des chiffres évidemment faux du recensement, comment évaluer le nombre des Canadiens dans la province d'Ontario? M. O. Reclus, basant son appréciation sur des calculs tirés de la comparaison du nombre des catholiques à celui de la population totale, pense qu'on ne peut admettre pour les Canadiens dans la province anglaise une augmentation inférieure à vingt-cinq ou trente mille âmes depuis dix ans, ce qui porterait leur nombre à 131,000.

Ainsi, prépondérance incontestée dans Québec, gains considérables dans Ontario, tel est le résumé de la situation numérique des Canadiens dans ces deux provinces.

---

(1) Cité par Reclus, *Nouvelles géographiques*.

# CHAPITRE XVII

## LES ACADIENS.

Les Canadiens ne sont pas les seuls de ses enfants que la France ait abandonnés en Amérique. A côté du Canada, et, par les ordres aussi et l'initiative de Henri IV, une autre colonie avait été fondée, celle de l'Acadie, devenue aujourd'hui, sous la domination anglaise, la Nouvelle-Écosse et le Nouveau-Brunswick.

Malgré leur création simultanée, malgré la proximité de leurs frontières, l'Acadie et le Canada reçurent, dès le début, une organisation différente, se développèrent séparément et furent séparément aussi cédés aux Anglais. Dans une évolution historique distincte, leurs populations ont eu toutefois des destinées analogues ; comme les Canadiens, les Acadiens subirent de cruelles persécutions, et comme eux en sortirent plus vigoureux et plus forts.

Moins favorisée que le Canada par le gouvernement français, l'Acadie demeura un peu négligée, presque oubliée, et dans le plus fort de l'élan colonial donné par Colbert, alors que de nombreux convois d'émigrants quittaient les côtes de France, elle ne reçut, de 1630 à 1710, que 400 colons!

C'était plutôt une colonie commerciale qu'une colonie agricole : le territoire accidenté de la presqu'île et des côtes acadiennes, le long de la baie Française (aujourd'hui baie de Fundy) (1), sillonné de rivières torrentielles et pittoresques, coupé de profonds ravins, se prêtait peu à la culture; mais ses forêts renfermaient en grand nombre les animaux dont les riches fourrures, si recherchées en Europe, étaient l'objet d'un commerce considérable. Ainsi, tandis que les Canadiens occupaient la terre et devenaient agriculteurs, les Acadiens demeuraient chasseurs et coureurs des bois.

La vie mouvementée, au milieu de leurs *vassaux sauvages*, de quelques-uns des chefs de la colonie, les Poutraincourt, les Menou, les Razilly, qui s'étaient assuré sur les tribus indiennes une sorte de pouvoir féodal, a été contée d'une façon pittoresque par M. Rameau de Saint-Père (2). Un des types les plus accentués de cette série d'aventureux gentilshommes est le baron de Saint-Castin. Né Béarnais, capitaine au régiment de Carignan, il débarque au Canada en 1667, quitte le service pour aller s'établir en Acadie, s'y taille un fief, s'intitule *Capitaine des sauvages* et

---

(1) L'origine étymologique de ce nom de baie de Fundy est assez curieuse. Les Français du dix-septième siècle avaient nommé « *Fond de Baie* » la partie entrant le plus profondément dans les terres. De Fond de Baie, les Anglais ont fait Fundy-Bay qui, traduit de nouveau en français, a donné baie de Fundy.

(2) *Une colonie féodale en Amérique*, 2 vol. in-18.

épouse une femme indienne. Brave, vigoureux, adroit, il devient en peu de temps l'idole des indigènes. A leur tête, pendant la guerre de 1688, il repousse victorieusement toutes les attaques des Anglais. Vers 1708, il rentre en France, mais laisse ses « domaines d'Acadie » à l'un des fils qu'il avait eus de sa princesse indienne. Digne successeur de son père, celui-ci continue, pendant la guerre de 1701, à guerroyer contre les Anglais. Le traité d'Utrecht, qui livre l'Acadie à l'Angleterre, ne l'arrête même pas : de la signature des diplomates, lui le libre seigneur des sauvages, il ne s'inquiète guère ; il bataille toujours, et jusqu'en 1722 il parvient (dans le fort qu'il s'est construit au sein de la forêt) à tenir tête à l'ennemi. Fait prisonnier, il s'échappe, s'embarque pour l'Europe, tombe en Béarn juste à temps pour y recueillir la succession de son père, puis il retourne en Acadie, où, en 1731, on le retrouve guerroyant encore à la tête des tribus d'Indiens Abenakis.

De tels chefs et une existence aussi agitée n'avaient guère favorisé les progrès de l'agriculture, de la colonisation ni du peuplement. En 1713, trois centres agricoles existaient seuls dans la presqu'île Acadienne, peuplés à eux tous de 2,000 habitants. Le plus important des trois, Port-Royal, était la modeste capitale de la colonie.

Telle était la situation numérique et territoriale du pays au moment où la fortune des armes nous força, en 1713, de le céder à l'Angleterre. Il semblait de si peu d'importance, était resté si peu connu en France, que l'opinion publique ne s'émut guère de son abandon; triste précédent pourtant, c'était comme un acheminement à la cession du Canada lui-même.

Livrés à une nation étrangère, ces 2,000 Français ont lutté pour conserver, au milieu de la population nouvelle amenée par les conquérants, leur nationalité et leur foi. Nous voyons avec quel succès, puisqu'ils se comptent aujourd'hui par le chiffre de plus de 120,000, toujours catholiques fervents, toujours fidèles à la langue française.

Mais à travers quelles cruelles persécutions, quelles épouvantables catastrophes ils ont conduit cette lutte, c'est ce qui rend encore leur succès plus éclatant, leur nom plus beau et leur histoire plus touchante.

Les Anglais, peu confiants dans la valeur du pays (dont ils n'avaient recherché la possession que pour débarrasser leur colonie de Boston du voisinage gênant d'une colonie française si belliqueuse), s'étaient tout d'abord contentés de mettre une garnison à Port-Royal. Ils avaient débaptisé la ville, et lui avaient donné le nom d'Annapolis, en l'honneur de la reine Anne, dont le règne marque une des époques les plus brillantes de l'histoire de l'Angleterre.

Longtemps, malgré la cession, les Acadiens restèrent seuls en Acadie. Par cet isolement, sevrés tout à coup des luttes militaires qui les avaient tenus en éveil et les avaient éloignés de la culture du sol, ils transformèrent peu à peu leurs habitudes et leurs mœurs, et de soldats devinrent agriculteurs. Sur les rivages escarpés qu'ils habitaient, disputant pied à pied à la mer le terrain cultivable, ils réussirent, à force de travail, à créer des digues, des *aboitteaux,* suivant leur expression, et transformèrent en riches prairies des rivages autrefois incultes. Devenus riches possesseurs d'un bétail nombreux, leur population s'accrut, et de 2,000 à peine qu'ils étaient au moment de la cession, ils s'étaient élevés dès 1730 au chiffre de 4,000, doublant leur population en vingt ans!

Le gouverneur anglais, Philipps, effrayé de cette progression rapide, écrivait alors à Londres : « Il est « temps de considérer le formidable accroissement « de ce peuple, car il semble que ce soit la race du « père Noé qui s'avance autour de nous pour nous « engloutir (1). »

Cette appréhension ne cessa de hanter l'esprit de chacun de ses successeurs, et l'un d'eux, Cornwalis, résolut, en 1749, de mettre une digue aux progrès des Acadiens par l'établissement dans la Nouvelle-Écosse (c'est ainsi qu'on nommait l'Acadie depuis la conquête) de fortes colonies de population anglaise, qui pussent à la fois servir de centres civils et de points d'appui militaires pour l'assimilation de la province.

La fondation d'une ville fut résolue, et son emplacement déterminé sur la côte orientale de la presqu'île. L'exécution du projet suivit de près cette déci-

---

(1) Dépêche du 2 septembre 1730. (RAMEAU, *Colonie féodale en Amérique.*)

sion. Le 14 mai 1749, quatorze navires embarquèrent à Boston 2,576 personnes avec tous les approvisionnements nécessaires, et, le 27 juin, la flotte entrait dans la rade de *Chibouctou,* y débarquait une population toute prête qui se mettait à l'œuvre aussitôt : Chibouctou perdait son nom, Halifax était fondé !

Dès lors les Acadiens se trouvèrent, sur le sol de leur patrie, en présence d'une population nouvelle, pleine de jactance et de haine. Ils durent subir toutes ses injustices et toutes ses cruautés. Ce n'est pas que le gouvernement et les ministres anglais ordonnassent, ni même encourageassent ces persécutions, mais les gouverneurs prenaient sur eux de recourir aux moyens les plus violents ; l'un d'eux, le gouverneur Lawrence, se signala parmi tous les autres.

Injuste durant la paix, le danger le rendit féroce. La guerre avait repris en 1755 après une bien courte période de paix, et, dès le début, elle avait été défavorable aux Anglais. Nous avons dit déjà quels brillants succès avait obtenus, au commencement de la guerre de Sept ans, la vaillante conduite des Canadiens sous les ordres de Montcalm. Ces succès des armes françaises avaient jeté une certaine effervescence dans la population acadienne, qui se souvenait avec amour de son ancienne patrie ; elle était toute prête à se soulever en sa faveur.

Pour conjurer le danger qui menaçait la domination anglaise dans la colonie, Lawrence ne recula pas devant les moyens les plus barbares : il résolut la déportation en masse de tous les Acadiens.

Ourdi dans le plus profond secret, le complot fut exécuté avec promptitude. A l'insu des habitants, des milices bostoniennes avaient été débarquées et de nombreux navires mouillés le long des côtes. Le 5 septembre 1755, toutes les paroisses furent cernées et la population, hommes, femmes, enfants et vieillards, fut déclarée prisonnière et enfermée dans les églises. De là, à coups de crosse et de baïonnette les malheureux furent poussés jusqu'aux navires et embarqués pêle-mêle, sans égard aux lamentations des parents et des proches qui, séparés les uns des autres, s'appelaient de leurs cris déchirants.

Le colonel des milices américaines chargé de cette barbare exécution, Winslow, raconte la scène avec une placidité qui fait frémir : « J'ordonnai aux pri« sonniers de marcher, dit-il; tous répondirent qu'ils « ne partiraient pas sans leurs pères. Je leur dis que « c'était une parole que je ne comprenais pas... que « je n'aimais pas les mesures de rigueur, mais que le « temps n'admettait pas de pourparlers ni de délais. « Alors j'ordonnai à toutes les troupes de croiser la « baïonnette et de s'avancer sur les Français (1). »

Quel rôle pour des soldats que de croiser la baïonnette contre des hommes désarmés et contre des femmes! Ces bourreaux, disons-le de suite, n'étaient pas des soldats de l'armée anglaise, mais des miliciens de Boston qui se vengeaient ainsi, sur une population sans défense, des perpétuelles défaites

(1) CASGRAIN, *Pèlerinage aux pays d'Évangéline*, p. 132.

que leur avaient invariablement infligées les Français.

Ils ne manquèrent pas, en se retirant, de livrer aux flammes le pays tout entier. Suivant un historien anglais de la Nouvelle-Écosse, 255 maisons furent brûlées dans le seul district des Mines, avec 276 granges, 155 bâtiments, 11 moulins et l'église (1). Longtemps, autour des ruines encore fumantes, on vit errer les fidèles chiens de garde, poussant des hurlements plaintifs pour appeler, mais en vain, le retour de leurs maîtres proscrits!

En des vers d'une majestueuse ampleur, le poète américain Longfellow a chanté les malheurs des Acadiens. Évangéline, l'héroïne du poème, est une douce jeune fille acadienne séparée violemment de sa famille et de son fiancé par les brutaux exécuteurs des ordres de Lawrence. Jetés bien loin l'un de l'autre en une terre étrangère, les deux amants se cherchent de longues années, puis, vieillis et abattus, ne se retrouvent que pour mourir ensemble. Le poète débute en nous conduisant dans le pays des Acadiens, occupé désormais par leurs ennemis : « La « forêt vierge reste encore, dit-il, mais sous ses om- « bres vit une autre race, avec d'autres mœurs, une « autre langue. Seuls, sur la rive du triste et brumeux « Atlantique, languissent encore quelques paysans « acadiens, dont les pères revinrent de l'exil pour « mourir dans le pays natal. Dans la cabane du pè-

---

(1) DUNCAN-CAMPBELL, *Histoire de la Nouvelle-Écosse à l'usage des écoles.*

« cheur, le rouet travaille encore, les jeunes filles por-
« tent encore leur bonnet normand, et le soir, auprès
« du foyer, elles répètent l'histoire d'Évangéline,
« tandis que dans ses cavernes rocheuses l'Océan
« mugit d'une voix profonde et répond par de lamen-
« tables accents à l'éternel gémissement de la forêt. »

Oui, le poète dit vrai : les rouets tournent encore et les jeunes filles portent toujours le bonnet normand ! C'est qu'ils sont revenus, les Acadiens proscrits ; c'est qu'ils ont, sur les ruines encore fumantes de leurs chaumières, réédifié de nouvelles demeures et repris une partie de ces domaines sur lesquels leurs spoliateurs avaient cru s'installer en maîtres pour toujours !

Trois mille habitants à peine, sur vingt mille environ, étaient parvenus, en se cachant dans la forêt, à échapper à la grande proscription et étaient demeurés dans le pays. Après la paix, un certain nombre de proscrits put les rejoindre ; les uns et les autres réoccupèrent leurs villages dévastés, réussirent à les faire renaître de leurs ruines, et s'y multiplièrent de nouveau. Déjà, dès 1812, ils avaient regagné le nombre de 11,000. Aujourd'hui, ils s'élèvent à celui de 120,000, répartis en huit groupes dans les trois provinces de la Nouvelle-Écosse, du Nouveau-Brunswick et de l'île du Prince Édouard.

Si leur situation numérique est bonne, leur influence politique, morale et religieuse n'est pas moindre. Patiemment, sans éclat, si modestement que l'histoire semblait les oublier et ne s'occupait

10.

d'eux que pour conter leurs malheurs, ils se sont reformés en groupe national. Les proscrits ont repris peu à peu le titre de citoyens. Vers 1810 ils furent dispensés de l'obligation du serment du test qui, en qualité de catholiques, leur fermait toutes les fonctions publiques. Ils siégent aujourd'hui dans les assemblées législatives de leurs provinces, à côté des fils de leurs proscripteurs, ils ont un représentant au Sénat fédéral et publient plusieurs journaux français, entre autres le *Moniteur acadien* et *l'Évangéline*.

Privés autrefois de tout moyen d'instruction, ils ont ouvert des écoles et érigé des collèges français. Celui de Meramcok a été fondé en 1864. Leur clergé national, instruit et patriote comme celui du Canada, les éclaire, les conduit, les protège au besoin contre le mauvais vouloir du clergé irlandais, qui, chose étrange, ne perd pas une occasion de favoriser les écoles anglaises au détriment des écoles catholiques acadiennes.

Ardent comme celui des canadiens, leur sentiment national reste très particulariste, et bien que les Français d'Acadie aiment à se rapprocher de plus en plus des Français de Québec, à nouer avec eux des relations de plus en plus étroites; ils n'en ont pas moins leurs traditions, leurs souvenirs et leurs mœurs distincts.

Longtemps oubliés des Canadiens, ils ont fini par forcer leur sympathie, comme les Canadiens ont forcé la nôtre. Des voies de communication se sont ouvertes, rendant leurs rapports plus faciles. En

1880, un congrès réuni à Québec affirma la solidarité de tous les éléments français du continent américain ; les représentants des Acadiens y figurèrent avec honneur : « Les Canadiens, si nombreux et si
« puissants aujourd'hui, disait alors l'un d'eux,
« aiment à se rappeler leurs gloires du passé, aiment
« à contempler leur prestige du présent et à nourrir
« des espérances pour l'avenir. Ils aiment à se rap-
« peler la gloire des Jacques Cartier, des Champlain,
« des Frontenac, des Maisonneuve et autres hommes
« d'autrefois, et montrent avec un juste orgueil leurs
« hommes d'aujourd'hui. Nous Acadiens, nous avons
« moins de noms peut-être auxquels se rattachent les
« gloires du passé, et moins de personnages actuels
« qui nous donnent le même prestige, cependant ce
« qui a été possible pour les Canadiens ne peut pas
« nous être impossible ; nous sommes plus nombreux
« maintenant qu'ils n'étaient lors de la conquête, et
« j'ose dire ici que nous ne leur cédons en rien en
« patriotisme, en amour de notre langue, en attache-
« ment à notre foi et en énergie nationale (1). »

Forts de leur union, les Acadiens ont voulu la consacrer par un drapeau et par un chant national : unissant pour cela leur sentiment religieux à leur patriotisme, ils ont, dans une assemblée tenue entre eux en 1885, choisi pour fête nationale le 15 août, jour de l'Assomption, pour bannière le drapeau fran-

---

(1) Discours de M. Landry. *Rapport du Congrès national canadien-français.* Québec, 1881, in-8°.

çais auquel ils ont, dans la partie bleue, ajouté une étoile blanche (l'étoile de l'Assomption) ; pour l'hymne ils ont pris l'*Ave Maris stella,* traduit en français. Le *Moniteur acadien* en rendant compte de cette cérémonie, disait : « La scène qui a accompagné l'adop-
« tion du drapeau et du chant de l'*Ave Maris stella* a
« été solennelle et touchante. Grand nombre pleu-
« raient. C'est qu'au lieu de la mort nationale rêvée
« par ses persécuteurs, le peuple acadien a salué en
« ce moment dans son drapeau l'emblème de la vie
« nationale se levant avec lui pour la première fois
« depuis 1713 (1). »

Ainsi les proscrits de 1755 sont en train de se reformer en corps de nation. De quelle vitalité cette renaissance n'est-elle pas la preuve, et que ne peut-on espérer d'un peuple qui, précipité tout d'un coup dans une telle détresse, se relève si promptement et reprend si vite une place importante au milieu de ceux qui ont tenté de l'anéantir ?

(1) Faucher de Saint-Maurice, *En route pour les provinces maronites*. Québec, in-8°.

# CHAPITRE XVIII

## POPULATION FRANÇAISE DU MANITOBA ET DES TERRITOIRES DU NORD-OUEST.

Vers l'ouest, la province de Manitoba, de création récente, et les territoires non encore organisés d'Assiniboia, de Saskatchewan et d'Alberta, comprennent, eux aussi, des groupes notables de population d'origine française.

Nous sortons là des limites du vieux Canada historique. Les vastes régions qui s'étendent à l'ouest des Grands Lacs étaient inexplorées au dix-septième siècle ; elles n'ont été découvertes et parcourues qu'au milieu du dix-huitième siècle par l'infatigable voyageur La Verandrye.

Comme par son histoire, le pays est ici différent par son sol et par son aspect. Plus de forêts : la prairie ; plus de fourrés impénétrables au regard : la plaine nue où l'œil cherche en vain jusqu'à l'horizon quelque objet pour varier l'uniforme monotonie qui l'environne.

Plus de rivières, plus de rapides, plus de cascades: quelques minces cours d'eau qui, s'écoulant dans des terrains meubles formés d'alluvion, s'y sont creusé des lits profonds (des *coulées,* comme disent les Canadiens), au fond desquels ils glissent silencieusement leurs eaux bourbeuses, sans interrompre au regard la parfaite et fastidieuse horizontalité du pays.

Plus de lacs cernés de collines et réunissant leurs eaux profondes dans le creux des vallées ; quelques nappes d'eau n'ayant de lacs que la surface, tantôt démesurément étendues par les pluies, tantôt réduites à rien par la sécheresse, si bien que le voyageur s'étonne quelquefois de marcher à pied sec dans la prairie brûlée de soleil, là où quelques années auparavant il avait navigué sur une mer sans limites.

Ici, la prairie étend au loin ses horizons rectilignes comme des horizons marins ; là, elle s'incline en molles ondulations plus fastidieuses encore, car elles leurrent le voyageur de l'espérance d'un aspect nouveau, et lui présentent toujours le même, ainsi que dans un défilé de troupes les bataillons succèdent aux bataillons sans changer de forme, d'aspect ni d'allure. L'immensité de la prairie rappelle l'immensité de la mer, et tous les termes de marine peuvent s'appliquer à elle. Pour les vieux habitants du pays, voyager dans la prairie c'est *aller au large*, un bosquet est une *île*, et le coude d'une rivière une *baie*.

Du lac Winnipeg aux Montagnes Rocheuses, la prairie s'étend sur un espace de plus de 1,000 kilomètres. Elle est aujourd'hui traversée par une voie ferrée, le *Canadian Pacific Railway,* qui déroule sur cette plaine sans fin la double ligne de ses rails perpendiculaires à l'horizon. Çà et là une station solitaire se dresse sur la voie, et le voyageur venu de quelque ferme nouvellement créée peut, dans les jours clairs, être prévenu de l'approche des trains par la fumée qui point à l'horizon, une heure avant leur passage.

C'est dans ces régions que le gouvernement canadien a créé en 1871 la province de Manitoba et les territoires d'Assiniboia, de Saskatchewan et d'Alberta.

Quand cette réunion fut faite, les territoires annexés n'étaient pas déserts. Il s'y trouvait déjà des groupes de population assez nombreux et, qui plus est, des groupes de population d'origine française. C'étaient les descendants de ces chasseurs de fourrures qui, depuis la fin du dix-huitième siècle, parcouraient cette contrée au service des deux grandes Compagnies de la baie d'Hudson et du Nord-Ouest.

La plus ancienne de ces compagnies, la *Compagnie de la baie d'Hudson,* avait été fondée par les Anglais en 1669; mais, jusqu'à la paix de 1763, elle ne s'éloigna pas des rives mêmes de la baie, et borna son trafic aux régions immédiatement avoisinantes, séparées de la colonie canadienne par une vaste étendue de déserts glacés. Ce n'est que du jour où le Canada devint possession anglaise que cette compagnie commença à s'étendre vers l'intérieur et à y envoyer ses agents.

En même temps, une compagnie rivale se créait à Montréal en 1783, la *Compagnie du Nord-Ouest.* Son but était de nouer des affaires avec les Indiens des plaines, à l'ouest des Grands Lacs.

Rivales, ces deux compagnies l'étaient non seulement par la nature de leurs affaires commerciales, mais encore par la nationalité de leurs agents.

Créée à Londres, ayant son siège à Londres, la Compagnie de la baie d'Hudson recrutait la plupart de ses gens en Angleterre; créée à Montréal, la Compagnie du Nord-Ouest (bien que fondée, elle aussi, par des capitalistes anglais) prenait cependant son personnel (*ses voyageurs*) dans le pays même, parmi les Canadiens, si aptes aux longs et aventureux voyages, si durs à toutes les fatigues du corps, si bien au fait des coutumes et de la langue des Indiens avec lesquels ils avaient à traiter.

L'antagonisme était tel que, pour tous, et dans le langage courant, les gens de la Compagnie de la baie d'Hudson, c'étaient *les Anglais;* ceux de la Compagnie du Nord-Ouest, *les Français !*

C'étaient des hommes vigoureusement trempés que ces aventureux *voyageurs* qui, renonçant à l'attrait d'un tranquille foyer, s'enfonçaient dans les solitudes de la baie d'Hudson et du Nord-Ouest pour s'y créer une vie nouvelle, toute de mouvement, d'aventures et de dangers, si attrayante pourtant que beaucoup ne se décidaient jamais à l'abandonner, conquis pour toujours par le désert sur la société des hommes.

Ceux-là, pour la plupart, s'unissaient à des femmes indiennes; unions légitimes ayant pour résultat la constitution de véritables familles. Ce sont ces familles qui, restées longtemps sans communications avec les régions colonisées du Canada ou des États-Unis, se sont multipliées et ont formé, à côté de la population indienne des territoires de l'Ouest, une sorte de groupe ethnographique tout spécial, ayant ses traditions, sa langue et ses mœurs distincts, assez nombreux de nos jours pour qu'on puisse lui donner le nom de race métisse-canadienne, assez intéressant aussi pour qu'on s'arrête à conter son histoire.

La race métisse n'est pas une ; elle se divise en deux groupes provenant chacun des deux éléments divers qui l'ont formée : des gens de la Compagnie de la baie d'Hudson descendent les métis anglais ; de ceux de la Compagnie du Nord-Ouest, les métis français tirent leur origine. Le groupe français est le plus nombreux, c'est aussi le plus uni ; au point de vue ethnographique et social il forme bien, à proprement parler, une *race*.

Les métis français doivent seuls nous occuper ici. Leur caractère intrépide et aventureux ne s'est pas démenti. Braves au point que quelques centaines d'entre eux ont pu, il y a quelques années, tenir tête pendant plusieurs mois, comme nous le conterons plus loin, à une armée de 3,000 hommes commandée par un major général anglais, ils ne se montrent pas humiliés, mais fiers du double sang qui coule dans leurs veines, et se désignent eux-mêmes sous le nom de *bois brûlés*.

Aussi attachés à la langue des Indiens *Cris,* leurs ancêtres maternels, qu'à celle des Français, leurs ancêtres paternels, les métis parlent l'une et l'autre langue avec une égale facilité. Chatouilleux sur le point d'honneur, ils n'ont pas pardonné à l'un de leurs chefs d'avoir profité de la notoriété qu'il s'était faite dans la révolte de 1885 pour venir s'exhiber en Europe, dans une sorte de cirque, sous les auspices d'un faiseur de réclame américain. Ils ont d'ailleurs de qui tenir à ce point de vue. Plus d'un gentilhomme, dit-on, a, aux dix-septième et dix-huitième siècles, embrassé la vie aventureuse de coureur des bois, et des noms, sinon illustres, du moins honorés en France, se retrouvent encore chez les métis français de l'Ouest canadien.

Fort différents les uns des autres, quant au caractère et à la physionomie, suivant le degré de mélange du sang, les uns se rapprochant davantage du type indien, les autres ne différant en rien des blancs ni par leur aspect, ni par leur éducation, tous demeurent unis et solidaires, ceux qu'aucun signe extérieur ne distingue n'hésitant pas à se classer eux-mêmes parmi les métis. Nul mépris, d'ailleurs, semblable à celui qui frappe les mulâtres des colonies n'atteint les métis dans la société canadienne ; des unions se contractent avec eux sans exciter ni la réprobation publique, ni même l'étonnement.

Ce sont ces populations qu'en 1871 le gouvernement canadien fit entrer dans la Confédération par l'acquisition de tous les territoires de l'Ouest, possédés alors par la Compagnie de la baie d'Hudson.

Les luttes des Compagnies de la baie d'Hudson et

du Nord-Ouest s'étaient terminées à l'amiable en 1821, par la fusion de leurs intérêts sous une seule dénomination. Leurs territoires de chasse furent alors réunis, et, devenue l'une des plus riches, mais sans contredit la plus puissante des compagnies commerciales de l'univers, la nouvelle *Compagnie de la baie d'Hudson* occupa sans conteste près du quart du continent américain, depuis les grands lacs jusqu'au Pacifique.

Cet immense domaine, elle le réserva strictement à la chasse des animaux à fourrure, dont elle tirait d'immenses profits, et s'efforça, par tous les moyens, d'en écarter la colonisation. L'arrivée du colon, c'était la fuite du castor, de l'hermine, du vison, du renard argenté, et pour éloigner cet ennemi de sa richesse, la Compagnie cachait comme un secret d'État la fertilité des territoires qu'elle occupait.

Un jour vint pourtant où la vérité se fit jour, et où les intérêts particuliers durent s'effacer devant l'intérêt public. Vers 1850, le gouvernement anglais exigea, moyennant indemnité, la rétrocession de toute la partie du territoire s'étendant à l'ouest des Montagnes Rocheuses jusqu'au Pacifique, et y créa la colonie de la *Colombie britannique*.

En 1870 enfin, la Confédération canadienne fut autorisée par le même gouvernement à enlever à la Compagnie de la baie d'Hudson la plus grande partie du domaine qui lui restait. Ce à quoi celle-ci dut consentir, moyennant le payement d'une indemnité de 7 millions et demi de francs et l'abandon, en toute propriété, d'une grande étendue de territoire.

La création d'une nouvelle province dans ces terres fertiles fut aussitôt résolue par le gouvernement canadien. Les limites en furent tracées dans les bureaux d'Ottawa, en même temps que sa constitution était décrétée, et que le personnel administratif chargé de la mettre à exécution était lui-même choisi.

Sur le nouveau sort qui leur était préparé, les métis, seuls habitants du pays, n'avaient été ni consultés, ni même pressentis. A cette nouvelle, ils s'indignèrent, eux libres habitants de la prairie, d'être traités comme un bétail humain qu'on livre à son insu, et lorsque, après un long et pénible voyage à travers les rivières et les lacs (car alors les communications étaient peu faciles avec le Nord-Ouest), le gouverneur nommé à Ottawa, M. Mac Dougall, arriva avec ses bagages et ses agents en vue de la Rivière Rouge, il fut fort étonné de voir venir à sa rencontre une troupe de 400 métis armés, n'ayant nullement l'attitude paisible d'administrés qui viennent saluer leur gouverneur.

« Qui vous envoie? leur dit-il. — Le gouverne-
« ment. — Quel gouvernement?—Le gouvernement
« que nous avons fait! » Et, en effet, à la nouvelle qu'un administrateur, d'eux inconnu, était en marche pour venir chez eux prendre la direction du pouvoir, ils s'étaient assemblés, avaient nommé un gouvernement provisoire, et refusaient d'en reconnaître d'autre. M. Mac Dougall n'eut d'autre perspective

que de faire demi-tour avec son personnel et ses bagages et de recommencer en sens inverse le long trajet qu'il venait d'accomplir, pour aller rendre compte à Ottawa de ce qui se passait dans l'Ouest.

Le promoteur de la fière détermination des métis, l'âme du « gouvernement provisoire », était Louis Riel, devenu célèbre depuis par sa nouvelle résistance et par sa mort.

Les métis pourtant n'étaient pas intraitables, il était facile de s'entendre avec eux, pourvu qu'on respectât leur dignité et leurs intérêts. Un prélat qu'ils vénéraient, Mgr Taché, évêque de la Rivière Rouge, parvint par ses négociations entre le gouvernement canadien et le *gouvernement provisoire* à arranger les choses. Grâce à cette intervention, et après l'acceptation de certaines de leurs conditions, les métis consentirent à entrer dans la Confédération canadienne. Celle-ci leur accorda la possession d'une portion considérable de terres, l'usage officiel de la langue française dans les assemblées législatives, leur assura le maintien des écoles catholiques, et la province de Manitoba put être définitivement organisée.

La population du Manitoba était, en 1870, de 10,000 âmes, dont 5,000 métis français. La proportion s'est bien vite modifiée; le fait était absolument inévitable. Des routes de communication ayant été ouvertes avec la nouvelle province, une immigration assez considérable, venue des provinces anglaises d'Amérique et même d'Angleterre, ne tarda pas à s'y diriger. De plus, le gouvernement canadien commença bientôt la construction de la grande ligne transcontinentale du Pacifique qui, traversant dans toute sa largeur la province du Manitoba, y a déversé un flot pressé de colons de toutes races : Anglais, Écossais, Irlandais, Scandinaves et même Russes (1).

En 1881, la population s'élevait à 65,000 âmes, sur lesquelles l'élément français représenté, non plus seulement par les métis, mais par un certain nombre de Canadiens venus de Québec, comptait pour 10,000 âmes, formant un peu moins du sixième du nombre total des habitants (2).

Bien que la proportion des Français, dans la province du Manitoba, soit en décroissance, il ne faudrait pas croire que cet élément fût noyé, pénétré de toutes parts par des éléments étrangers, et menacé d'être absorbé à brève échéance. Il n'en est nullement ainsi. Les Canadiens demeurent au contraire groupés dans une région qu'ils tiennent fortement et dans laquelle ne pénètrent guère d'étrangers, région précisément la plus fertile et la mieux située de la province ; c'est le *comté de Provencher*, qui occupe les deux rives de la rivière Rouge, depuis la fron-

---

(1) Des Mennonites.
(2) Si l'on devait s'en rapporter au recensement de 1891, les habitants de langue française ne seraient même aujourd'hui que de 11,102 habitants sur une population totale qui s'est élevée à 154,542 habitants. Mais là, comme dans toute les provinces canadiennes autres que Québec, ce recensement ne peut être considéré comme exact. M. O. Reclus pense qu'en fixant à 17,000 âmes le nombre des Français du Manitoba, on serait encore au-dessous de la vérité.

tière américaine jusqu'à la ville française de Saint-Boniface, en face de la capitale, Winnipeg.

Dans ce comté la population est à peu près uniquement française, et envoie un député français au Parlement fédéral. C'était, en 1890, M. Larivière.

C'est là un noyau assez fort pour pouvoir se maintenir pendant plusieurs générations, et qui sait ce que nous réserve l'avenir? qui sait si alors l'immigration étrangère n'aura pas cessé? qui sait si elle n'aura pas été remplacée par une immigration française venue de Québec, laquelle commence à se produire et qui, jointe au gain annuel résultant de la natalité supérieure des Canadiens, permettrait aux Français du Manitoba de reprendre dans toute la région la prépondérance qu'ils y ont momentanément perdue?

Les deux villes de Winnipeg et de Saint-Boniface, l'une anglaise, l'autre française, placées face à face sur les deux rives opposées de la rivière Rouge, se dressent comme les champions des deux nationalités. L'une, avec ses rues animées, ses riches magasins et ses monuments ambitieux, représente la victoire brillante mais éphémère peut-être des Anglais; l'autre, avec son calme et ses proportions modestes, avec ses institutions de charité, son vaste hôpital, son collège, son église, monuments d'une architecture simple et sévère, montre la patience des Canadiens, leur persévérance et leur confiance dans l'avenir, sous la direction d'un clergé qui jamais ne leur a fait défaut.

Les métis ne sont pas tous demeurés dans la province du Manitoba. Peu à peu beaucoup d'entre eux l'ont abandonnée pour aller s'établir plus au nord, vers les rivages solitaires de la rivière Saskatchewan.

Ce n'est pas qu'ils aient aucune inaptitude à vivre comme les blancs, mais leurs traditions ne les y ont pas préparés et leurs goûts ne les y portent pas.

L'habitude est une seconde nature, dit-on, et ces hommes issus d'aventureux coureurs des bois, n'ayant jamais connu que les libres chevauchées de la chasse au buffle, les grands voyages à travers la plaine à la tête de leurs convois de chariots, se résignent avec peine à la vie calme et rangée du colon. Leur existence et leurs habitudes sociales étaient si différentes des nôtres! Ces « freteurs » (c'est ainsi qu'ils s'appelaient, empruntant encore un terme à la marine), véritables caboteurs de terre, toujours en route, allant de Fort-Garry à Saint-Paul, et de Saint-Paul à la baie d'Hudson, faisant traverser les rivières à la nage à leurs chevaux et flotter leurs chariots, bravant les chaleurs de l'été, les neiges de l'hiver et les attaques des Indiens, pouvaient-ils sans regrets renoncer à cette vie libre et fière?

Les buffles ont fui devant le colon et la culture, la vapeur a tué le *fret,* la charrue a défoncé les vierges étendues de la prairie, et les métis, sevrés de la libre existence qu'il y a vingt ans à peine ils menaient encore, se retirent tristement vers le Nord.

Les contrées dans lesquelles ils émigrent forment administrativement, dans la Confédération canadienne, les territoires d'Assiniboia, de Saskatchewan et d'Alberta. Ces territoires, bien qu'occupant d'immenses étendues, ont une population minime. Ils sont administrés par un seul gouverneur, et par un conseil élu par les habitants. Le petit bourg de Régina, composé de quelques tristes maisons de bois, en est la bien modeste capitale.

Les métis se sont spécialement portés vers la Saskatchewan, où ils forment quelques agglomérations. C'est là qu'en 1885 de nouvelles difficultés s'élevèrent avec le gouvernement canadien. Les métis prétendaient avoir de graves motifs de plaintes et réclamaient, entre autres choses, un arpentage de leurs terres qui pût les mettre à l'abri de toute éviction future. Comme on tardait à faire droit à ces justes réclamations, l'effervescence s'accrut. Louis Riel, réfugié aux États-Unis depuis les affaires de 1871, fut appelé pour se mettre à la tête des mécontents, et une nouvelle prise d'armes eut lieu. Dans ces régions lointaines, quelques centaines d'hommes, sans organisation et presque sans armes, purent pendant plusieurs mois tenir en échec une armée de 3,000 miliciens d'Ontario commandés par le général Middleton.

Mais cette résistance inégale ne pouvait durer. Malgré des prodiges de valeur, les métis furent écrasés. Riel fut pris, jugé, condamné à mort et exécuté à Winnipeg, à la clameur indignée de tous les Français du Canada. Tous en effet, pendant l'insurrection, n'avaient cessé de témoigner de leur sympathie pour ces hommes de même langue et

11.

de même religion, dont les réclamations paraissaient justifiées et la révolte excusable. En France même le soulèvement des métis et la campagne du Nord-Ouest eurent quelque retentissement, le nom de Riel acquit une certaine notoriété, et les journaux contèrent avec émotion les péripéties de la lutte.

Avec les effectifs dont il disposait, la victoire du général Middleton était facile; il ne manqua pas, pourtant, dans ses rapports officiels, de conter, avec une pompeuse emphase, les moindres détails de son expédition. La prise de Batoche, qui termina la campagne par la reddition de Riel, fut racontée comme un véritable fait d'armes, presque comme la prise d'une place importante. Or, Batoche n'est ni une forteresse, ni une ville, ni même un village; c'est une simple et unique maison, celle d'un métis, M. Batoche lui-même !

Depuis 1885, les luttes sanglantes ont cessé, mais l'apaisement n'est pas venu, et partout où il tient la majorité, l'élément anglais n'épargne aux Français — Canadiens ou métis — ni les tracasseries ni les persécutions. C'est ce qu'on peut constater aujourd'hui, et dans les trois territoires de l'Ouest, et dans la province du Manitoba.

Déjà, l'assemblée anglaise des Territoires a supprimé dans ses délibérations l'usage de la langue française.

Au Manitoba, le mauvais vouloir de la majorité revêt un caractère plus grave encore. Elle a, — il y a quelques années, — fait voter par l'assemblée législative de la province, une loi qui ne tend à rien moins qu'à la suppression des écoles françaises. Les Canadiens se défendent avec un acharnement et une énergie remarquables. Tous les recours légaux et constitutionnels auprès du gouvernement fédéral et auprès du gouvernement métropolitain, ils les ont successivement exercés. Actuellement encore, l'affaire n'est pas entièrement terminée ; mais quelle qu'en soit la solution définitive, le sentiment national des Canadiens au Manitoba n'en peut être amoindri. La persécution, — car c'en est une véritable à laquelle ils sont en butte, — n'aura pas d'autres résultats que ceux qu'elle a toujours eus, en tout temps et en tout pays. Elle ne fera des Canadiens ni des protestants ni des Anglais, elle les rendra plus Français et plus catholiques. Que les Français du Manitoba tournent seulement leurs regards vers leurs compatriotes de la province de Québec, ils trouveront en eux de vaillants défenseurs, et ils comprendront par leur exemple comment de la persécution courageusement affrontée on sort plus robuste et plus fort.

# CHAPITRE XIX

## AUX ÉTATS-UNIS.
## LES CANADIENS DE L'OUEST.

Débordant au delà de leur frontière, les Canadiens étendent jusque dans les États-Unis le développement merveilleux de leur population. Presque aussi nombreux sur ce sol étranger que sur leur propre sol, ils s'y groupent, au dire des historiens et des géographes les plus compétents, et de l'aveu des Américains eux-mêmes, au nombre de près d'un million.

Là, d'ailleurs, la race française ne se trouve pas non plus tout à fait hors de chez elle. La plus grande partie du territoire actuel des États-Unis, toute la vallée de l'Ohio, toute celle du Mississipi, ce sont les Français qui, au dix-septième siècle, — alors que les colons anglais n'osaient encore perdre de vue les côtes de l'Atlantique, — l'ont découverte, parcourue, et en partie occupée.

L'émigration des Canadiens aux États-Unis commença, nous l'avons dit plus haut, vers 1830 et fut provoquée tout d'abord par le manque de terres dans les anciennes seigneuries. A ces causes d'ordre économiques la révolte de 1837 vint ajouter des causes politiques : les proscrits et les suspects passèrent en grand nombre la frontière.

Pendant les premières années du régime de l'*Union*, inauguré en 1840, l'émigration continua et prit bientôt des proportions telles, que le gouvernement canadien commença à s'inquiéter et chercha des mesures pour en arrêter les progrès. Un comité fut nommé en 1849 par la Chambre législative. L'enquête à laquelle il se livra révéla que dans les quatre années précédentes, de 1846 à 1849, 20,000 Canadiens-Français avaient quitté le sol natal !

Le clergé déplorait cette émigration, qu'il considérait comme une perte pour la nationalité, et peut-être un danger pour la foi des Canadiens : « Vous « n'ignorez pas, écrivait Mgr Turgeon, archevêque de « Québec, combien est profonde la plaie nationale à « laquelle nous nous proposons de porter remède, à « savoir, le départ annuel de milliers de jeunes gens et « d'un grand nombre de familles qui abandonnent les « bords du Saint-Laurent pour aller chercher fortune « et bonheur sur un sol qu'on leur dit plus fertile. Les « jeunes gens, vous ne le savez que trop, ne revien- « nent pas parmi nous, ou ne reviennent que plus « pauvres, souvent moins vertueux, et avec les débris « d'une santé que la fatigue ou le vice a pour toujours « altérée. Ces familles, au lieu de trouver le bien « qu'elles espèrent, ne rencontrent chez l'étranger que « de durs travaux et de superbes dédains, et, loin des

« autels de leur jeunesse et du sol de la patrie, elles
« pleurent l'absence des joies religieuses de leurs pre-
« miers ans et les jouissances du toit paternel. L'a-
« bondance même qu'un bien petit nombre peut at-
« teindre n'est qu'une faible consolation quand on la
« compare à la paix, au contentement, à la franche
« et naïve piété, à la suave politesse qui caractérisent
« notre Canada (1) ! »

En dépit des craintes des patriotes, malgré les paternels avis des évêques, l'émigration, loin de fléchir, a continué de plus belle, et s'est de nos jours accrue d'une façon si rapide, qu'il est impossible de ne pas lui attribuer des causes permanentes et profondes. De 1840 à 1866, 200,000 Canadiens avaient quitté la province de Québec (2), et l'on peut aujourd'hui évaluer à près d'un million le nombre des Canadiens vivant sur le sol des États-Unis.

Il paraît certain désormais que le mouvement d'expatriation de la population canadienne est le résultat normal d'une force d'expansion, qui lui permet à la fois de se multiplier chez elle et de déborder ses frontières. On aurait tort de le considérer comme impliquant pour elle une perte de forces ; n'est-il pas, au contraire, le symptôme et la preuve de son développement continu ?

Les émigrants canadiens ne se répartissent pas d'une façon uniforme sur toute la surface de l'Union

---

(1) TURCOTTE, 2⁰ part., p. 56.
(2) *Ibid.*, t. II, p. 454.

américaine. Certains États, et dans les États même, certaines régions semblent avoir leur préférence.

Dans l'Ouest, des États d'une surprenante richesse se sont créés sous les yeux mêmes de notre génération. Là, dans des plaines hier désertes et couvertes de marais, a surgi une fastueuse capitale, n'aspirant aujourd'hui à rien moins qu'à la suprématie de l'Union entière, et qui ne craignit pas, — elle née d'hier, — de prétendre surpasser par son luxe les capitales séculaires de l'Europe. Tentés comme tant d'autres par le surprenant essor de ces récents États, grand nombre de Canadiens courent y chercher la fortune.

Cet Ouest américain, d'ailleurs, aux prodigieuses surprises, où des villes de 2 millions d'âmes naissent en trente ans, c'est à la France qu'il devrait appartenir. Jusqu'en 1763, l'Amérique du Nord presque tout entière fut française. Elle était bien étroite la portion qu'en occupaient les colons anglais le long des côtes orientales, et avec quelle méticuleuse prudence ils y restaient enfermés ! Pendant plus de deux cents ans, ils demeurèrent comme fixés au rivage; déjà ils comptaient une population nombreuse, des villes florissantes, qu'ils n'avaient encore osé s'éloigner de l'Océan. Tout au plus entrevoit-on çà et là, dans leur histoire, quelques expéditions commerciales ou militaires traversant les montagnes Bleues et atteignant à peine, comme furtivement, la région des grands lacs que les Français visitaient journellement depuis leur arrivée en Amérique. Jusqu'en 1764, époque de la première colonisation du Kentucky par les Virginiens, aucune des colonies anglaises n'avait tenté de s'étendre vers l'intérieur.

Pendant ce temps, les missionnaires et les voyageurs français, les La Salle, les Marquette, les Joliet, les Hennepin, les La Verandrye, découvraient tout le continent, parcouraient les vallées de ses immenses fleuves, pénétraient jusqu'aux lointains et profonds glaciers des Montagnes Rocheuses et jalonnaient d'une ligne de postes militaires les 2,000 kilomètres qui séparent le Canada de la Louisiane. Postes dont la situation avait été choisie avec une si remarquable perspicacité, que sur leur emplacement s'élèvent aujourd'hui plusieurs des plus grandes villes des États-Unis : Chicago, Saint-Louis, Pittsbourg et Détroit.

Derrière les soldats français étaient arrivés les colons. Malgré l'énorme distance qui sépare le Canada de la Louisiane, plusieurs petits centres de colonisation avaient été ouverts, au dix-huitième siècle, le long de la vallée du Mississipi ; et, bien qu'il n'ait malheureusement été donné aucune suite aux grands desseins émis sur ces contrées par le gouverneur La Galissonnière, un groupe de population s'y était formé. Il se répartissait en plusieurs villages ; les plus importants étaient ceux des Illinois, au sud de l'État actuel du même nom. C'était là comme le chaînon intermédiaire entre le Canada, déjà florissant, et la Louisiane, qui commençait à peine, puisque la colonisation n'y avait été véritablement tentée que depuis 1717.

Lors de la cession de nos possessions à l'Angleterre, en 1763, la population de la colonie des Illinois s'élevait à plusieurs milliers d'habitants. La plupart d'entre eux, fuyant la domination anglaise, quittèrent la rive gauche du Mississipi pour s'établir sur la rive droite. Ce ne fut que pour tomber sous la domination espagnole, car ce même traité, qui nous enlevait le Canada et toute la rive gauche du Mississipi pour les attribuer à l'Angleterre, nous privait, en faveur de l'Espagne, de la rive droite du même fleuve et de la Louisiane.

D'ailleurs, le destin de ces quelques Français, perdus au milieu des solitudes qu'ils avaient découvertes et commencé à cultiver, était de tomber, quoi qu'ils pussent faire, sous la domination anglo-saxonne. Rendue à la France par l'Espagne au commencement du dix-neuvième siècle, cette moitié du continent américain a été, pour quelques millions, rétrocédée aux États-Unis par Napoléon.

Depuis lors, ces contrées pleines de richesses, mais à peu près désertes il y a cinquante ans, se sont peuplées rapidement. Renonçant à la torpeur qui les avait retenus au dix-huitième siècle, les Américains se sont précipités vers l'Ouest; les émigrants d'Europe les y ont suivis, et les petites colonies françaises des Illinois se sont trouvées entourées par des flots sans cesse grossissants de populations de langue étrangère. Elles subsistent pourtant encore, très distinctes et très reconnaissables, et les voyageurs peuvent entendre résonner notre langue dans plus d'un village des Illinois et du Missouri.

Tous les anciens établissements français de ces régions n'ont pas, il est vrai, survécu : les plus humbles ont été absorbés, mais il est facile encore de reconnaître leur emplacement par les noms mêmes, ou par l'aspect qu'ils ont conservé. Les colons anglais disposaient ordinairement leurs lots de terre en carrés réguliers. Les Français, au contraire, les défrichaient par bandes perpendiculaires aux cours d'eau. Cette disposition se retrouve partout où furent établies des colonies françaises, depuis le Canada jusqu'à la Louisiane, et l'observateur peut, à la seule inspection d'une carte, ou d'après la configuration des terres, savoir presque avec certitude quelle a été l'origine d'une colonie américaine.

La conquête n'a pas éteint l'esprit aventureux des Canadiens. Ils ont continué depuis à se répandre dans l'Ouest, et nombre d'entre eux y ont été les premiers pionniers de la civilisation, ont défriché les terres où s'élèvent aujourd'hui les villes les plus riches et les plus puissantes des États-Unis

Deux familles seulement résidaient au fort Chicago en 1821, et l'une d'elles était une famille canadienne, celle du colonel Beaubien, commandant du fort pour le gouvernement des États-Unis. Voici la triste peinture qu'un voyageur faisait alors de ce lieu désert et sans ressources : « Lorsque j'arrivai à Chicago, écrit
« dans une relation de voyage le colonel (américain)
« Ebenezer Childs, je dressai ma tente sur les bords du
« lac et je me rendis au fort pour acheter des vivres.
« Je ne pus cependant en obtenir, le commissaire

« m'ayant informé que les magasins publics étaient
« si mal approvisionnés que les soldats de la garni-
« son ne recevaient que des demi-rations et qu'il
« ignorait quand ils seraient mieux pourvus. »

Chicago (Chicagou, comme l'écrivaient au dix-huitième siècle les voyageurs français) compte aujourd'hui 2 millions d'habitants, et des monuments gigantesques s'élèvent au bord du Michigan aux rives plates et aux jaunes eaux, à l'endroit même où le colonel Ebenezer Childs dressait sa tente en 1821.

Bien d'autres villes de l'Ouest ont eu pour premiers habitants des Canadiens. Les noms de Salomon Juneau et de Dubuque sont des noms populaires au Canada, et pieusement conservés aussi par la louable reconnaissance des Américains eux-mêmes.

Milwaukee, sur le lac Michigan, une des plus jolies villes des États-Unis, et qui ne compte pas moins de 200,000 habitants, eut un Canadien pour fondateur.

Salomon Juneau, dit La Tulipe, était, comme l'indique ce sobriquet, le descendant d'un de ces aventureux soldats du régiment de Carignan qui, après avoir vaincu les Turcs, contribuèrent pour une si forte part au peuplement du Canada. Entraîné par l'esprit d'aventure auquel avaient obéi ses ascendants, Juneau quitte Montréal vers 1818, et vient se fixer à l'embouchure de la rivière Milwaukee, contrée si déserte alors que, pour trouver un être humain, le nouveau colon n'avait pas moins de 150 à 200 kilomètres de forêts à traverser, ses plus proches voisins étant, vers le nord, une famille canadienne fixée à la baie Verte, et, vers le sud, le colonel Beaubien lui-même au fort Chicago !

En 1835, les territoires riverains du Michigan furent arpentés et vendus par le gouvernement américain; Juneau se rendit acquéreur d'un grand nombre de lots. Situés sur le bord du lac, à l'embouchure d'une rivière navigable, leur emplacement semblait favorable. Les communications étaient aussi devenues plus faciles, des routes s'étaient percées à travers la forêt, les colons affluèrent bientôt. Juneau vendit avec profit ses terrains, une petite ville surgit peu à peu, et l'heureux spéculateur devint à la fois millionnaire et maire de la nouvelle cité. Ce qu'elle est devenue depuis, nous l'avons dit plus haut, et sa reconnaissance a élevé une statue à son fondateur.

La ville de Dubuque, dans le Iowa, ville de 30,000 habitants, et la plus importante comme la plus ancienne de cet État, a été fondée, elle aussi, par un Canadien, Julien Dubuque, dont elle a gardé le nom.

Ayant, en cet endroit même, découvert des mines de plomb, Dubuque avait signé avec les Indiens qui occupaient la contrée, *MM. les Renards,* le curieux traité que voici : « Conseil tenu par MM. les Re-
« nards, c'est-à-dire le chef et les braves de cinq vil-
« lages avec l'approbation du reste de leurs gens,
« expliqué par M. Quinantotaye, député par eux, en
« leur présence et en la nôtre. Nous soussignés,
« savoir : Que MM. les Renards permettent à Julien

« Dubuque, appelé par eux *la Petite Nuit,* de travail-
« ler à la mine jusqu'à ce qu'il lui plaira, etc... (1). »

Dubuque avait réussi à prendre un tel ascendant sur les sauvages qu'il parvint, chose impossible à tout autre, à les faire travailler aux mines qu'ils lui avaient concédées.

A sa mort, arrivée en 1810, les Indiens continuèrent cette exploitation, dont ils éloignèrent les blancs avec un soin jaloux. Les traitants qui venaient leur acheter le minerai devaient se tenir sur la rive gauche du fleuve, sans pouvoir le franchir. Ce n'est qu'en 1833 que les Américains délogèrent *MM. les Renards,* prirent eux-mêmes possession des mines, et commencèrent l'établissement de la ville de Dubuque ; le nom du hardi pionnier qui avait préparé ses débuts lui resta.

Saint-Paul, la capitale du Minnesota, a été longtemps une ville plus française qu'américaine : « Il
« n'est pas de grand centre américain pour lequel les
« Canadiens aient autant fait que pour Saint-Paul. Ils
« ont construit ses premières maisons, ils ont, les pre-
« miers, élevé un modeste temple au Seigneur, puis
« baptisé la ville lorsqu'elle n'était encore qu'un amas
« de cabanes ; ils ont grandement contribué à la faire
« choisir comme capitale du Minnesota, et à lui conser-
« ver ce titre quand elle fut menacée de le perdre (2). »

En 1849, Saint-Paul n'était même pas encore un village, sa population ne dépassait pas 350 habitants,

(1) Tassé, *les Canadiens de l'Ouest.* Montréal, 2 vol. in-8°.
(2) Tassé, *ibid.*

presque tous Canadiens; c'étaient des gaillards fortement trempés, si l'on en juge par la description qu'un journaliste américain a laissée de l'un d'eux : « Joseph
« Rollette est le roi de la frontière ; court, musculeux,
« le cou et la poitrine d'un jeune buffle, tel est son
« physique. Il a fait son éducation à New-York, mais
« il a été mêlé depuis aux aventures de la vie de fron-
« tière ; il a des opinions bien arrêtées sur tout, à tort
« ou à raison. D'une bonne humeur invariable, ayant
« surtout foi en Joë Rolette ; hospitalier et généreux
« plus qu'on ne saurait le dire, n'aimant pas, en retour,
« qu'on compte avec lui, vous donnant son meilleur
« cheval si vous le demandez, mais prenant vos deux
« mules s'il en a besoin ; habitant depuis des années
« un pays où il eût pu faire fortune, sans cependant
« amasser un sou ; bon catholique, démocrate ardent,
« menaçant de toutes les calamités possibles le répu-
« blicain qui oserait s'établir dans son voisinage, met-
« tant pourtant, au besoin, à sa disposition, tout ce qu'il
« possède ; fort dévoué à sa femme — une métisse —
« et père de sept fils, des Joë Rollette en miniature et
« de tailles différentes ; admirant Napoléon et fier du
« sang français ; trop généreux envers ses débiteurs
« pour être juste envers ses créanciers ; aimant le
« wisky, mais pratiquant l'abstinence totale pendant
« des mois entiers pour plaire à sa femme ! Son meil-
« leur ami : l'homme qui n'est pas gêné par les lois du
« commerce ; son pire ennemi : lui-même (1) ! »

(1) Tassé, *Canadiens de l'Ouest*. Citation du *Haspers Magazine*, 1860.

C'est en 1852 seulement que le Minnesota fut organisé en territoire. Les habitants durent nommer une Chambre législative. L'organisation de ce pays, sillonné aujourd'hui de nombreuses lignes de chemin de fer, était si primitive alors, — il y a 40 ans à peine! — que ce même Rollette, nommé député de l'un des districts, dut se rendre à la *capitale,* Saint-Paul, en traîneau à chiens! Voici comment le journal du pays contait cette curieuse rentrée parlementaire : « Les
« honorables députés, élus par Pembina pour la Cham-
« bre et le Conseil législatif, MM. Kittson, Rollette
« et Gingras, sont arrivés la veille de Noël, après un
« trajet de seize jours. Chacun avait un traîneau attelé
« de trois beaux chiens harnachés avec goût, lesquels
« franchissent le mille en 2 minutes 40 secondes
« lorsqu'ils marchent à toute vitesse. Ils ont parcouru
« en moyenne trente-cinq milles par jour. Les chiens
« n'ont à manger qu'une fois le jour. Ils reçoivent
« chacun une livre de *pémican* (1) seulement. Ils
« transportent un homme et son bagage aussi rapi-
« dement qu'un bon cheval, et résisteraient même
« mieux à la fatigue que des chevaux pour une
« longue course (2). »

Si le pays est aujourd'hui transformé de fond en comble, les habitants d'alors n'ont pas tous disparu : la locomotive a définitivement remplacé le traîneau à chiens, mais on trouve encore des Joseph Rollette.

(1) Le pémican est un mélange de graisse et de viande séchée et réduite en poudre.
(2) Saint-Paul Pioneer, 8 janvier 1853.

Quels changements dans ces régions découvertes, il y a deux siècles à peine, par les voyageurs français ! quel mouvement sur ces grands fleuves, jadis solitaires et silencieux !

Comme le dit le poète canadien :

> Où le désert dormait grandit la métropole,
> Et le fleuve asservi courbe sa large épaule
> Sous l'arche aux piles de granit !

La forêt et la prairie se sont transformées : les riches moissons ont remplacé la primitive végétation,

> Et le surplus doré de la gerbe trop pleine
> Nourrit le vieux monde épuisé (1) !

Tout le pays, maintenant, est habité par une population américaine nombreuse. Mais les origines françaises de la contrée se montrent partout ; les Américains n'essayent pas de les faire oublier : ils se plaisent, au contraire, avec un remarquable esprit de justice, à les rappeler par des monuments ou des souvenirs. A Milwaukee, la statue de Salomon Juneau en costume de trappeur, la carabine en main, domine au loin le lac Michigan et semble protéger la ville. Le nom du grand voyageur La Salle a été donné à un comté, ceux de Jolliet et de Marquette à deux villes, l'une dans l'Illinois, l'autre dans le Michigan ; celui de Dubuque est resté, nous l'avons dit, à la ville dont il a préparé l'existence.

(1) FRÉCHETTE, *Légende d'un peuple.*

A Minnéapolis, c'est par l'avenue Hennepin — la plus belle et la plus large de la ville — qu'on accède aux rives du fleuve, près de ces chutes Saint-Antoine devant lesquelles s'arrêta le célèbre voyageur en 1680.

Bien que les Américains prononcent *Ditroïte,* la ville de Détroit conserve encore — au moins quant à l'orthographe — son nom français. Peuplée aujourd'hui de plus de 200,000 âmes, elle s'élève sur l'emplacement même de l'ancien fort créé vers 1701 par un officier canadien, M. de Lamothe-Cadillac. Quelques colons étaient venus à cette époque s'établir sous sa protection, et lorsqu'en 1763 le pays fut cédé l'Angleterre, leur nombre s'élevait à un millier à environ.

A la suite de la guerre d'indépendance, Détroit se trouva compris sur le territoire abandonné par les Anglais aux Américains. La ville s'augmenta rapidement, et les descendants des colons français ne forment plus aujourd'hui qu'une petite minorité dans sa population totale. Ils ne se laissent pas entamer, pourtant, tiennent ferme à la langue française et se groupent dans la ville en plusieurs paroisses catholiques.

Partout, en un mot, dans l'Ouest, le pays porte le cachet de ses origines françaises, et, dans bien des endroits, il renferme encore des populations françaises résistant vigoureusement à l'absorption. Pour ne prendre que des chiffres d'ensemble, la population canadienne-française des États américains de l'Ouest se répartit aujourd'hui de la façon suivante :

    148,000 dans le Michigan.
     34,000   —   Illinois.
     29,000   —   Minnesota.
     28,000   —   Wisconsin.
     21,000   —   Iowa.
     16,000   —   Ohio.
     10,000   —   Dakota (1).

Certes, ces petites colonies canadiennes, éparses dans de grands États de langue anglaise, ne forment pas, comme la province de Québec, des centres assez puissants pour résister toujours à la formidable poussée des populations au milieu desquelles elles sont isolées. Mais elles peuvent y résister pendant plusieurs générations, et si le merveilleux mouvement d'expansion de la population canadienne (qui non seulement s'augmente rapidement dans Québec, mais se répand d'une façon constante au delà de ses frontières), si ce mouvement se maintient longtemps encore dans de telles proportions, il n'est peut-être pas chimérique d'avancer que certains des groupes canadiens de l'ouest des États-Unis pourront, grâce aux renforts qu'ils recevront ainsi, demeurer définitivement français.

(1) Chiffres donnés par un auteur américain, M. Chamberlain, et cités par M. Faucher de Saint-Maurice (*Resterons-nous Français?* Québec, 1890, broch. in-8°.)

# CHAPITRE XX

## CANADIENS DANS LA NOUVELLE-ANGLETERRE.

L'immigration canadienne a été plus grande encore dans la Nouvelle-Angleterre (1) que dans l'Ouest. Là, le milieu était autre, les Canadiens pénétraient dans des pays depuis longtemps colonisés, leur vie fut plus modeste et plus calme. Simples ouvriers, pour la plupart, attirés par la prospérité manufacturière des État-Unis, ils n'ont pas eu à mener la pénible existence, ils n'ont pas traversé les émouvantes aventures, ils n'ont pas non plus acquis la bruyante renommée des Salomon Juneau, des Dubuque et des Joseph Rollette. S'il est une chance pourtant, pour les émigrants canadiens en Amérique, de conserver leur nationalité, c'est aux modestes ouvriers des États de l'Est qu'elle appartient, bien plus qu'aux descendants des brillants pionniers de l'Ouest.

On comptait en 1867 dans la Nouvelle-Angleterre plus de 360,000 Canadiens, et les autorités les plus

---

(1) La Nouvelle-Angleterre comprend les six États du Maine, du New-Hampshire, Massachussets, Vermont, Rhode-Island et Connecticut.

compétentes ne les portent pas aujourd'hui à moins de 500,000, non pas épars en petits groupes isolés, comme ceux de l'Ouest, mais parfaitement reliés entre eux, groupés d'une façon si compacte qu'en certaines localités ils ont la majorité dans les élections. Le lien religieux et l'organisation paroissiale les tiennent étroitement unis; voisins d'ailleurs de la province de Québec, demeurés en relations constantes avec elle, ils puisent là des exemples de patriotisme et d'attachement à leur nationalité.

Les Américains, si fiers du pouvoir d'absorption de leur République, s'étonnent et s'irritent de cette force de résistance. Ils avaient reçu les Canadiens avec la conviction qu'eux aussi se fondraient bientôt dans le grand creuset, et voilà qu'au lieu d'être absorbés, ce sont eux qui débordent, qu'au lieu de céder, ils attaquent. Les Allemands, les Scandinaves et toutes les populations d'Europe qui, depuis un siècle, se sont déversées en Amérique, sont devenues américaines; les Canadiens seuls demeurent Canadiens. C'est là un fait dont on commence à s'inquiéter aux États-Unis.

« L'émigration, dit le *Times* de New-York, n'est
« une source de force pour le pays qu'autant qu'elle
« est susceptible de s'assimiler à la population améri-
« caine, en d'autres termes à s'américaniser. Or les
« Canadiens-Français ne promettent nullement de s'in-
« corporer à notre nationalité. Le danger n'est encore
« imminent dans aucun des États de l'Union, cepen-
« dant dès maintenant il est suffisamment accusé,

« pour imposer à tout Américain, dans les États où
« les Canadiens-Français forment une partie considé-
« rable de la population, le devoir patriotique de
« maintenir les principes politiques américains contre
« toute atteinte qui pourrait leur être faite (1). »

De ces ombrageux avertissements à un commencement de persécution, il n'y a pas loin. Déjà
quelques fanatiques commencent à désigner les
Canadiens des États-Unis à l'animosité de leurs
concitoyens protestants.

L'*Américan journal*, de Boston, disait le 28 décembre 1889 : « les Jésuites français ont conçu le
« projet de former une nation catholique avec la pro-
« vince de Québec et la Nouvelle-Angleterre ; et ce
« projet de rendre la Nouvelle-Angleterre catholique
« et française a déjà pris des proportions capables
« d'alarmer les plus optimistes... Bientôt unis aux
« Irlandais, les Canadiens vous gouverneront, vous
« Américains, ou plutôt le Pape vous gouvernera,
« car ces masses le reconnaissent pour maître (2). »

C'est là une de ces exagérations haineuses faisant
appel aux plus mauvaises passions, car on sait ce que
peut produire en pays protestant la menace de la
domination du Pape.

Ces excitations ont commencé à porter leurs fruits ;
déjà l'on s'efforce de mettre des entraves à l'établissement des écoles canadiennes. Elles s'étaient multi-

---

(1) Cité par le R. P. Hamon, *Études religieuses,* août 1890 ;
*les Canadiens de la Nouvelle-Angleterre.*
(2) *Ibid.*

12.

pliées à un tel point que dans certains États, dans le Massachussets par exemple, le nombre de leurs élèves dépassait de beaucoup celui des écoles publiques américaines. Le rapport officiel du bureau d'Éducation pour 1890 constatait le fait : « Le récent « mouvement qui s'est opéré dans l'État, disait-il, par « suite duquel l'accroissement annuel du nombre des « élèves des écoles publiques est tombé au-dessous « de l'accroissement correspondant des écoles privées, « est de nature à provoquer une impression de pro- « fond regret (1). »

Des règlements sévères ont été faits pour arrêter la multiplication des écoles de paroisses. Des difficultés sont suscitées aux familles, des condamnations et des amendes infligées, et la population canadienne de la Nouvelle-Angleterre va être soumise peut-être à une persécution semblable à celle que subissent les Canadiens du Manitoba.

Mais, remarquons qu'ici leur situation semble autrement favorable. Dans la Nouvelle-Angleterre nous nous trouvons en présence d'un double mouvement ethnographique considérable et incontesté : l'accroissement rapide de la population canadienne et la décroissance non moins rapide des populations américaines. Le mot de décadence ne serait lui-même pas trop fort, et si dans la province anglaise d'Ontario, comme nous l'avons dit plus haut, le nombre moyen

---

(1) Rapport reproduit par le *Courrier des États-Unis* et par le *Cultivateur* (journal canadien) et la *Patrie* de Montréal du 30 janvier 1890.

des membres de la famille a notablement diminué depuis vingt ans, aux États-Unis, et spécialement dans la Nouvelle-Angleterre, cette diminution a pris les proportions d'un véritable désastre. Il faut lire dans l'ouvrage d'un Anglais, M. Epworth Dixon (1), grand ami et grand admirateur pourtant de l'Amérique et des Américains, le curieux chapitre intitulé : *Elles ne veulent pas être mères*, pour juger de la plaie qui ronge les États-Unis dans leur avenir, et pour se rendre compte que l'égoïsme de la richesse produit en Amérique des effets autrement désastreux encore qu'en Europe.

La décadence de la population des États-Unis ! Cela semble un paradoxe en présence de ses 60 millions d'habitants, presque tous gagnés en notre siècle; rien de plus exact pourtant. L'augmentation de la population américaine est tout artificielle, elle lui vient de l'extérieur, et sans la formidable immigration qui la renouvelle sans cesse, bien des États verraient décroître le nombre de leurs habitants.

Ce sont là des faits constatés par tous les écrivains qui ont étudié les États-Unis (2); ils sont appuyés sur le témoignage des statisticiens, des médecins et des journalistes américains eux-mêmes, et nul ne

---

(1) *La Nouvelle-Amérique*, traduit par Philarète CHASLES. Paris 1874, in-8°.
(2) Claudio JEANNET, *États-Unis contemporains*, 2 vol. in-18. — CARLIER, *la République américaine*; voy. aussi *Nouvelle Revue*, 15 juillet 1891.

conteste plus aujourd'hui les témoignages de tant d'hommes compétents et éclairés.

Le dernier recensement a rendu ces faits plus évidents encore. Nulle part le mouvement de dépopulation des campagnes ne se fait sentir comme aux États-Unis, ce pays où la terre ne manque pas aux agriculteurs, mais où les agriculteurs manquent à la terre. De 1870 à 1880, 138 comtés ruraux avaient vu décroître leur population. De 1880 à 1890, il y en a eu 400 (1)!

Bien que dans la dernière décade l'immigration ait précisément atteint son maximum, l'augmentation de la population s'est trouvée moindre que dans toutes les précédentes. Le flot grossissant venant d'Europe n'est pas parvenu à combler les déficits causés par la diminution de la natalité, et tandis que de 1880 à 1890 trois millions d'émigrants sont arrivés en plus que dans la période précédente, l'augmentation de population n'a atteint que la proportion de 24 pour 100, tandis qu'avec un moindre renfort et un plus faible appoint elle s'était élevée à 30 pour 100 de 1870 à 1880 (2).

Certains États ont même vu décroître le nombre absolu de leurs habitants, et ce sont justement les États nouveaux dans lesquels la population manque, tandis qu'elle va s'agglomérer dans les grandes villes, où son accumulation devient un danger (3).

(1) RECLUS, *les États-Unis*, p. 658.
(2) *Id., ibid.*
(3) L'Idaho, par exemple, a diminué de 125,000 âmes à 84,385;

L'État du Kansas a vu diminuer sa population. Celui du Névada, de 62,000 habitants qu'il possédait en 1871, est tombé à 45,000. Un publiciste facétieux a calculé qu'en continuant sur le même pied, la population du Névada serait dans vingt-cinq ans réduite à un seul habitant. « Cet heureux coquin, « ajoute-t-il, accaparera toutes les places, s'élira lui-« même sénateur et touchera le *per diem*, ce qui est « le point essentiel (1). »

L'immigration, qui seule empêche la population des autres États de décroître, n'est en somme qu'une ressource précaire; elle peut diminuer, cesser même entièrement. Le territoire des États-Unis n'offre pas des ressources illimitées; un jour viendra où il ne tentera plus l'émigrant, et ce jour n'est peut-être pas éloigné. Déjà — la décadence des districts ruraux en est la preuve — il n'attire plus l'émigrant agricole. Attirera-t-il longtemps encore l'émigrant industriel, l'ouvrier? La question sociale ne se pose-t-elle pas déjà aux États-Unis tout comme en Europe, et dès que les conditions de travail y seront les mêmes que dans le vieux monde, quel avantage le nouveau aura-t-il sur celui-ci?

Si l'immigration venait à cesser, quelle serait la situation des populations de langue anglaise aux États-Unis, saisies, au milieu de leur décadence, par des populations pleines de sève et de vigueur, prêtes

celle de Wyoming a diminué de 105,000 âmes à 60,705; celle de Névada ne compte plus que 45,761 âmes.

(1) *Patrie*, 25 novembre 1890. Montréal.

à prendre leur place, et dont les plus vivaces sont les Canadiens et les Allemands?

Dans l'Ouest, les Allemands commencent à relever la tête et cessent de s'américaniser. Dans la Nouvelle-Angleterre, voisine des frontières de Québec, les Canadiens se multiplient rapidement, et non contents d'occuper tous les emplois dans les fabriques, s'emparent encore de la terre, en acquérant les fermes, abandonnées de plus en plus par leurs propriétaires américains.

Il n'est donc nullement chimérique d'avancer que la population canadienne se maintiendra et s'augmentera dans les États-Unis. Son mouvement d'expansion n'est qu'à son début, et nous voyons aujourd'hui peut-être les symptômes d'un changement ethnographique considérable qui se prépare en Amérique.

M. E. Reclus a établi que si la marche de la population reste au Canada ce qu'elle est aujourd'hui, la *Nouvelle-France* l'emportera sur l'ancienne par le nombre de ses habitants avant la fin du vingtième siècle. Quelle action prendra cette France américaine, toute vivante et toute vigoureuse, sur une population anglo-saxonne en décadence!

Déjà l'influence politique des Canadiens des États-Unis — malgré les tracasseries et les persécutions auxquelles on essaye de les soumettre — est en concordance avec leur accroissement numérique. Dans chacune des Chambres législatives des États de la Nouvelle-Angleterre, ils comptent des représentants. Ils en ont 4 dans le Maine, 8 dans le New-Hampshire,

1 dans Massachussets, 1 dans le Vermont, 1 dans Rhode-Island (en 1890).

Au delà même de la petite sphère des États qu'ils habitent, les Canadiens commencent à gagner une certaine influence sur la politique générale de l'Union. Dans les élections présidentielles, les candidats recherchent leurs voix et s'efforcent de les obtenir en promettant aux Canadiens des faveurs et des emplois. Dans la dernière élection, les partisans du président Harisson avaient publié une liste de tous les Canadiens admis ou maintenus dans des fonctions publiques sous son administration.

Les Canadiens des États-Unis possèdent une presse active, représentée par une vingtaine de journaux publiés en français. Ils ont un clergé, patriote comme sait l'être le clergé canadien. Unis entre eux par un lien de cohésion puissant, ils se groupent en des sociétés nationales très vivaces. Ils possèdent en un mot tous les éléments de force par lesquels les Canadiens ont conservé leur nationalité sous le régime anglais; pourquoi ne la conserveraient-ils pas sous le régime américain?

# CHAPITRE XXI

## PATRIOTISME ET SENTIMENT NATIONAL DES CANADIENS.

Territoire vaste et productif, population exubérante, ces deux éléments matériels de toute nationalité, les Canadiens les possèdent ; mais ils ont mieux encore, ils ont ce sentiment puissant sans lequel la prospérité matérielle d'une nation n'est rien : le patriotisme.

Ne nous trompons pas, toutefois, nous Français, sur la nature du patriotisme des Canadiens, et si nous les voyons vénérer avec nous la vieille France et aimer la nouvelle, s'enorgueillir de nos triomphes et pleurer nos défaites, n'allons pas nous imaginer qu'ils regrettent notre domination et que leur espérance est de s'y soumettre de nouveau. Ce ne sont là ni leurs regrets, ni leurs désirs. Ils sont aussi jaloux de leur particularisme national que fiers de leur origine française.

Ce n'est pas d'hier qu'est né ce sentiment tout particulier et tout local. Il n'est pas dû à la conquête anglaise. Depuis la création même de la colonie, il existait à l'état latent, mais ne se révélait que par de légers indices. S'il s'affirme aujourd'hui par d'éclatantes manifestations, c'est que la colonie est devenue une nation.

Les premières générations de Français qui virent le jour sur la terre d'Amérique apprirent à joindre, dans une même affection, cette patrie nouvelle à la vielle patrie de France. Mais pour l'une cette affection n'était basée que sur des souvenirs; pour l'autre, elle l'était sur la plus poignante des réalités, la lutte pour la vie, la conquête d'un patrimoine et d'un foyer. La préférence n'était pas douteuse, et c'est ainsi que se forma parmi les Canadiens une sorte d'esprit particulariste, non pas blâmable, mais basé au contraire sur l'un des meilleurs instincts du cœur humain : l'amour du sol natal.

Les gouverneurs français ne surent pas toujours discerner les louables origines de ce sentiment; ils s'efforcèrent de le combattre quand il eût fallu peut-être l'encourager. S'il n'y eut jamais de conflits, il se produisit du moins des froissements; ils auraient pu s'aggraver si la domination française s'était prolongée avec le même esprit de centralisation, le même parti pris de faire dominer en tout les idées et les intérêts de la métropole. Et qui sait alors ce que seraient devenus la fidélité des Canadiens et leur amour de la patrie française, mis en opposition avec leurs intérêts et leur patriotisme local ?

Déjà durant la malheureuse campagne qui nous fit perdre le Canada, avaient commencé à se manifester — à cette heure de périls où l'union eût été si nécessaire — des signes de division et de rivalité. On voit alors dans la colonie deux partis s'agiter et intriguer l'un contre l'autre : le parti canadien et le parti français. Ils ont chacun leurs chefs parmi les officiers ou les administrateurs, et correspondent l'un et l'autre en France avec les ministères, auprès desquels ils se combattent à outrance, à coups de dépêches et de dénonciations.

Le gouverneur général, marquis de Vaudreuil (1), né au Canada, et fils lui-même d'un ancien gouverneur, défend auprès du ministre de la marine, — dont il dépend, — les intérêts des Canadiens.

Le marquis de Montcalm, commandant en chef des troupes de terre envoyées pour la campagne, a trop de tendance, ainsi que ses officiers, à mépriser les colons, et ce mépris, très injustifié, perce dans ses dépêches au ministre de la guerre.

Soldats et officiers ne peuvent se faire à cette idée que, dans ce pays si différent de l'Europe, désert, couverts d'épaisses forêts, sillonné de rivières et de lacs solitaires, la guerre puisse se faire d'une autre façon que sur le vieux continent. De l'expérience des troupes de la colonie — dépendant du gouver-

---

(1) Pierre Rigaud, marquis de Vaudreuil, qui, sur la demande des Canadiens, fut en 1755 nommé gouverneur général du Canada, était né à Québec. Il était le troisième fils de Philippe Rigaud, marquis de Vaudreuil, lui-même gouverneur du Canada de 1704 à 1725.

Le nouveau gouverneur avait été d'abord gouverneur de la Louisiane de 1742 à 1755.

neur et de la marine — ils ne peuvent admettre qu'ils puissent rien apprendre, et c'est presque à regret qu'ils gagnent des batailles suivant des principes nouveaux pour eux : « La conduite que j'ai « tenue, écrit Montcalm au ministre après la prise « du fort Oswego en 1756, et les dispositions que « j'avais arrêtées sont si fort contre les règles ordi- « naires, que l'audace qui a été mise dans cette en- « treprise doit passer pour témérité en Europe. Aussi, « je vous supplie, Monseigneur, pour toute grâce, « d'assurer Sa Majesté que, si jamais elle veut m'em- « ployer dans ses armées, je me conduirai par des « principes différents (1). »

Du peu d'égards témoignés par Montcalm aux troupes de la colonie, de ses duretés même envers les Canadiens, Vaudreuil se plaignait amèrement au ministre de la marine : « Les troupes de terre, écrit- « il à M. de Machault, le 23 octobre 1756, sont dif- « ficilement en bonne intelligence avec nos Cana- « diens ; la façon haute dont leurs officiers traitent « ceux-ci produit un très mauvais effet. Que peuvent « penser des Canadiens les soldats qui voient leurs « officiers, le bâton ou l'épée à la main sur eux?... « M. de Montcalm est d'un tempérament si vif qu'il « se porte à l'extrémité de frapper les Canadiens. Je « lui avais recommandé instamment d'avoir attention « que MM. les officiers des troupes de terre n'eussent « aucun mauvais procédé envers eux ; mais com-

---

(1) Lettre du 28 août 1756, citée par GARNEAU (t. II, p. 259).

« ment contiendrait-il ses officiers puisqu'il ne peut
« pas lui-même modérer ses vivacités (1) . »

De leur côté, les amis du commandant des troupes de terre dénonçaient violemment Vaudreuil, et comme gouverneur et comme Canadien, au ministre de la guerre : « Si l'on veut sauver et établir solide-
« ment le Canada, écrit un commissaire des guerres
« au maréchal de Belle-Isle, que Sa Majesté en
« donne le commandement à M. le marquis de Mont-
« calm. Il possède la science politique comme les
« talents militaires. Homme de cabinet et de détail,
« grand travailleur, juste, désintéressé jusqu'au scru-
« pule, clairvoyant, actif, il n'a d'autre vue que le
« bien ; en un mot, c'est un homme vertueux et uni-
« versel... Quand M. de Vaudreuil aurait de pareils
« talents en partage, il aurait toujours un défaut ori-
« ginel : *il est Canadien.* »

Stupéfiante appréciation qui, en un seul mot, montre dans toute son étendue la méfiance qui régnait alors contre l'esprit local dans les colonies. Être Canadien était un défaut qui, de prime abord, devait rendre inhabile à l'exercice du pouvoir. Pour gouverner les Canadiens, il fallait des Français. La métropole était tout, la colonie et les colons, rien !

Ces divergences, ces froissements même, se seraient peut-être envenimés avec le temps. L'affranchissement des colonies est un événement que l'his-

---

(1) DUSSIEUX, *le Canada sous la domination française*, Pièces justificatives, p. 214.

toire nous montre comme inévitable ; qui sait si le Canada, froissé dans tous ses sentiments, réprimé dans toutes ses aspirations, ne se serait pas séparé violemment d'une patrie autoritaire et injuste ? Qui sait si de pénibles souvenirs ne fussent pas demeurés pour longtemps — pour toujours, peut-être — entre ces deux rameaux d'une même nation : entre la France humiliée de la rupture, et sa colonie affranchie mais pleine de rancune de la lutte ?

La conquête anglaise a prévenu peut-être cet événement ; violente elle aussi et douloureuse, mais moins désastreuse à tout prendre que ne l'eût été une lutte fratricide entre Français. Séparés de force d'une patrie qu'ils voulaient conserver et pour laquelle ils avaient énergiquement combattu, les Canadiens lui ont gardé un souvenir pieux et voué un culte inaltérable.

Dès lors, le vague sentiment de l'amour du sol natal se compléta, s'élargit, se transforma peu à peu en un véritable sentiment de patriotisme, auquel il ne manque aujourd'hui aucun des caractères que, chez les nations les plus grandes et les plus unies, revêt cette fière passion : souvenirs vénérés du passé, juste fierté du présent, et foi dans l'avenir.

De souvenirs du passé, les Canadiens n'en manquent pas. Peuple tout nouveau et né d'hier, ils n'ont derrière eux que trois cents ans d'histoire ; et qu'est-ce que trois cents ans dans la vie d'une nation ? Mais de combien d'actions héroïques et d'événements glorieux ils ont su remplir cette brève existence !

Les premières traditions canadiennes se trouvent justement liées aux plus belles traditions de notre propre histoire : c'est au temps de notre plus grande gloire nationale que le Canada prend naissance. François I$^{er}$, Henri IV, Richelieu, Louis XIV, Colbert, tous ces noms appartiennent aux Canadiens comme ils nous appartiennent ; ce sont ces grands hommes qui ont présidé à la création de leur pays et l'ont protégé en même temps qu'ils agrandissaient la France et la rendaient glorieuse. Le navigateur qui découvre le fleuve Saint-Laurent, Jacques Cartier, le colonisateur qui le premier y établit une colonie, Samuel de Champlain, ce sont là certes des héros français, dignes de leur temps, de leur pays et des rois qu'ils servaient, mais ce sont aussi des héros canadiens, et de la gloire qu'ils ont donnée à l'histoire de France, les Canadiens revendiquent une part pour leur propre histoire.

C'est à travers les œuvres mêmes de leurs historiens et de leurs poètes qu'il faut étudier ces héros pour apprécier le culte dont ils les entourent, et reconnaître l'attitude spéciale, presque hiératique, qu'ils leur donnent. L'abbé Casgrain, un des meilleurs historiens du Canada, nous montre « la noble
« figure de Cartier, d'une grandeur et d'une simplicité
« antiques, ouvrant dignement la longue galerie de
« portraits héroïques qui illustrent les annales cana-
« diennes (1) ». Sous la plume de ces écrivains pa-

---

(1) *Histoire de la vénérable Mère Marie de l'Incarnation*, t. I, p. 22.

triotes, le navigateur malouin dépasse la taille humaine et prend les proportions d'un prophète, d'un de ces hommes sacrés que le doigt de Dieu marque pour changer les destinées du monde, et que sa main pousse, d'une façon invisible, mais constante et irrésistible, à l'accomplissement d'un mystérieux devoir. Cartier n'est plus le hardi marin au cœur de bronze, au bras robuste, qui lance sans crainte son vaisseau dans des eaux et vers des rivages inconnus ; c'est un homme prédestiné, presque un saint, qui, les yeux fixés au ciel et le bras tendu vers l'infini, marche à la conquête d'une nouvelle terre pour un peuple nouveau. « Cartier, ce n'est plus le maître pilote, ou « même le capitaine général du seizième siècle ; Car- « tier, pour nous, c'est le précurseur de Champlain, « de Laval, de Brébeuf, de Frontenac, de tous nos « héros et de tous nos apôtres (1). »

> Un éclair brille au front de ce prédestiné,

dit encore le poète Frechette (2). Et avec quel lyrisme mêlé pour ainsi dire de respect le même poète nous montre, du haut des vieilles tours de Saint-Malo,

> Cartier et ses vaisseaux s'enfonçant dans la brume,

puis, marchant toujours vers sa providentielle desti-

---

(1) M. Chauveau, *Discours à l'inauguration du monument de Jacques Cartier*, 24 juin 1889.
(2) *Légende d'un peuple*, p. 34.

née, aborder enfin ces rives mystérieuses et désertes où

> Nul bruit ne vient troubler le lugubre silence
> Qui, comme un dieu jaloux, pèse de tout son poids
> Sur cette immensité farouche des grands bois.

Mais ce charme magique, Cartier l'a rompu; cette terre déserte sur laquelle il débarque, c'est celle que Dieu a réservée au peuple canadien : elle est prête, il peut venir, et c'est lui qui va fonder

> « Sur ces rives par Dieu lui-même fécondées
> Un nouvel univers aux nouvelles idées. »
> . . . . . . . . Donc, gloire à toi Cartier,
> Gloire à vous, ses vaillants compagnons, groupe altier
> De fiers Bretons taillés dans le bronze et le chêne!
> Vous fûtes les premiers de cette longue chaîne
> D'immortels découvreurs, de héros canadiens
> Qui, de l'honneur français inflexibles gardiens,
> Sur ce vaste hémisphère où l'avenir se fonde,
> Ont reculé si loin les frontières du monde!

Après le précurseur Cartier, le fondateur Champlain : nouveau héros, nouveaux panégyriques. Quel patriotique lyrisme anime encore l'abbé Casgrain en nous présentant à son tour cette grande figure : « Quand, aux heures de solitude, dit-il, dans le silence « et le recueillement de l'âme, nous remontons vers « le passé, et que, saisis d'une religieuse émotion, nous « pénétrons dans le temple de notre histoire, parmi « tous ces héros dont les robustes épaules soutiennent « les colonnes de l'édifice, nul mieux que Champlain « ne porte sur un visage plus noble de plus majes-

« tueuses pensées. Type et modèle de tous ces héros
« qu'un même honneur assemble, il occupe le rang
« suprême près de l'autel de la patrie (1). »

La légende elle-même et le merveilleux se mêlent
aux origines de la nation canadienne.

La France ancienne a ses héroïnes tout entourées
d'auréoles et de religieuse poésie; les Canadiens, eux
aussi, veulent pour leur pays des saintes et des
héroïnes : « Parfois, aux jours suprêmes, dit encore
« Casgrain, la femme apparaît au premier rang pour
« le salut des peuples. Élue de Dieu, dans le palais ou
« sous le chaume, elle portera le bandeau royal ou la
« houlette et s'appellera sainte Hélène, Geneviève
« de Paris, Clotilde, Blanche de Castille ou Jeanne
« d'Arc. Autour du berceau du peuple canadien, un
« cercle de vierges la saluera avec Bossuet du nom de
« Thérèse de la Nouvelle-France (2). »

Thérèse de la Nouvelle-France, c'est la fondatrice
des Ursulines de Québec, la Mère Marie de l'Incarnation, dont l'abbé Casgrain a écrit la touchante et captivante histoire. Plein d'amour et de respect pour un
sujet qui touche à la fois ses sentiments religieux de
prêtre et ses sentiments patriotiques de Canadien,
voyez avec quelle finesse de pinceau, avec quelle
délicatesse de touche il peint le berceau de son
héroïne! « Il existe, dit-il, au centre de la France,
une contrée charmante entre toutes celles qui l'envi-

---

(1) *Histoire de la vénérable Marie de l'Incarnation*, t. I, p. 30.
(2) *Loc. cit.*, p. 70.

« ronnent, et dont le nom seul réveille d'agréables
« souvenirs. Le doux pays de la Touraine, qui fut le
« berceau de plusieurs familles de la Nouvelle-
« France, a de tout temps été célèbre par la fertilité
« de ses vastes prairies, la richesse de ses vignobles,
« la douceur de son climat et l'aménité de ses habi-
« tants. Arrosées par l'un des plus beaux fleuves de la
« France, ses campagnes sont émaillées de riants bo-
« cages et de villages pittoresques qui s'élèvent au
« fond des vallées ou couronnent les collines, dont
« les courbes harmonieuses se prolongeant au loin
« jusqu'à l'horizon, encadrent tout le paysage dans
« cadre de gracieuses ondulations.

« Les grands seigneurs du royaume, attirés par la
« beauté du pays, aimèrent de tout temps à y fixer
« leur séjour, et l'on voit encore aujourd'hui surgir,
« du sein des massifs de verdure, les tourelles élan-
« cées de leurs antiques châteaux. Longtemps aussi
« les rois de France tinrent leur cour dans la capitale
« de cette province qui a été nommée le jardin de la
« France et le plaisir des rois (1). »

Un tel paysage n'était-il pas seul digne d'encadrer la naissance de l'héroïne religieuse du Canada?

Nous avons parlé déjà des missionnaires martyrs du dix-septième siècle, les Jogues, les Brébeuf, les Lallemand, auxquels les Canadiens ont voué un véritable culte, et dont ils inscrivent avec orgueil les noms à côté de ceux de leurs grands administrateurs

(1) *Histoire de la vénérable Marie de l'Incarnation*, p. 102.

et de leurs grands capitaines. Tels sont leurs souvenirs religieux et sacrés.

De gloires militaires ils ne manquent pas non plus. Sol généreux que le sol canadien, deux générations à peine l'avaient foulé qu'il produisait déjà des héros! N'est-ce pas une véritable odyssée que l'histoire de ces sept frères, les Le Moyne, tous nés à Montréal, tous marins, et qui tous se distinguèrent dans les guerres navales de la fin du dix-septième siècle? Tous les sept : Le Moyne de Sainte-Hélène, Le Moyne de Maricourt, Le Moyne de Longueil, Le Moyne de Serigny, Le Moyne de Châteauguay, Le Moyne de Bienville, Le Moyne d'Iberville, au nord, au sud, à l'orient et à l'occident, combattent à la fois les Anglais. Mais entre ces sept noms, il en est un qui brille d'un éclat capable d'effacer à lui seul tous les autres, c'est celui d'Iberville.

Dans les glaces de la mer d'Hudson comme sous le soleil brûlant du golfe du Mexique, à Terre-Neuve comme aux Antilles, partout, durant les guerres de la Ligue d'Augsbourg et celle de la succession d'Espagne, d'Iberville fait connaître aux Anglais la vigueur de son bras et la valeur de son sang canadien. Toujours vainqueur des éléments et des hommes, c'est lui qui pouvait écrire au ministre de la marine après plusieurs campagnes dans les mers de l'extrême Nord : « Je suis las, Monseigneur, de conquérir la baie d'Hudson! »

« Si ses campagnes prodigieuses par leurs résul-
« tats, obtenus avec les plus faibles moyens matériels,

« avaient eu l'Europe pour témoin, et non les mers
« sans retentissement des voisinages du pôle, il eût
« eu, de son vivant et après sa mort, un nom aussi
« célèbre que ceux des Jean-Bart, des Duguay-Trouin
« et des Tourville, et fût, sans aucun doute, parvenu
« aux plus hauts grades et aux plus grands comman-
« dements dans la marine (1). »

Canadien, d'Iberville l'est autant par le théâtre de ses exploits que par sa naissance ; il ne quitte pas les mers d'Amérique bien qu'il n'en touche guère la terre. Pas une heure de repos dans sa vie : toujours embarqué, toujours en guerre, toujours vainqueur. En 1693, entre deux campagnes, il prend pourtant le temps de descendre à Québec et d'y épouser la fille d'un vieil officier du régiment de Carignan, Marie-Thérèse Lacombe de Lapocatière, puis se rembarque aussitôt avec sa femme, et leur premier-né vient au monde à bord dans les eaux de Terre-Neuve !

Aventures, combats, canonnades, naufrages, amour, mariage, tout cela se mêle et se heurte dans la vie de d'Iberville. Quel plus beau héros de contes et de légendes populaires ? Aussi les soirs d'hiver, quand les portes sont closes, que le vent souffle et que le feu pétille, est-ce son histoire que content, à leurs petits-enfants attentifs, les aïeuls à la voix tremblotante dans les frileuses maisons canadiennes.

D'Iberville mourut à la Havane en 1706, durant

---

(1) Léon GUÉRIN, *Histoire de la marine.* (Citée par GARNEAU, t. II, p. 15.)

une campagne. De ses six frères, deux furent tués à l'ennemi : Le Moyne de Sainte-Hélène au siège de Québec en 1690, et Le Moyne de Châteauguay à la baie d'Hudson en 1694. Un autre d'entre eux, Le Moyne de Bienville, est, presque à l'égal de d'Iberville, célèbre parmi les marins français, comme fondateur de la Nouvelle-Orléans et premier gouverneur de la Louisiane.

Cette famille qui donna tant de héros au Canada (1) n'est pas éteinte, elle est représentée aujourd'hui à Québec par M. J.-M. Le Moyne, écrivain de talent, qui a enrichi la littérature canadienne de plusieurs ouvrages intéressants.

Les exemples, d'ailleurs, qu'elle a donnés n'ont pas été sans imitateurs; d'autres familles aussi nombreuses ont rivalisé avec celle-là, et par l'importance des services qu'elles ont rendus à leur patrie, et par le nombre même des héros qu'elles ont produits. Le dix-huitième siècle a vu l'incroyable odyssée de Varennes de La Vérandrye, qui, avec ses fils et ses neveux, parcourt pendant sept ans les régions alors inconnues du centre de l'Amérique, au nord des Grands Lacs, et découvre enfin vers l'ouest la grande chaîne des Montagnes Rocheuses.

Tous ces noms, depuis les Jacques Cartier jusqu'aux d'Iberville et aux La Vérandrye, appartiennent

---

(1) Charles Le Moyne de Longueil, père des sept héros, fut anobli en 1667 sur la demande de l'intendant Talon, en même temps que trois autres habitants de la colonie : MM. Godefroy, Denis et Amiot.

à l'histoire de France en même temps qu'à celle du Canada. Mais la séparation des deux pays n'a pas interrompu, au delà de l'Atlantique, la chaîne des traditions canadiennes, ni tari la source des héroïsmes. Que de noms glorieux encore dans les nouvelles annales! Ce sont d'abord les miliciens de 1812, ces 600 Canadiens qui, sous les ordres du colonel de Salaberry, défendent, contre l'invasion d'une armée de 3,000 Américains, le défilé de Châteauguay, — les Thermopyles canadiennes! — conquérant ainsi le double orgueil d'une victoire brillante contre un ennemi redoutable, remportée pour sauver le drapeau compromis de leurs fiers conquérants britanniques. Quelle chevaleresque revanche de la défaite de Montcalm dans les plaines d'Abraham! Le poète canadien peut aujourd'hui s'écrier :

> Maintenant, sur nos murs, quand un geste ironique
> Nous montre, à nous Français, l'étendard britannique
>    Que le sang de Wolfe y scella,
> Nous pouvons, et cela suffit pour vous confondre,
> Indiquer cette date, ô railleurs, et répondre :
>    « Sans nous, *il ne serait plus là* (1) ! »

A côté des héros militaires, les martyrs politiques. L'insurrection de 1837-1838 crée de nouveaux souvenirs, fait surgir de nouveaux noms. C'est Chénier, l'un des chefs du mouvement, qui, au combat de Saint-Eustache, le 14 décembre 1837, interpellé par quelques-uns de ses hommes qui se plaignaient de

---

(1) FRÉCHETTE, *la Légende d'un peuple*.

n'avoir pas d'armes, répond par cette parole digne de l'antiquité : « Attendez le combat, vous aurez « celles des morts (1) », et qui, après une défense héroïque, mais sans espoir, tombe percé de balles avec la plupart de ses compagnons.

Après la sanglante répression opérée par les troupes anglaises contre ces quelques poignées de braves, après les incendies, après les massacres, l'échafaud se dresse à Montréal et, du 23 décembre 1838 au 15 février 1839, voit se succéder douze victimes (2).

. . . . . . . Mais cet échafaud-là
N'était pas un gibet, c'était un piédestal (3).

Le sang répandu devait, en effet, devenir pour le peuple canadien une source de souvenirs patriotiques et une semence féconde de liberté.

L'une des victimes, Marie-Thomas Chevalier de Lorimier, la veille même de son exécution, avec le calme et la foi d'un martyr, se réjouissait, dans une sorte de testament politique, de donner bientôt sa vie à une si belle cause, et de verser son sang pour « arroser l'arbre de liberté sur lequel flottera un

---

(1) GARNEAU, t. IV, p. ccv et L.-O. DAVID, *les Patriotes de* 1837.
(2) Douze Canadiens furent exécutés en 1838 et 1839 :
Le 23 décembre 1838 : Joseph Cardinne et Joseph Duquet;
Le 18 janvier 1839 : Decoigne, Robert, deux frères Sanguinet et Hamelin;
15 février : Hindelang (Français), Narbonne, Nicolas, Donais et Chevalier de Lorimier.
(3) *Légende d'un peuple.*

jour le drapeau de l'indépendance canadienne (1) ».

Rien n'égale l'attachement et la fierté des Canadiens pour tous ces souvenirs, anciens ou nouveaux, militaires, religieux ou civils. Partout, dans les salons des villes comme dans la primitive demeure de l'*habitant* défricheur ou dans le chantier des bûcherons au sein de la forêt, vous en entendez le récit, fait avec la même foi, le même respect et le même enthousiasme. Les historiens, les romanciers, les poètes prennent soin eux-mêmes de raviver par leurs écrits la mémoire de tant de hauts faits.

Pour que les générations futures elles-mêmes ne puissent oublier ni ces grands hommes, ni leurs actions, les Canadiens ont érigé des monuments à leur mémoire. Peuple tout jeune, ils veulent avoir, comme les vieilles nations, des panthéons pour leurs gloires nationales : navigateurs, missionnaires, guerriers, administrateurs, tous ont été célébrés par le marbre ou par le bronze.

En face de Québec, au confluent de la petite rivière Saint-Charles dans le Saint-Laurent, à l'endroit même où Jacques Cartier passa l'hiver de 1535 à 1536, s'élève le monument que les habitants de la ville ont, en 1889, érigé au découvreur du Canada. A Montréal, le fondateur de la ville, M. de Maisonneuve, a lui aussi, depuis cette année, un monument auquel a contribué par une souscription le gouvernement français : « La France, disait à cette occasion l'un

---

(1) L.-O. David, *les Patriotes de 1837-1838*, p. 252.

« des orateurs qui prirent la parole lors de l'inaugu-
« ration, la France s'est souvenue, les Canadiens
« n'ont jamais oublié (1) ! »

Sur le plateau qui domine Québec, nommé par les habitants les plaines d'Abraham (2) et sur lequel, par deux fois, le sort du Canada s'est joué par les armes, un monument encore rappelle la dernière victoire gagnée par les Français sur le sol canadien, sous les ordres du chevalier de Lévis, le 28 avril 1760.

Nous avons parlé déjà, et tout le monde a lu quelque description de la pyramide élevée sur la terrasse de Québec à la mémoire de Montcalm et de Wolfe, et connaît l'inscription célèbre qui rappelle leur mort glorieuse, l'un dans la défaite, l'autre dans la victoire :

« *Mortem virtus, communem famam historia, monu-*
« *mentum posteritas dedit.* »

Salaberry, le héros de Châteauguay, a, lui aussi, dans le lieu qui fut sa résidence et qui reste sa sépulture, une statue, due au ciseau d'un sculpteur canadien, connu à Paris, où ses œuvres ont figuré avec honneur au Salon annuel et aux Expositions universelles, M. Hébert.

A ceux de leurs gouverneurs anglais eux-mêmes

(1) Discours de M. le juge Pagnuelo. (*Patrie*, 9 septembre 1893.)

(2) Ainsi nommées parce que ces terrains furent, dans les premiers temps de la colonie, concédés à un sieur Abraham Martin, dit l'Ecossais, pilote. (LE MOYNE, *Monographies et esquisses*, p. 120.)

qui se sont montrés justes envers leur nationalité, la reconnaissance des Canadiens a voué des monuments, et parmi les œuvres de sculpture qui doivent orner la façade du Palais législatif à Québec, figurera la statue de lord Elgin, à côté de celles des Cartier, des Champlain, des Frontenac et des Montcalm. Lord Elgin est ce gouverneur aux larges vues et au cœur droit qui, en 1849, ne craignit pas de sanctionner le bill voté par l'Assemblée législative canadienne en faveur des victimes de l'insurrection de 1837, et qui, réparant ainsi une grande injustice, s'attira à la fois la reconnaissance des Canadiens et la haine farouche de la portion fanatique de la population anglaise.

Le sculpteur a pris soin de le représenter tenant dans la main gauche la copie du fameux bill, tandis que de la droite il semble s'apprêter à signer cet acte de réparation et de justice. La présence de cette figure de grand seigneur anglais parmi le groupe des héros français n'est-elle pas elle-même une preuve de l'attachement des Canadiens à leur nationalité, puisqu'elle témoigne de la reconnaissance qu'ils gardent à ceux qui savent la respecter?

Les victimes glorieuses de 1837 ont, elles aussi, un monument érigé en leur mémoire dans le cimetière de Montréal, et rappelant leurs noms, la date des combats livrés et celle de leur mort.

Presque tous ces monuments sont modestes par leurs proportions, mais ils sont grands par l'idée qui présida à leur érection.

Le Palais législatif de Québec répond d'ailleurs,

par le développement de sa majestueuse façade, par sa superbe situation en terrasse dominant la ville, à la grandeur même du dessein suivant lequel il a été construit. Les statues qui ornent ses murs (1), les inscriptions et les devises qui courent en lettres d'or sur ses lambris intérieurs en font comme un monumental résumé de l'histoire des Canadiens-Français, comme le vrai Panthéon de leurs gloires nationales (2).

(1) Les niches disposées sur la façade du Palais législatif à Québec doivent contenir les statues suivantes (cette façade n'est pas encore entièrement terminée) : Jacques Cartier, découvreur du Canada; Champlain, fondateur de Québec, 1608; Ch. de Maisonneuve, fondateur de Montréal (1642); Laviolette, fondateur de Trois-Rivières; Boucher, seigneur de Boucherville, un des premiers Canadiens lors de la fondation de la colonie; le P. de Brébeuf, missionnaire jésuite, martyr; le P. Nicolas Vieil, récollet, précipité par les sauvages dans le rapide nommé depuis le Sault au Récollet; Mgr de Montmorency-Laval, premier évêque de Québec; Frontenac, Montcalm, le chevalier de Lévis (devenu plus tard le maréchal de Lévis). Enfin, au dix-neuvième siècle, Salaberry et lord Elgin.

Lord Elgin est d'une famille normande; son nom est James Bruce, comte d'Elgin, de Kinkardine et de Torrey, il compte des rois d'Écosse parmi ses ancêtres; de là sa devise : *Fuimus.*

(2) La construction du Parlement est due au talent d'architecte de M. Taché.

# CHAPITRE XXII

LA LANGUE FRANÇAISE AU CANADA.

Le sculpteur et l'architecte ne sont pas les seuls à célébrer les gloires canadiennes, les prosateurs et les poètes, d'une façon bien plus active et bien plus efficace, alimentent, par l'histoire, le roman ou les chants lyriques, la flamme sacrée du patriotisme. Nous dirons plus loin leur grande tâche et leurs succès. Mais avant de parler de la littérature française au Canada, il est intéressant de dire un mot de la langue française elle-même, des assauts que les Anglais lui ont fait subir depuis la conquête et de l'inutilité absolue de ces attaques.

Les conquérants avaient cru tout d'abord imposer facilement leur langue à leurs nouveaux sujets. Ils en doutaient si peu, que le général Murray, à peine installé à Montréal, désorganisa les tribunaux français, et fit rendre la justice suivant les lois anglaises, par des commissions militaires prises parmi ses officiers. Les Canadiens refusèrent de s'en remettre à ces « juges éperonnés » (comme les appelle Garneau), et soumirent tous leurs différends à leurs curés et aux notables de leurs villages. Cette organisation militaire de la justice ne dura que pendant la période de guerre, de la capitulation de Montréal jusqu'à la paix. Dès que le traité de Paris eut, d'une façon définitive, transféré le Canada aux Anglais, ceux-ci, déjà mieux instruits des dispositions des habitants par une occupation de quatre années, comprirent l'inutilité de leurs efforts pour imposer tout d'un coup la langue anglaise aux populations. De nouveaux tribunaux furent créés, devant lesquels les deux langues furent également admises.

Si, renonçant à la violence pour l'imposer, les Anglais comptaient sur le temps pour faire accepter la langue anglaise aux Canadiens, ils se trompaient encore ; les canadiens demeurèrent strictement fidèles à leur langue maternelle, et surent bientôt conquérir pour elle, non plus seulement la tolérance de leurs vainqueurs, mais un véritable droit de cité qui la mit sur un pied d'égalité parfaite avec la langue anglaise elle-même.

L'acte de 1774, arraché au gouvernement anglais par des nécessités politiques, et par l'obligation où il était réduit de s'assurer de la fidélité des Canadiens contre l'hostilité croissante de tous les autres colons d'Amérique, déclara que la langue française serait désormais langue officielle à l'égal de l'anglais, et servirait, conjointement avec lui, à la promulgation des lois et des règlements.

Ce privilège lui demeura jusqu'en 1840. L'acte d'Union qui intervint alors et organisa au Canada une nouvelle constitution, entièrement combinée pour la répression et l'humiliation des Canadiens, en punition de leur révolte de 1837-38, enleva à la langue française son titre et ses prérogatives de langue officielle.

Une telle mesure, prise dans un pays presque entièrement français, méritait une protestation. Cette langue que la loi prétendait exiler de leur Parlement, les Canadiens l'y rétablirent de force. Dès la première séance, l'un de leurs députés, M. Lafontaine, invité par un de ses collègues anglais à s'exprimer en anglais, fit cette fière réponse : « Quand même la connaissance
« de la langue anglaise me serait aussi familière que
« celle de la langue française, je n'en ferais pas moins
« mon premier discours dans la langue de mes com-
« patriotes, ne fût-ce que pour protester solennel-
« lement contre la cruelle injustice de cette partie de
« l'acte d'Union qui tend à proscrire la langue mater-
« nelle d'une moitié de la population du Canada.
« Je le dois à mes compatriotes, je le dois à moi-
« même (1). »

Une telle situation était tellement anormale ; il était si contraire à la réalité des faits de proscrire une langue que tout le monde parlait, et de maintenir un règlement journellement violé, qu'un pareil état de choses ne pouvait se prolonger. En 1845, une proposition, votée par l'Assemblée législative canadienne, demanda au gouvernement métropolitain

---

(1) Voy. TURCOTTE, *le Canada sous l'Union.*

l'abolition de cette clause vexatoire de la constitution. Mesure réparatrice qui fut adoptée aussitôt, et en 1849, lord Elgin, ce gouverneur généreux auquel la reconnaissance des Canadiens a élevé une statue, put dire en ouvrant la session de 1849 :

« Je suis fort heureux d'avoir à vous apprendre
« que, conformément au désir de la législature locale,
« le Parlement impérial a passé un acte révoquant la
« clause de l'acte d'Union qui imposait des restric-
« tions à l'usage de la langue française (1). »

Lord Elgin poussa la courtoisie jusqu'à prononcer lui-même le discours du trône en français, chose inouïe dans les fastes parlementaires canadiennes. La langue française avait dès lors repris la place officielle qui lui était due dans une province toute française, et jamais on n'a plus songé à la lui ravir.

Depuis que la constitution fédérale de 1867 a donné aux provinces une sorte d'autonomie, la langue française est à peu près seule en usage dans l'Assemblée législative provinciale de Québec, bien que l'anglais n'en soit pas proscrit et partage avec elle le titre de langue officielle. Réciproquement, dans le Parlement fédéral, où la grande majorité est anglaise, le français est admis sur le même pied que l'anglais.

Tel est le résumé des luttes que la langue française eut à subir pour demeurer langue officielle du

---

(1) TURCOTTE.

gouvernement et des lois. C'est sur ce terrain seul d'ailleurs qu'elle a pu être attaquée. S'en prendre à son existence même, essayer de la faire abandonner par le peuple, parut dès les premières années au vainqueur une chose tellement impossible qu'elle ne fut même pas tentée sérieusement. A peine, en 1799, l'évêque protestant demanda-t-il l'établissement, dans les villes et dans les principaux villages, de maîtres d'école chargés d'enseigner gratuitement la langue anglaise aux Canadiens-Français. Cet essai n'eut aucun succès : « Les Canadiens, dit M. Garneau, « sortaient d'une nation trop fière et trop vaillante « pour consentir jamais à abandonner la langue de « leurs aïeux », et cette organisation scolaire anglaise, connue sous le nom d'*Institution royale,* qui subsista assez longtemps, mais toujours en végétant d'une façon chétive, n'avait, en 1834, de l'aveu de tous, donné que des résultats négatifs ; elle n'avait à cette époque que 22 écoles, fréquentées par un millier d'élèves, tandis que les écoles paroissiales françaises étaient au nombre de 1,321, avec plus de 36,000 élèves (1) !

L'*Institution royale* a disparu, mais des lois scolaires marquées au coin d'un remarquable libéralisme ont, — tout en assurant l'instruction de la masse du peuple selon sa langue maternelle et sa religion, — réservé et protégé les droits des mino-

---

(1) Chauveau, *Instruction publique au Canada*, p. 68. Québec, 1 vol. in-8°.

rités dissidentes. La première remonte à 1841, mais elle a plusieurs fois été remaniée depuis, et celle qui régit aujourd'hui la province de Québec fut votée en 1867, après l'organisation des provinces en union fédérale.

Il serait difficile d'imaginer quelque chose de plus ingénieux et de plus libéral, et l'on peut dire que la loi scolaire de Québec résout le difficile problème de contenter, comme dit le fabuliste, « tout le monde « et son père » ; chose difficile en toute circonstance, mais tout particulièrement ardue quand il s'agit de mettre d'accord sur des questions d'instruction, et de réunir sous une législation commune des populations catholiques et des populations protestantes.

Au point de vue scolaire, la commune canadienne — qui à tout autre point de vue jouit déjà d'une très large autonomie — est absolument omnipotente. C'est elle seule qui nomme et révoque les maîtres, les paye, leur fournit et le logement et le local de l'école, entretient ses bâtiments, et qui, pour subvenir à ces dépenses, vote des taxes spéciales et les perçoit.

Ces fonctions et ces droits n'appartiennent pas, toutefois, aux conseils municipaux. Elles sont dévolues, dans chaque commune, à un conseil de *commissaires d'écoles* spécialement nommés à cet effet par les électeurs communaux.

Le seul contrôle exercé par le *surintendant de l'instruction publique*, et le *Conseil de l'instruction publique*, siégeant à Québec, consiste dans l'admission des livres employés à l'instruction et la constatation de la capacité des maîtres.

Tels sont les droits assurés aux majorités dans chaque commune. Les minorités elles-mêmes n'y sont pas moins favorisées, et je tiens à citer ici le texte même de la loi : « Dans les municipalités où
« les règlements des *commissaires d'écoles* ne con-
« viennent pas à un nombre quelconque de proprié-
« taires ou contribuables professant une croyance
« religieuse différente de celle de la majorité des
« habitants, ces propriétaires ou contribuables peuvent
« signifier par écrit, au président des commissaires
« d'écoles, leur intention d'avoir des écoles séparées. »

Cette simple déclaration les dispense du payement des taxes imposées par les *commissaires d'écoles*, mais les met en même temps dans l'obligation d'ouvrir eux-mêmes une école, et de nommer des *syndics*, qui rempliront envers eux les fonctions que les *commissaires d'écoles* exercent envers les représentants de la majorité.

Une loi fort peu différente de celle-ci est en vigueur dans la province anglaise d'Ontario, et là, les dispositions qu'elle contient en faveur des minorités protègent des Canadiens-Français et des catholiques, tandis que dans la province de Québec elles protègent les Anglais protestants.

Sous une loi identique, les résultats pratiques sont bien différents dans chacune des deux provinces ; car, si, malgré la large tolérance, on pourrait presque dire les encouragements qui leur sont accordés, les écoles anglaises ne se multiplient pas dans Québec, mais restent stationnaires ou diminuent, en revanche les écoles françaises deviennent de plus en plus nombreuses dans Ontario, en dépit des entraves qu'on s'efforce d'apporter à la juste application de la loi, et des protestations des plus fanatiques ennemis des Canadiens, contre ce « système d'écoles qui tend à rendre « une partie d'Ontario aussi française que Québec ».

D'après un tableau publié par M. de Laveleye en 1872 (1), les résultats du système scolaire canadien, au point de vue de l'instruction, seraient merveilleux. Les écoles primaires du Haut-Canada auraient compris alors un élève par quatre habitants, celles du Bas-Canada, un élève par six habitants, tandis qu'elles n'auraient eu qu'un élève par neuf habitants en France (1864), par treize habitants en Angleterre (1870), par dix-neuf en Italie, et par cent seize en Russie.

L'instruction secondaire, donnée en français, est largement répandue dans la province de Québec. Elle possède un grand nombre de collèges et d'écoles supérieures, presque tous dirigés par des ecclésiastiques et subventionnés par l'État, à condition de se conformer à certaines prescriptions de la loi.

Pour l'instruction supérieure, les Canadiens ont une Université, comprenant les quatre facultés : de théologie, de droit, de médecine et des arts (lettres

---

(1) E. DE LAVELEYE, *l'Instruction du peuple*. (Cité par CHAUVEAU, *Instruction publique au Canada*.)

et sciences), c'est l'Université Laval, fondée en 1852, institution privée, mais subventionnée pourtant par la province de Québec et qui, lors de sa fondation, a reçu une charte d'approbation de la reine Victoria.

L'Université Laval, qui a pris le nom d'un illustre prélat du Canada au dix-septième siècle, Mgr de Montmorency-Laval, est une institution toute française ; tous les cours s'y font en français et tous les professeurs sont Français. Elle possède une bibliothèque de plus de 100,000 volumes, une des plus belles de l'Amérique, et l'on peut dire que l'*Université Laval* est le flambeau de l'instruction supérieure pour tous les Canadiens-Français, non seulement de la province de Québec, mais du continent entier.

Telles sont, depuis la modeste école jusqu'à la savante université, les institutions qui contribuent au maintien et à la propagation de notre langue ; voyons quels résultats ont été obtenus et quel est actuellement l'état de la langue française au Canada.

Disons d'abord que dans la province française, pas un des descendants des 70,000 Français demeurés en 1763 n'a abandonné sa langue maternelle pour adopter celle du vainqueur. Le contraire s'est produit quelquefois, et l'on a vu, paraît-il, des descendants d'Écossais, placés au milieu des Canadiens, oubliant, après plusieurs générations, et leur langue et leur filiation, se croire, de très bonne foi, de pure race française (1).

---

(1) Voir sir Charles Dilke, *Problems of greater Britain*.

Il est vrai, et des touristes français ont pu s'en affliger, que même à Québec, ville la plus française de toute l'Amérique, on n'est pas sans trouver un certain nombre d'affiches anglaises et de noms anglais. Pour nous rassurer, levons les yeux dans Paris. Les affiches et les noms anglais ne s'étalent-ils pas sur les devantures même des magasins de notre capitale? les Parisiens sont-ils pour cela devenus des Anglais?

Si les détracteurs des Canadiens les accusent à tort d'abandonner la langue française, des admirateurs trop enthousiastes ont, par contre, proclamé qu'ils avaient conservé la langue du dix-septième siècle, qu'ils parlent aujourd'hui la langue de Bossuet et de Pascal!

La langue de Bossuet, c'est bien ambitieux! Bossuet seul la parla de son temps; on ne l'entendait guère, même alors, dans les campagnes. La vérité est que la langue populaire canadienne diffère fort peu de la langue populaire en France; et que l'une et l'autre ne sont pas sensiblement différentes de la langue populaire du dix-septième siècle; ce qui a changé depuis deux siècles, c'est la langue littéraire et scientifique, non la langue courante et celle du peuple.

La distance et le temps ont bien amené, entre le langage des Français et celui des Canadiens, quelques petites différences de prononciation ou d'expressions, mais elles ne vont pas au delà de celles que nous pouvons constater, en France même, entre nos différentes provinces.

14.

Venus pour la plupart des contrées riveraines de l'Océan, les Canadiens ont conservé un certain nombre de termes de marine auxquels ils ont appliqué une signification générale; ce n'est pas un des traits les moins piquants de leur langage. On vous montrera par exemple, dans les rues de Québec, un cocher qui *amarre* son cheval, ou fait *virer* sa voiture. Il *grée* son attelage au lieu de le harnacher, et *se grée* lui-même le dimanche de son plus beau *butin!*

Toutes ces expressions locales — je pourrais en citer cent — rappellent l'origine normande, bretonne ou saintongeaise des Canadiens, et réjouissent les oreilles françaises bien plus qu'elles ne les choquent. Elles sont assez nombreuses pour donner à la langue un cachet tout spécial, sans jamais l'être assez pour la rendre absolument incompréhensible, comme elle le devient quelquefois en certains coins de France dans la bouche du paysan français.

D'une façon générale, on peut dire que la langue populaire des Canadiens est infiniment meilleure et plus correcte que la langue populaire en France. Je visitais un jour un village canadien, éloigné et de création nouvelle. La population, assez mélangée, comprenait, avec une grande majorité de Canadiens, quelques Anglais, deux ou trois Indiens demeurés là, je ne sais trop pourquoi, et un petit nombre d'émigrants français venus de France. L'école du village comprenait des enfants de chacune de ces nationalités. L'une des élèves, fille de l'aubergiste canadien chez qui j'étais logé, me disait avec une sorte de fierté : « Dans notre école, on parle quatre « langues : le français, l'anglais, le *sauvage*, et le fran- « çais des petites filles françaises ! » Et je puis affirmer que le français des Français venus de France, un patois de je ne sais quelle province, ne valait pas le français des Canadiens.

Si du langage du peuple nous passons à la langue littéraire ou savante, parlée ou écrite, l'appréciation ne peut plus être la même. Si l'une a conservé intact le pur cachet de son origine, l'autre s'est un peu laissé pénétrer et envahir par quelques tournures et quelques expressions anglaises. Rien d'étonnant ni de bien blâmable à cela.

Pas plus au Canada qu'en France, le langage populaire n'a eu à s'enrichir de termes nouveaux. Le cercle dans lequel se meut l'activité du paysan n'a guère changé : la terre est toujours la même, fournit toujours les mêmes récoltes, obtenues dans les mêmes saisons, par des procédés peu différents de ce qu'ils étaient autrefois. Pour exprimer les mêmes choses, la langue est restée identique.

Mais quelle différence, quand, du domaine de la vie matérielle, on passe dans celui de la science ! que de changements, que de progrès, que de bouleversements d'idées depuis deux siècles ! Pour exprimer tant d'idées nouvelles inconnues de nos pères, un vocabulaire nouveau a dû se former, le génie de la langue littéraire et savante s'est modifié de fond en comble; sous la plume de nos écrivains contemporains, elle est devenue un instrument nouveau, entièrement différent de celui dont se servirent leurs aînés du dix-septième et du dix-huitième siècle.

Or, tout ce bouillonnement d'idées, toute cette fermentation de connaissances nouvelles, tout cela est arrivé aux Canadiens, non pas par nous, séparés d'eux depuis près de deux siècles, mais par le canal des publications et de l'enseignement anglais. Quoi d'étonnant à ce que ce passage, comme à travers un crible étranger, ait laissé à leur langue scientifique et littéraire une certaine saveur britannique, et qu'on y rencontre aujourd'hui quelques expressions et quelques tournures anglaises!

Le langage judiciaire, surtout, a été particulièrement envahi par l'anglicisme. Un Canadien de beaucoup d'esprit, M. Buies, qui, sous le titre : « Anglicismes et Canadianismes », a écrit une série d'articles pour signaler le danger de laisser ainsi envahir la langue française par des expressions, et surtout par des tours de phrase contraires à son génie, a lancé cet anathème contre le langage bizarre que se sont forgé, à l'aide de mots anglais, les hommes de loi canadiens : « Il est impossible, dit-il, de comprendre
« quelque chose à la plupart de nos textes de lois, de
« nos bills et de nos documents parlementaires. »

La rédaction et les termes en sont en effet totalement différents de ceux auxquels nous sommes habitués en France. Oserions-nous en faire un reproche à nos compatriotes d'Amérique? Leur réponse serait trop facile : — Qui nous a appris à faire nos lois? pourraient-ils répondre; est-ce vous? Alors que nous vivions sous le même sceptre, vous ne saviez pas vous-même faire les vôtres! Ceux qui nous l'ont appris, ce sont les Anglais; instruits par eux, quoi d'étonnant à ce que nous ayons retenu certaines des formules de leur procédure législative et parlementaire?

L'auteur d'un très remarquable travail sur la constitution canadienne, travail très précis et très clair quant au fond, très châtié et très pur quant au style, M. Mignault, prévient lui-même dans sa préface le lecteur français de la nécessité où il est contraint, par son sujet même, d'employer certaines tournures, certaines expressions anglaises :

« Il n'y a pas jusqu'à la langue, dit-il, qui n'éprouve
« des difficultés réelles à traiter une science qui est
« presque exclusivement anglaise, et le lecteur devra
« nous pardonner des expressions comme *aviseur*,
« *originer*, et tant d'autres qui ont presque acquis le
« droit de cité dans le langage parlementaire et qui
« se sont glissées sous notre plume (1). »

Pour les mêmes motifs, cette incorrection et cette obscurité ont envahi le barreau, et voici le jugement, beaucoup trop sévère, je crois, porté sur lui, — d'une façon plaisante qui en fait passer l'exagération, — par M. Buies, dans les articles cités plus haut :

« Dût le barreau tout entier se ruer sur moi, je dirai
« qu'en général nos avocats ne parlent ni l'anglais ni

---

(1) MIGNAULT, *Manuel de droit parlementaire.* Montréal, 1887, in-12.

« le français, mais un jargon coriace qu'on ne peut
« comprendre que parce qu'on y est habitué, et parce
« que l'on sait mieux ce qu'ils veulent dire que ce
« qu'ils disent. »

C'est là une grande sévérité pour quelques expressions anglaises échappées dans le feu d'une plaidoirie, mais l'amour de la langue française anime M. Buies, et certes, ce n'est pas à nous à l'en blâmer.

Dans la presse aussi, on relève quelquefois, — non pas dans les articles de fond, confiés la plupart du temps à d'habiles rédacteurs, mais dans les informations et les faits divers, laissés aux débutants, — des expressions singulières, et des traductions assez bizarres des articles anglais. Les méprises de ces jeunes traducteurs sont parfois amusantes, et leurs confrères se plaisent à les relever d'une façon quelque peu malicieuse. L'un a traduit les mots : *spring carriage* (voiture suspendue), par : voiture de printemps. Un autre annonce que l'Angleterre a envoyé un homme de guerre (*man of war*, vaisseau de ligne) en Extrême-Orient; un troisième, que les Banques de la Seine (*banks*, les rives) sont inondées par la crue du fleuve! On a trouvé mieux encore. La traduction d'une dépêche d'Ottawa, du 21 août 1890, qui fit le tour de la presse canadienne, annonçait que le général Middleton, l'ancien commandant en chef de l'expédition du Nord-Ouest, alors traduit devant une commission d'enquête pour avoir rapporté de sa campagne beaucoup trop de fourrures et pas assez de gloire, se déclarait prêt, s'il était poursuivi, à rendre témoignage sur certains faits qui devaient jeter, disait la dépêche « beaucoup de lumière sur divers incidents relatifs à M. William Outbreack... ». Ce M. W. Outbreack n'était autre que la traduction des mots : *N. W. Outbreack, North-West Outbreack, les troubles du Nord-Ouest* (1) !

De toutes ces singularités relevées dans les journaux, M. Buies conclut que le dictionnaire ne devrait pas être le seul guide des traducteurs. Il conseille, très-judiciairement, aux journalistes canadiens, de moins emprunter aux feuilles anglaises, et, lorsque la traduction d'un article important est nécessaire, d'en confier le soin à des hommes également versés dans le maniement des deux langues, plutôt que de le laisser à des jeunes gens sans expérience.

Il serait tout à fait faux et tout à fait injuste de tirer des conclusions générales de quelques exemples plaisants choisis à titre de curiosité. La presse canadienne tout entière déploie, au contraire, un zèle remarquable pour le développement de notre langue ; elle est représentée par une quantité considérable de journaux, et plusieurs d'entre ces grands organes, fort sérieux, fort bien informés et fort bien rédigés, ne le cèdent en rien à la plupart de nos journaux de France.

Tous les anglicismes, d'ailleurs, ne doivent pas être repoussés *à priori;* ce serait faire preuve d'un chauvinisme bien étroit et bien mal placé que de

---

(1) *La Patrie,* 7 août 1890.

prétendre que notre langue est la seule parfaite et que les autres n'ont rien de bon à lui prêter. Ne peut-elle, au contraire, leur emprunter avec fruit, ne doit-elle pas le faire ? Bien des mots anglais exprimant une idée très précise n'ont pas d'équivalent en français. Pourquoi nous étonner que les Canadiens les traduisent pour leur usage? pourquoi ne les traduirions-nous pas nous-mêmes ?

Aucun mot français n'exprime le *dravage des bois*, expression que les Canadiens ont tirée du verbe anglais *to drive*, pour expliquer cette périlleuse descente des bois à travers les rapides de leurs rivières. Aucune expression française non plus n'équivaut à celle de *maison de logues* (*log house*)... maison construite de troncs d'arbres est une périphrase bien trop longue, et dans un pays où les habitations de la moitié de la population sont construites en *logues*, on comprend qu'un mot spécial soit au moins nécessaire pour les désigner.

On voit même par ces exemples que les Canadiens font mieux que nous, et que quand ils confèrent le droit de cité à un mot étranger, ils l'habillent au moins à la française.

Pour un grand nombre des inventions faites dans notre siècle : les machines, la vapeur, les chemins de fer, nous avons emprunté des termes aux Anglais, et avons adopté leurs mots tels quels, sans même changer leur orthographe, bizarre à nos yeux, nous contentant de les prononcer d'une façon incorrecte. Plus puristes et plus patriotes, les Canadiens ont voulu avoir leur mot propre, à eux appartenant, et ils ont traduit ce que nous avions adopté sans modification. Nous avons accepté *rail* et *wagon*, ils ont traduit *lisse* et *char*, et tandis que nous *montons en chemin de fer*, expression des plus bizarres quand on l'examine de près, eux, *prennent les chars*, ce qui est beaucoup plus logique.

Tout cela déroute un peu le Français qui débarque à Québec, mais ces expressions ne sont nullement, quant à la grammaire, ni des fautes ni des incorrections. Ce serait, de notre part, faire preuve d'une exigence bien insensée que de vouloir qu'un petit peuple, abandonné par nous avec si peu de regret, ne puisse faire aucun progrès qui ne soit calqué sur les nôtres et ne puisse adopter un mot sans l'avoir pris chez nous.

Applaudissons-nous, au contraire, des progrès qu'il peut, de son côté, faire faire à la langue française; profitons-en au besoin nous-mêmes et ne demandons qu'une chose à nos frères d'Amérique, c'est de n'adopter en bloc ni les mœurs anglaises, ni la langue anglaise, et de n'y prendre seulement que ce qu'ils peuvent y trouver d'indispensable à leur progrès littéraire, scientifique ou matériel.

Un écrivain canadien fait à ce sujet des observations fort justes, auxquelles on ne peut reprocher qu'une excessive modestie pour la littérature canadienne : « Nous ne sommes, dit-il, qu'une poignée
« de Français jetés dans les vastes contrées de l'Amé-
« rique et notre langue n'a plus la délicatesse et les

« beautés de celle de nos frères. Le devoir de nos
« écrivains est de bien apprendre cette langue su-
« perbe que trop d'hommes négligent imprudemment,
« afin de l'écrire dans sa pureté et de la transmettre,
« dans son intégrité, à nos descendants. Les lieux,
« le temps, les circonstances lui apporteront, sans
« doute, certaines modifications, mais le discerne-
« ment et le goût de nos auteurs peuvent faire que
« ces modifications deviennent des charmes pour
« l'oreille et des richesses pour la pensée (1). »

(1) Pamphile LEMAY, *Conférence sur la littérature canadienne et sur sa mission; Rapport du Congrès des Canadiens-Français,* 1885.

# CHAPITRE XXIII

LA LITTÉRATURE CANADIENNE, LES HISTORIENS.

L'idée nationale domine toute la littérature des Canadiens. Historiens, romanciers, poètes, tous s'unissent pour chanter les gloires religieuses, militaires ou civiques, de cette patrie qu'ils honorent et qu'ils chérissent, et l'on peut dire, sans exagération, qu'il n'est pas une de leurs œuvres, pas une de leurs pages, qui ne tende à la glorification et à l'apologie de la nation canadienne. Nous allons en donner la preuve par l'examen même des principaux de leurs ouvrages dans chacun des genres auxquels ils se sont adonnés.

Commençons par le genre historique, le plus grand, le plus élevé et le plus digne de servir comme d'imposant portique aux autres genres littéraires, qu'il domine de toute la hauteur de sa majestueuse beauté. En nul pays, le premier rang ne lui est contesté. Mais c'est au Canada surtout qu'il l'obtient sans partage. Là, l'histoire semble prendre un caractère presque sacré, tant est grand le respect avec lequel les historiens abordent les traditions, et les souvenirs de leur pays. « C'est avec une religieuse émotion,

« dit l'un d'eux, que nous pénétrons dans le temple
« de notre histoire (1). »

Ainsi, l'histoire est un temple, l'historien presque
un pontife !

Ils sont nombreux ceux qui se sont voués à cette
belle tâche d'allumer chez les Canadiens, par le récit
de leurs gloires, la flamme du patriotisme. Tout le
monde connaît le nom de Garneau, l'auteur du monument le plus complet sur l'histoire canadienne, de
cette œuvre dans laquelle, suivant l'expression d'un
de ses biographes, « le frisson patriotique court dans
toutes les pages (2) », Garneau, le correspondant, —
on pourrait presque dire l'ami de Henri Martin, —
car malgré la distance qui les séparait, et bien qu'ils
ne se fussent jamais vus, ces deux hommes sympathisaient à travers l'Océan.

L'apparition du livre de Garneau vers 1850 fut un
événement, et l'on peut dire sans exagération qu'il
jalonne une nouvelle période dans la vie de la
nation canadienne. C'est depuis lors, peut-être,
qu'elle a conscience de sa force et confiance dans ses
destinées.

La grande idée qui a fait de Garneau un historien,
est le désir de réhabiliter à leurs propres yeux les
Canadiens ses compatriotes, « d'effacer ces injurieuses expressions de race conquise, de peuple
vaincu », et de montrer que, « dans les conditions de

---

(1) CASGRAIN, *Histoire de la vénérable Marie de l'Incarnation*, p. 30.
(2) CHAUVEAU, *Garneau, sa vie et ses œuvres.*

« la lutte, leur défaite avait été moralement l'équiva-
« lent d'une victoire (1) ».

Ces poignants souvenirs de la lutte, Garneau les avait eus sous les yeux : « Mon vieux grand-père,
« raconte-il, courbé par l'âge, assis sur la galerie de
« sa maison blanche, perchée au sommet de la butte
« qui domine la vieille église de Saint-Augustin, nous
« montrait, de sa main tremblante, le théâtre du
« combat naval de l'*Atalante* contre plusieurs vais-
« seaux anglais, combat dont il avait été témoin dans
« son enfance. Il aimait à raconter comment plu-
« sieurs de ses oncles avaient péri dans les luttes
« homériques de cette époque, et à nous rappeler
« le nom des lieux où s'étaient livrés une partie des
« glorieux combats restés dans ses souvenirs. »

Ces récits enflammaient le patriotisme de l'enfant, et plus tard, devenu un jeune homme et entré dans l'étude d'un notaire anglais, quand ses compagnons raillaient sa nationalité de vaincu, il leur répondait par ce vers de Milton.

*What though the field be lost? All is not lost!*
« Qu'importe la perte d'un champ de bataille?
Tout n'est pas perdu! »

Il faut entendre conter par un autre écrivain canadien la genèse de la vocation de Garneau, pour mieux comprendre la portée de son œuvre : « C'est dans un
« élan d'enthousiasme patriotique, de fierté nationale
« blessée, qu'il a conçu la pensée de son livre, que

(1) CHAUVEAU, *Discours sur la tombe de Garneau*, 17 septembre 1867.

« sa vocation d'historien lui est apparue. Il traçait les
« premières pages de son histoire au lendemain des
« luttes sanglantes de 1837, au moment où l'oligar-
« chie triomphante venait de consommer la grande
« inquité de l'Union des deux Canadas, et lorsque,
« par cet acte, elle croyait avoir mis le pied sur la
« gorge de la nationalité canadienne. La terre était
« encore fraîche sur la tombe des victimes de l'écha-
« faud, et leur ombre sanglante se dressait sans cesse
« devant la pensée de l'historien, tandis que, du
« fond de leur exil lointain, les gémissements des
« Canadiens exilés venaient troubler le silence de
« ses veilles! L'horizon était sombre; l'avenir chargé
« d'orages; et quand il se penchait à sa fenêtre, il
« entendait le sourd grondement de cette immense
« marée montante de la race anglo-saxonne, qui me-
« naçait de cerner et d'engloutir le jeune peuple dont
« il traçait l'histoire... Parfois il arrêtait sa plume et
« se demandait avec tristesse si cette histoire qu'il
« écrivait n'était pas une oraison funèbre!

« L'heure était solennelle pour remonter vers le
« passé, et le souvenir des dangers qui menaçaient
« la société canadienne prête un intérêt dramatique
« à ses récits. On y sent quelque chose de cette émo-
« tion du voyageur assailli par la tempête au milieu
« de l'Océan et qui, voyant le vaisseau en péril, trace
« quelques lignes d'adieu qu'il jette à la mer pour
« laisser après lui un souvenir!

« Au milieu des perplexités d'une telle situation, le
« patriotisme de l'écrivain s'enflammait, son regard

« inquiet scrutait l'avenir en interrogeant le passé, et
« y cherchait des armes et des moyens de défense
« contre les ennemis de la nationalité canadienne.
« Ainsi, l'*Histoire du Canada* n'est pas seulement un
« livre, c'est une forteresse où se livre une bataille —
« devenue une victoire sur plusieurs points — et
« dont l'issue définitive est le secret de l'avenir (1). »

Le livre de Garneau fut en France comme une révélation. Avec quelle insouciante légèreté nos pères n'avaient-ils pas abandonné ces quelques arpents de neige dont se raillait Voltaire! avec quelle facilité n'avions-nous pas, nous-mêmes, oublié ces populations qui, elles, se souvenaient! Notre oubli tenait peut-être un peu du remords : en se souvenant on craignait d'être obligé de se repentir, et les Canadiens se rendent bien compte aujourd'hui des causes de notre long silence envers eux. « Avant l'histoire
« de Garneau, écrit l'un d'eux, les historiens français
« avaient laissé complètement dans l'ombre, ou du
« moins dans une obscurité relative, tout ce qui
« avait rapport au Canada, les uns parce qu'ils
« n'appréciaient point suffisamment la perte que
« la France avait faite; les autres, parce qu'ils s'en
« sentaient humiliés, ne tenant pas compte de la
« gloire qui rejaillissait sur la nation par la conduite
« héroïque de ses colons et de ses soldats, et ne
« voyant que les fautes de son gouvernement (2). »

(1) CASGRAIN. (Cité par LAREAU, *Histoire littéraire du Canada*, p. 161.)
(2) CHAUVEAU, *Garneau, sa vie et ses œuvres.*

C'est au milieu de cet oubli général, volontaire ou non, que l'*Histoire du Canada* de Garneau nous arriva tout à coup en France, et fut bientôt connue de tous les lettrés. Elle nous révélait tout un peuple, un peuple français, patriote, armé pour la lutte, confiant dans son avenir. A cette apparition, les expressions de sympathie affluèrent de France, l'enthousiasme remplaça l'oubli ; nos historiens commencèrent à faire mention des Canadiens, à louer leur persévérance, leur courage et leur foi. Dans sa grande *Histoire de France*, Henri Martin consacra une large place à leurs luttes, et c'est dans l'ouvrage de Garneau qu'il puisa tous les détails de son récit. Il termine ses citations par ces élogieuses paroles : « Nous ne quittons pas sans émotion cette
« *Histoire du Canada*, qui nous est arrivée d'un autre
« hémisphère comme un témoignage vivant des senti-
« ments et des traditions conservés parmi les Français
« du Nouveau Monde, après un siècle de domination
« étrangère. Puisse le génie de notre race persister
« parmi nos frères du Canada dans leurs destinées
« futures, quels que doivent être leurs rapports avec
« la grande fédération anglo-américaine, et conserver
« une place en Amérique à l'élément français ! » Et il écrivait encore plusieurs années après à M. Garneau :
« J'avais été heureux, il y a quelques années, de
« trouver dans votre livre, non seulement des infor-
« mations très importantes, mais la tradition vivante,
« le sentiment toujours présent de cette France d'ou-
« tre-mer qui est toujours restée française de cœur,

« quoique séparée de la mère patrie par les desti-
« nées politiques. Je n'ai fait que m'acquitter d'un
« devoir en rendant justice à vos consciencieux tra-
« vaux. Puissent ces échanges d'idées et de connais-
« sances entre nos frères du Nouveau Monde et nous,
« se multiplier et contribuer à assurer la persistance
« de l'élément français en Amérique (1) ! »

C'était un patient et un modeste que ce vaillant écrivain qui a si bien su raviver chez les Canadiens le feu de l'enthousiasme et du patriotisme. Né à Québec en 1809, il avait fait ses études au séminaire de cette ville. Après un voyage, accompli dans sa jeunesse, aux États-Unis et en Europe, il revint dans sa ville natale où il exerça les modestes fonctions de greffier de la municipalité et du Parlement. C'est dans les heures de loisirs que lui laissait l'exercice de cette charge qu'il écrivit son *Histoire du Canada*, cette grande épopée faite d'enthousiasme et de foi.
« Cela, dit un de ses biographes, fut accompli aux
« dépens de ses veilles, sans nuire à de plus humbles
« travaux. Il y avait pour ainsi dire en lui deux
« hommes : celui qui s'était voué aux fonctions mo-
« destes, sérieuses et difficiles, nécessaires à l'exis-
« tence de sa famille, et l'homme voué à la patrie,
« au culte des lettres, à la poésie et à l'histoire (2). »

Un autre termine ainsi son éloge : « C'est lui qui le premier, à force de patriotisme, de dévouement,

---

(1) Cité par CHAUVEAU, *Garneau, sa vie et ses œuvres*, p. 241.
(2) CHAUVEAU, *Discours sur la tombe de Garneau en* 1867.

« de travail, de patientes recherches, de veilles... est
« parvenu à venger l'honneur outragé de nos ancêtres,
« à relever nos fronts courbés par les désastres de la
« conquête, en un mot à nous révéler à nous-mêmes.
« Qui donc mieux que lui mériterait le titre glorieux
« que la voix unanime des Canadiens, ses contempo-
« rains, lui a décerné? L'avenir s'unira au présent
« pour le saluer du nom d'*historien national* (1)! »

L'exemple donné par Garneau n'a pas été vain. Il a suscité toute une légion d'historiens de talent et d'hommes de cœur qui continuent son œuvre avec vaillance et succès. Nous avons déjà cité plusieurs fois et tout le monde connaît les noms de l'abbé Casgrain, de Benjamin Sulte, de Faucher de Saint-Maurice, de l'abbé Ferland, etc.

A côté de l'histoire générale, d'autres écrivains se sont donné la tâche de décrire certaines périodes, d'éclairer certains coins particuliers de l'histoire du Canada. M. David a écrit l'histoire toute mêlée de larmes et de sang des patriotes de 1837. M. Turcotte nous a conté les luttes politiques des Canadiens et leurs succès sous la malheureuse constitution de 1840, par laquelle on avait voulu les étouffer. M. Tassé nous a conduits, avec les trappeurs et les défricheurs canadiens, à travers les plaines de l'ouest des États-Unis, et nous a conté les origines françaises de bien des villes de la grande République dont

---

(1) Abbé CASGRAIN. (Cité par LAREAU, *Histoire littéraire du Canada*, p. 163.)

quelques-unes sont devenues puissantes aujourd'hui.

Ainsi le faisceau de l'histoire canadienne se complète peu à peu, et l'on peut dire que dès à présent il est déjà suffisamment fourni de documents intéressants, présentés d'une façon captivante, pour permettre au lecteur de se faire une idée exacte et complète des péripéties et des luttes qu'a dû traverser ce petit peuple issu de notre sang français.

Les détails historiques eux-mêmes, ces miettes de l'histoire qu'il est quelquefois si injuste de dédaigner, les Canadiens les recueillent pieusement, et veulent, à côté des noms illustres de leurs capitaines et de leurs guerriers, faire connaître celui de héros plus humbles, mais qui ne coopèrent pas d'une façon moins active à l'œuvre du développement et du progrès, les obscurs héros de la colonisation, les obstinés défricheurs de forêts, les courageux laboureurs de terre.

L'histoire n'embrasse que les grands sommets et néglige le sillon; elle chante les hauts faits des grands et se tait sur les humbles :

> Elle donne des pleurs au général mourant,
> Mais passe sans regrets, d'un pas indifférent,
> Devant l'humble conscrit qui tombe !
> . . . . . . . . . . . . . . . . . . . . .
> . . . . . . . . . . . . . . . . . . . . .
> Ils furent grands, pourtant, ces paysans hardis
> . . . . . . . . . . . . . . . . . . . . .
> Qui, perçant la forêt l'arquebuse à la main,
> Au progrès à venir ouvrirent le chemin,
> Et ces hommes furent nos pères (1) !

(1) Fréchette, *Légende d'un peuple*, p. 20.

Eh bien, cette œuvre de réparation envers les humbles ancêtres, elle est faite ; c'est l'abbé Tanguay qui l'a accomplie, c'est lui qui a tiré ces noms du néant et réparé à demi « l'ingratitude de l'histoire ».

Cet ouvrage de l'abbé Tanguay, fruit de patientes recherches dans les archives canadiennes et françaises, donne, sous forme de dictionnaire, le lieu d'origine et la descendance de toutes les familles de colons qui, de France, passèrent au Canada durant les dix-septième et dix-huitième siècles. Par là, tout Canadien peut connaître de quelle province, de quelle ville même sont venus ses ancêtres.

La pieuse attention avec laquelle ils conservent ou recherchent ces souvenirs de leur origine est un des traits les plus curieux, et non pas des moins touchants, de leur attachement à leur nationalité et à leur race.

Tous les Français qui ont voyagé au Canada ont pu faire cette remarque. M. Xavier Marmier, dans son intéressant ouvrage : *Promenades en Amérique*, mentionne avec éloge cet amour persistant des Canadiens pour les vieilles provinces françaises d'où sont venus leurs ascendants, et pour les arrière-cousins qu'ils y ont laissés. J'en ai pu, moi-même, voir de nombreux exemples, entre autres celui d'un habitant de Saint-Boniface dans la province de Manitoba. Il occupait là une modeste situation ; son nom était Kérouac, et il était fort fier de rattacher sa filiation à une illustre famille bretonne. Bien que le nom différât un peu de celui-là, il attribuait le changement d'orthographe à des négligences dans la rédaction des actes de naissance dans la colonie. Peu fortuné, il avait tenu à amasser une somme suffisante pour faire le voyage de France et venir saluer ses nobles parents qui, racontait-il avec fierté, avaient reconnu l'exactitude de ses déclarations et l'avaient reçu comme un parent d'Amérique retrouvé au bout de deux siècles.

Il n'est pas, je crois, de Canadien qui vienne en France sans faire un pèlerinage au pays natal de ses ancêtres. Moins heureux que M. Kérouac, ils ne retrouvent pas toujours leurs parents; il leur arrive quelquefois, comme à l'abbé Proulx, un homme d'esprit qui le raconte d'une façon plaisante dans un récit de voyage (1), d'hésiter, sans pouvoir résoudre le problème, entre la parenté flatteuse d'un gentilhomme et celle, beaucoup plus modeste, d'un journalier; mais si tous n'arrivent pas à rétablir la chaîne de leur filiation, tous cherchent à le faire.

Fiers de leurs origines françaises, les Canadiens peuvent l'être de toute façon, et leurs historiens se plaisent à rappeler qu'une grande partie de la population descend en ligne directe des vaillants soldats du régiment de Carignan, les héros de la bataille de Saint-Gothard, et dont nous avons raconté plus haut l'établissement au Canada à la fin du dix-septième siècle.

« La plupart des militaires qui occupaient quelque

(1) Proulx, *Cinq mois en Europe*. Québec, 1 vol. in-8°.

« grade dans le régiment de Carignan, écrit l'abbé
« Casgrain, appartenaient à la noblesse de France. On
« ne peut aujourd'hui jeter les yeux sans émotion sur
« la liste des noms si connus et si aimés de ces braves
« soldats, dont la nombreuse postérité peuple main-
« tenant les deux rives du Saint-Laurent, et dont le
« sang coule dans les veines de presque toutes les
« branches de la grande famille canadienne. Que
« d'autres noms bien connus rappellent ceux de
« Contrecœur, de Varennes, de Verchères, de Saint-
« Ours, alliés aux familles de Léry, de Gaspé, de la
« Gorgendière, Taschereau, Duchesnay, de Lotbi-
« nière, etc., les noms de Lanaudière et Baby, qui
« tous deux servaient dans la compagnie commandée
« par M. de Saint-Ours. Enfin les noms de la Duran-
« taye, de Beaumont, Berthier, et tant d'autres, dont
« nous pourrions indiquer la filiation avec une foule
« de familles canadiennes (1). »

C'est ainsi que, depuis les grandes lignes de l'histoire, jusqu'à ses détails les plus minutieux et les plus intimes, les historiens s'efforcent de compléter le tableau des gloires, des illustrations et des origines canadiennes.

(1) CASGRAIN, *Histoire de la vénérable Marie de l'Incarnation*, t. III, p. 192.

# CHAPITRE XXIV

### ROMANCIERS ET POÈTES

Si des historiens nous passons aux romanciers, la même tendance nationale se retrouve dans toutes leurs œuvres. Parcourez-en seulement les titres, vous constaterez que le sujet est toujours tiré de l'histoire du Canada ou des mœurs canadiennes, et si vous ouvrez le livre, vous reconnaîtrez à la première page qu'il se résume tout entier dans l'apothéose de cette histoire ou de ces mœurs.

Les sujets qu'il embrasse et les héros qu'il met en scène peuvent différer, mais le but du romancier est toujours le même ; qu'il revête ses personnages des brillants uniformes de l'armée française au dix-huitième siècle et les fasse se mouvoir au milieu des combats, ou que, simplement vêtus de l'habit de bure du laboureur, il les montre assis, au coin du foyer pétillant, tranquilles au milieu des paisibles joies de la famille, il n'a, sous deux formes si opposées en apparence, qu'une seule et même pensée : la glorification de son pays, de sa vie, de ses mœurs et de ses traditions.

Tantôt, il se propose « de rendre populaire en la dramatisant la partie héroïque de l'histoire canadienne », comme l'écrit M. Marmette dans la préface de son roman historique : *François de Bienville*, et les héros qu'il choisit sont d'Iberville, Frontenac, La Galissonnière, Montcalm, et tant d'autres grandes figures de l'histoire. Tantôt, laissant les grands noms et les grandes renommées, il s'attache à des événements moins éclatants, et célèbre des héros plus obscurs; mais en contant la vie du défricheur, du bûcheron, ou du trappeur, c'est encore, sur un ton plus humble, mais non moins convaincu et non moins patriotique, la gloire de la nation qu'il proclame.

C'est à ce dernier genre que ressortissent le *Charles Guérin* de M. Chauveau, œuvre dans laquelle l'auteur, comme il le dit lui-même, s'est simplement efforcé de décrire l'histoire d'une famille canadienne contemporaine ; les *Forestiers et voyageurs*, de M. Tassé; les *Anciens Canadiens*, d'Aubert de Gaspé ; *Une de perdue*, de M. de Boucherville ; et *Jean Rivard*, de Gérin Lajoie.

Les légendes elles-mêmes sont une source féconde de la littérature canadienne, légendes de ces temps lointains des luttes contre le féroce Iroquois, où le merveilleux se mêle à l'héroïsme. L'abbé Casgrain en a recueilli quelques-unes et les a contées avec un remarquable talent de narrateur. Il faut lire la légende intitulée : *la Jongleuse*, dans laquelle il nous fait assister aux origines du village de la *Rivière*

*Ouelle*, son pays natal. Comme les souvenirs d'enfance enflamment l'imagination de l'artiste ! quelle intensité remarquable de couleurs, de mouvement et de vie, ils donnent à ces descriptions ! S'il vous présente un coureur des bois, ne vous semble-t-il pas qu'il est vivant, qu'il se dresse devant vous dans la forêt et vous parle ? ne vous apprêtez-vous pas à suivre ses sages conseils et sa prudente direction quand l'auteur lui fait dire : « Ah, fiez-vous à l'expé-
« rience d'un vieux coureur des bois, à qui la soli-
« tude et le désert ont appris une science qui ne se
« trouve pas dans les livres. Depuis tantôt vingt ans
« que je mène la vie des bois, j'ai dû acquérir quelque
« connaissance des phénomènes de la nature. Il n'est
« pas un bruit des eaux, des vents, des forêts ou des
« animaux sauvages qui me soit inconnu. Les mille
« voix du désert me sont familières, et je puis toutes
« les imiter au besoin » ?

Et cette description du léger canot d'écorce du coureur des bois : « Je ne nie pas que les Iroquois
« aient quelque habileté à fabriquer un canot, mais
« ils ne savent pas, comme nous, choisir la véritable
« écorce. Et puis, ont-il jamais eu le tour de relever
« avec grâce les deux pinces d'un canot de manière
« à lui donner cette forme svelte qui prête aux nôtres
« un air si coquet quand ils dansent sur la lame ? Ah,
« je reconnaîtrais un des miens parmi toute la flotte
« des canots Iroquois ! Ne me parlez pas non plus
« d'un canot mal gommé ; il faut, pour qu'il glisse sur
« l'eau, que les flancs soient polis et glacés comme la

« lame d'un rasoir. Alors ce n'est plus un canot, c'est
« une plume, c'est une aile d'oiseau qui nage dans
« l'air, c'est un nuage chassé par l'ouragan, c'est
« quelque-chose d'aérien, d'ailé, qui vole sur l'eau
« comme... comme nous maintenant. »

Ne sent-on pas que pour le Canadien ce canot, ce n'est plus une chose inanimée, c'est un compagnon, un ami, et un ami que seul il peut avoir, que seul il peut comprendre? car, allez demander à quelque habitant de la vieille Europe de manier un canot d'écorce !

Combats et aventures des grands héros de l'histoire, scènes intimes du foyer et de la famille, existence émouvante des hardis coureurs des bois, tout, dans le roman et dans la légende, s'unit pour célébrer la vaillance, le bonheur, l'honnêteté, la vigueur et l'adresse du Canadien.

Chez les poètes, même enthousiasme national, mais dans leurs œuvres, il n'est plus voilé comme chez les romanciers, on n'est pas obligé de l'y découvrir par l'analyse, leurs chants ne célèbrent rien d'autre que la patrie, ses gloires, son drapeau.

J'ai déjà plusieurs fois cité Fréchette, poète canadien, couronné par l'Académie française, l'auteur de la *Légende d'un peuple*. Il suffit d'énumérer les titres des pièces de son recueil pour savoir quelle en est la patriotique tendance. Ce sont, entre bien d'autres :
« Notre histoire ; Missionnaires et martyrs ; Le der-

---

(1) CASGRAIN, *Légendes*.

nier drapeau blanc; Châteauguay; Le vieux patriote; Vive la France! Nos trois couleurs! »

Citons en entier un sonnet intitulé *France*, et qui fait partie d'un autre recueil, *les Fleurs boréales*.

> Toi dont l'aile plana sur notre aurore, ô France,
> Toi qui de l'idéal connais tous les chemins,
> Toi dont le nom — fanfare aux éclats surhumains
> De tout peuple opprimé sonne la délivrance,
>
> Terre aux grands deuils suivis d'éclatants lendemains,
> Noble Gaule, pays de l'antique vaillance,
> Qui sus toujours unir, — merveilleuse alliance —
> Au pur esprit des Grecs, l'orgueil des vieux Romains,
>
> Toi qui portes au front Paris, l'auguste étoile
> Qui de l'humanité dirige au loin la voile,
> Nous, tes fils éloignés, nous t'aimons, tu le sais!
>
> Nous acclamons ta gloire et pleurons tes défaites,
> Mais c'est en écoutant le chant de tes poètes
> Que nous sentons surtout battre nos cœurs français.

Puisant maintenant dans l'œuvre d'un autre poète canadien, M. Crémazie, que dites-vous de cette pièce intitulée : *le Drapeau de Carillon?* Carillon, nom vénéré des Canadiens, souvenir de leurs glorieuses luttes, et d'une de leurs dernières et de leurs plus brillantes victoires sur les Anglais! *Le Drapeau de Carillon!* on voudrait pouvoir citer la pièce tout entière, mais sa longueur nous oblige à nous contenter d'une analyse et de quelques extraits.

Un vieux soldat de Montcalm, un des héros de Carillon, est parvenu, lors de la funeste capitulation des armes françaises, à dérober aux perquisitions des Anglais le glorieux drapeau, le drapeau blanc des régiments de France (1), qu'il avait porté dans plus d'un sanglant combat. Cette pieuse relique de gloire, — depuis que des troupes étrangères occupent en maîtres le pays, — il la dérobe jalousement à tous les yeux. Quelquefois, cependant, il convoque en secret quelques-uns de ses anciens compagnons d'armes, et alors, les portes closes, on déploie avec mystère le glorieux morceau de soie, et l'on verse sur ses plis troués de balles et tachés de sang, quelques larmes d'attendrissement au souvenir des victoires remportées sous sa conduite, quelques larmes de rage au souvenir de la dernière défaite.

Cette défaite, pourtant, il faudra bien la venger un jour; n'y a-t-il plus en France un roi puissant, maître de nombreuses armées et de redoutables navires? Oui, la résolution du vieux soldat est prise, et c'est à ses compagnons qu'il le promet d'une façon solennelle, il partira, il ira trouver le Roi, il déploiera devant lui le drapeau de Carillon et lui dira qu'il faut venger sa défaite.

A ce grand Roi, pour qui nous avons combattu,
Racontant les douleurs de notre sacrifice,
J'oserai demander le secours attendu!

Il part plein d'espoir. Mais le Roi qui régnait encore

---

(1) Chaque régiment avait un drapeau différent, ordinairement aux couleurs du colonel. Mais dans chaque régiment aussi, une compagnie, la compagnie colonelle, avait le drapeau blanc, qui était l'insigne du commandement.

à Versailles, c'était Louis XV, et l'on devine quelle déception

> Quand le pauvre soldat avec son vieux drapeau
> Essaya de franchir les portes de Versailles.

Pauvre homme qui ne connaissait ni Paris, ni Versailles, ni la Cour, ni son étiquette, et qui, de son désert canadien, tombait au milieu de tout cela, sans autre bagage que sa fidélité, son drapeau et son héroïque naïveté ! Il ne put seulement franchir la grille du château ; la sentinelle rit à son histoire et railla son air emprunté. D'où sortait-il ? Est-ce qu'on entrait ainsi chez le Roi ? Et le pauvre homme, le cœur gros, et son cher drapeau plié sur sa poitrine, dut reprendre le chemin du Canada, l'espoir brisé et la vie finie : il savait maintenant que le drapeau de Carillon ne serait jamais vengé !

Mais à ses compagnons qui, eux, l'attendaient pleins d'ardeur et d'enthousiasme, allait-il avouer qu'un soldat — un soldat français — l'avait accueilli avec des risées et avait raillé le drapeau de Carillon ? Non, cela, ses vieux compagnons d'armes ne le sauront jamais.

> Pour conserver intact le culte de la France,
> Jamais sa main n'osa soulever le linceul
> Où dormait pour toujours sa dernière espérance.

Et, — sublime et pieux mensonge, — refoulant dans son cœur toute sa honte et toute sa tristesse, il apporte à ses compagnons la joie et l'espoir : qu'ils attendent, qu'ils patientent encore, le roi de France a promis de venger le drapeau de Carillon!

Mais comment conserver toujours un visage gai sur un cœur ulcéré par le désespoir? Le vieux soldat sent qu'il va succomber bientôt à ce supplice. Avant de mourir, il veut revoir les champs où il déploya si fièrement les plis victorieux de son drapeau ; il veut revoir les plaines et les coteaux de Carillon :

> Sur les champs refroidis, jetant son manteau blanc,
> Décembre était venu. Voyageur solitaire,
> Un homme s'avançait d'un pas faible et tremblant
> Au bord du lac Champlain. Sur sa figure austère
> Une immense douleur avait posé sa main.
> Gravissant lentement la route qui s'incline
> De Carillon bientôt il prenait le chemin,
> Puis enfin s'arrêtait sur la haute colline.
>
> Là, dans le sol glacé fixant un étendard,
> Il déroulait au loin les couleurs de la France ;
> . . . . . . . . . . . . . . . . . . . . . . . .
> Sombre et silencieux il pleura bien longtemps
> Comme on pleure au tombeau d'une mère adorée,
> Puis, à l'écho sonore envoyant ses accents,
> Sa voix jeta le cri de son âme éplorée :
>
> « O Carillon, je te revois encore
> Non plus, hélas! comme en ces jours bénis
> Où dans tes murs la trompette sonore,
> Pour te sauver nous avait réunis!
> Je viens à toi quand mon âme succombe
> Et sent déjà son courage faiblir.
> Oui, près de toi venant chercher ma tombe,
> Pour mon drapeau, je viens ici mourir. »
> . . . . . . . . . . . . . . . . . . . . . . . .
> . . . . . . . . . . . . . . . . . . . . . . . .
> A quelques jours de là, passant sur la colline,
> A l'heure où le soleil à l'horizon s'incline,

> Des paysans trouvaient un cadavre glacé
> Couvert d'un drapeau blanc. Dans sa dernière étreinte,
> Il pressait sur son cœur cette relique sainte
> Qui nous redit encor la gloire du passé.

Comment ne pas citer une autre pièce du même poète, intitulée : *le Vieux Soldat canadien*, et qu'il composa lors de l'arrivée à Québec, en 1855, du premier navire de guerre français qui eût visité le Saint-Laurent depuis la cession à l'Angleterre? Là encore, il nous présente un vieux soldat, un des compagnons survivants du porte-drapeau de Carillon peut-être. Depuis bien longtemps, il voit flotter sur les murs de Québec l'étendard britannique, mais il n'a pas perdu l'espoir, il attend toujours le retour des Français.

Reviendront-ils? C'est le refrain qui, comme une obsession sans cesse renaissante, termine chaque strophe du poème, et comme le grand âge l'a rendu aveugle, c'est à son fils que s'adresse le vieux soldat pour interroger l'horizon :

> « Dis-moi, mon fils, ne paraissent-ils pas? »

Mais nulle voile française ne point à l'horizon, et le pauvre vieillard meurt sans avoir vu réaliser son espérance, mais aussi sans avoir perdu sa foi, et c'est en mourant qu'il pousse cette exclamation de regret :

> « Ils reviendront, et je n'y serai plus! »

Puis le poète, faisant allusion à la présence du navire

français, alors mouillé dans le fleuve, termine par cette apostrophe :

> Tu l'as dit, ô vieillard, la France est revenue.
> Au sommet de nos murs voyez-vous dans la nue
> Son noble pavillon dérouler sa splendeur?

Et ce pavillon, c'était le drapeau tricolore qui, le 18 juillet 1855, flottait au mât de la frégate française *la Capricieuse*, et sur tous les murs de la cité!

Depuis la *Capricieuse*, les visites des navires de guerre français sont devenues fréquentes dans les eaux du Saint-Laurent. Quelques-unes d'entre elles ont inspiré encore d'une façon très heureuse les poètes canadiens. En 1892, M. Nérée Bauchemin a adressé aux marins de l'*Aréthuse* et du *Hussard*, alors dans la rade de Québec, une pièce lyrique intitulée : *D'Iberville*, pièce vigoureusement rimée et dans laquelle on entend résonner de ces notes éclatantes de clairon, telles que savait en lancer notre poète militaire Déroulède. C'est le récit du combat livré aux Anglais par l'illustre marin d'Iberville, dans les régions glacées et désertes de la mer d'Hudson. Avec son seul navire *le Pélican*, il captura les trois navires ennemis qui s'étaient crus, en l'attaquant, sûrs de la victoire.

D'IBERVILLE,

Aux marins de l'*Aréthuse* et du *Hussard*.

> Flamme à la drisse, vent arrière
> A demi couché sur bâbord,
> *Le Pélican* cingle en croisière,
> A travers les glaces du Nord,

> Malgré la neige et la rafale,
> Il file grand'erre. A l'avant,
> Tout à coup un gabier s'affale
> Criant : « Trois voiles sous le vent! »
>
> Sournoisement, parmi les ombres
> D'un ciel bas, au loin, sur les eaux,
> Balançant leurs antennes sombres,
> Montent les mâts des trois vaisseaux ;
> On dirait ces oiseaux du pôle
> Qui s'enlèvent avec efforts,
> Et dont le vol lourd et lent, frôle
> La nuit de ces mers aux flots morts.
>
> Un contre trois! Parbleu, qu'importe!
> *Le Pélican* n'eut jamais peur.
> Il vole, et le nordet l'emporte
> Dans un large souffle vainqueur.
> Le pavillon de la victoire,
> C'est celui des marins français.
> . . . . . . . . . . . . . . .

Puis après une longue et vivante description du combat et de la victoire, le poète termine par cet envoi aux marins de l'*Aréthusee* et du *Hussard* :

> Chers marins, chers Français de France,
> D'Iberville est votre parent.
> Par mainte fière remembrance,
> Le cœur des fils du Saint-Laurent,
> Malgré la cruelle secousse,
> A la France tient ferme encor.
> Ce nœud n'est pas un nœud de mousse,
> C'est un bon nœud franc, dur et fort.

La poésie des poètes n'est pas la seule. Au Canada comme ailleurs, le peuple a la sienne, et ce n'est pas la moins propre à indiquer ses tendances, ses goûts, ses aspirations et ses enthousiasmes.

Parmi les chansons populaires du Canada, pas une qui ne vienne de France et qui, surtout, ne parle de la France; on y voit défiler comme dans un panorama toutes les vieilles provinces, toutes les vieilles villes françaises d'où sont sortis les Canadiens et d'où ils ont apporté avec eux ces antiques et naïfs refrains.

Un patriote, M. Gagnon, a pris soin de les recueillir et d'en noter la musique. Ce n'est pas que ces vieilles chansons aient rien de remarquable ni comme œuvre littéraire, ni comme œuvre musicale, mais ce qu'elles ont de tout particulièrement intéressant, c'est que les Canadiens y sont attachés comme à des souvenirs presque sacrés et qu'ils les ont adoptées pour ainsi dire comme des chants nationaux. S'ils ne les entonnent pas sans émotion, c'est que ces simples chansons réveillent dans leur cœur tous les souvenirs d'enfance, tous les souvenirs du foyer et du pays natal et y font surgir l'image sacrée de la patrie.

Ne sourions pas aux vieilles chansons canadiennes, si naïves et si simples qu'elles nous paraissent; avec les Canadiens, respectons-les, découvrons-nous à leurs accents, elles sont les chants patriotiques d'un peuple qui se souvient qu'il est Français et qui veut rester Français.

Faut-il l'avouer en terminant, la littérature canadienne a quelquefois trouvé, parmi les Français, des juges peu bienveillants et n'a reçu de leur part que des appréciations un peu sévères, on pourrait presque dire injustes. Certes, si l'on juge des lettres françaises au Canada par la lecture des textes de lois et même d'une partie des journaux, on s'en fera une idée peu avantageuse. Nous avons montré plus haut quels étaient les motifs de cette infériorité forcée d'une partie de la presse, obligée de traduire et de puiser dans les journaux anglais.

Mais ouvrez les œuvres des vrais écrivains canadiens, et vous y trouverez des pages qu'on pourrait donner, en France même, comme des modèles d'élégance, de finesse et de recherche d'expression.

La littérature canadienne, on peut l'affirmer hautement, doit prendre une place honorable dans la littérature française; cette place a déjà été consacrée par les plus hauts juges des arts et de la pensée : plusieurs auteurs canadiens, poètes et prosateurs, ont été couronnés par l'Académie française.

La modestie de certains critiques canadiens est certes beaucoup trop grande; M. Buies est de ceux qui méritent le plus ce reproche : « C'est un lot peu « enviable, dit-il, dans notre pays, que celui qui est « dévolu aux ouvriers de la pensée. Il n'y a pas place « pour eux. Ce pays, encore dans l'enfance de toutes « choses, où tout est à créer pour qu'il atteigne au « rang qu'il occupera un jour dans la civilisation, a « besoin avant tout, à l'heure actuelle, de bûcherons, « de laboureurs, d'artisans et de mécaniciens qui lui « fassent une charpente et un corps avant qu'il songe « à meubler et à garnir son cerveau. Aux littérateurs, « il ne faut pas songer encore. »

Je crois avoir suffisamment montré, au contraire, que le cerveau de la nation canadienne se développe conjointement à sa charpente et à son corps, et qu'elle peut désormais, à la fois, marcher, agir et penser.

# CHAPITRE XXV

## MISSION PROVIDENTIELLE.

L'impression qui se dégage de la lecture des historiens, des romanciers et des poètes, c'est que le peuple canadien est un peuple élu, désigné par le doigt de Dieu pour agir d'une façon notable sur les destinées de l'Amérique.

L'action de la Providence, les historiens canadiens nous la montrent partout. C'est elle, nous l'avons déjà dit, d'après eux, qui dirige Cartier sur les rives du Saint-Laurent, c'est elle qui y fixe Champlain, c'est elle qui donne comme fondateurs à la nation canadienne de pieux héros et de sublimes martyrs. C'est elle encore qui dirige, à travers les impénétrables fourrés de la forêt, le bras des défricheurs, et c'est elle enfin qui tous, héros, martyrs et colons, les conduit de son doigt puissant vers leur mystérieux avenir.

> La plante qui va naître étonnera le monde,
> Car, ne l'oubliez pas, nous sommes en ce lieu
> Les instruments choisis du grand œuvre de Dieu (1).

(1) FRÉCHETTE, *Légende d'un peuple*, p. 59.

Quel est ce grand œuvre dont le peuple canadien sera l'instrument, et quelle providentielle mission va-t-il accomplir ? La voix des Canadiens sera unanime encore à nous répondre, et du haut de la chaire sacrée comme de la tribune politique, nous entendrons toujours retentir ces mots : « Notre mission, c'est de remplir en Amérique, nous, peuple de sang français, le rôle que la France elle-même a rempli en Europe. »

C'est là, chez tout Canadien, non pas seulement une idée, mais une foi. Nul n'est leur ami s'il ne la partage, et nul, il faut le dire, ne peut demeurer au milieu d'eux sans la partager ; elle a gagné jusqu'à leurs gouverneurs anglais eux-mêmes, et lord Dufferin disait, en 1878, dans un discours officiel :

« Effacez de l'histoire de l'Europe les grandes ac-
« tions accomplies par la France, retranchez de la
« civilisation européenne ce que la France y a fourni,
« et vous verrez quel vide immense il en résulterait.
« Mon aspiration la plus chaleureuse pour cette pro-
« vince a toujours été de voir les habitants français
« remplir pour le Canada les fonctions que la France
« elle-même a si admirablement remplies pour l'Eu-
« rope. »

Cette mission civilisatrice, les Canadiens l'aperçoivent sous une double face : ils doivent répandre en Amérique, au milieu de ce peuple « voué tout entier aux intérêts matériels (1) », le culte de l'idéal

---

(1) ROUTHIER, *Conférences*. Québec, 1 vol. in-8°.

et de l'art dont la race française semble la propagatrice et l'apôtre; mais leur mission s'étend plus loin encore et s'élève plus haut. Au delà de toute préoccupation terrestre, c'est une mission divine qu'ils ont à remplir. Ils doivent, eux catholiques, eux l'un des peuples restés le plus strictement dévoués à l'Église, conquérir au catholicisme l'Amérique du Nord tout entière.

Nul ne niera qu'au point de vue de l'idéal et de l'art les Américains n'aient besoin d'une initiation, et ne doivent accueillir avec reconnaissance ceux qui seraient leurs éducateurs. Le sens artistique de l'Américain, demeuré assez obtus, aurait besoin d'être affiné. Je ne parle pas de la classe, très peu nombreuse, de l'aristocratie, qui, autant que chez nous, est instruite, lettrée, délicate de goûts et d'instincts, mais de la masse du peuple.

En France, un paysan, d'une façon si obscure que ce soit, a pourtant un certain sens du beau : voyez les costumes de nos vieilles provinces dont nos peintres se plaisent à reproduire la pittoresque variété ! voyez les vieux meubles de nos campagnes que se disputent les amateurs (1) !

---

(1) Cette supériorité artistique du Français est constatée par tous. M. Taine cite le fait qui suit :

« Toujours la même différence entre les deux races. Le Français goûte et découvre d'instinct l'agrément et l'élégance; il en a besoin. Un quincaillier de Paris me disait qu'après le traité de commerce, quantité d'outils anglais, limes, poinçons, rabots, avaient été importés chez nous; bons outils, manches solides, lames excellentes, le tout à bon marché. Cependant on n'en avait guère vendu. L'ou-

Les Américains, eux, ne discernent la beauté des choses qu'à travers leur valeur. Un chiffre de dollars est une explication dont ils ont besoin pour comprendre, et ils n'admirent que lorsqu'il est gros. L'argent, chez eux, est en grande partie la mesure de la beauté.

Cette tendance d'esprit se manifeste de toute façon et dans les sujets les plus disparates. On voit les théâtres de féeries annoncer sur les programmes, à côté de l'énumération des tableaux, le prix qu'a coûté chaque décor. Dans le splendide jardin zoologique de Cincinnati, sur la cage d'un majestueux lion d'Afrique et sur celle d'un ours gris des mers Glaciales, avec leur nom, est indiquée leur valeur.

Le fameux tableau de Millet, *l'Angelus*, n'a pas été exhibé dans toutes les villes de l'Amérique par un entrepreneur adroit, sans que le public fût informé et du prix qu'il avait été payé, et des 150,000 *francs de droits de douane* qu'il avait dû acquitter pour franchir la frontière. Sans cet avertissement, personne peut-être ne se fût inquiété ni de l'objet d'art, ni de son mérite; mais ces chiffres étaient connus, tout le monde courait le voir.

Cette absence de sentiment artistique se manifeste partout aux États-Unis. L'œil cherche en vain des des monuments dans leurs grandes villes. Les Américains conçoivent le grand, mais non pas le grandiose.

---

vrier parisien regardait, touchait et finissait par dire : « Cela n'a pas d'œil », et il n'achetait pas. » (TAINE, *Notes sur l'Angleterre*, p. 305.)

L'Auditorium, que les habitants de Chicago ont la prétention de faire admirer aux étrangers, est une lourde carrière de moellons et de pierres de taille dans laquelle on n'entre qu'en baissant les épaules, de peur d'être écrasé sous sa masse.

Le « monument », élevé dans la capitale même, en l'honneur de Washington, est l'édifice en pierre le plus élevé de l'univers entier. C'est son principal mérite, et c'est le seul sans doute qu'aient ambitionné les Américains. La hauteur des flèches de Cologne les rendait jaloux. Ils ont voulu avoir plus haut; ils l'ont. C'est une sorte de paratonnerre en pierre de la forme de l'obélisque de la place de la Concorde, mais de 80 mètres de haut.

Le seul vrai monument de l'Amérique est le Capitole de Washington (1), mais celui-là est splendide et capable de faire envie à la vieille Europe tout entière.

Posez sur une colline plusieurs Panthéons de marbre, d'une blancheur immaculée, accompagnez-les de colonnades, d'escaliers monumentaux, de rampes, de terrasses couvertes de fleurs et de verdure, et vous n'aurez qu'une faible idée de la beauté du Capitole.

Mais si, gravissant ces rampes, ces terrasses et ces escaliers, vous pénétrez à l'intérieur, quelle pauvreté! Des couloirs sombres, des escaliers dénudés, voilà

---

(1) Indianopolis possède deux monuments : le Palais de l'État et le Palais de justice, d'une architecture assez heureuse, mais leurs proportions sont restreintes.

l'impression avec laquelle vous quittez cet admirable monument.

Oui, certes, les Américains ont une éducation artistique à recevoir; et de qui la recevront-ils? Est-ce des émigrants qui leur arrivent d'Europe? Mais la masse des émigrants ne se recrute guère dans des classes capables de fournir un enseignement artistique.

Voisine de la république américaine, la nation canadienne, seule, possède une unité d'action assez forte pour remplir envers elle ce rôle d'éducatrice. Et pourquoi ne le remplirait-elle pas d'une façon efficace? Cet instinct des beau-arts qui fait briller entre toutes les nations la France, sa mère, elle le possède, elle aussi; elle a des monuments, et sans être obligée de faire parade ni de leur hauteur, ni de leur prix, elle peut être fière de leur beauté.

Le palais du Parlement, à Québec, se dresse fièrement sur le large plateau d'où il domine le Saint-Laurent; son emplacement même dénote le sens artistique de ceux qui l'ont choisi. Pénétrez-y sans hésitation; derrière son élégante façade ne vous attend pas une déception. Un spacieux escalier aux boiseries couvertes de cartouches sculptés, rappelant par des devises ou des armoiries toute l'histoire du Canada français, vous conduit aux étages supérieurs. Nul détail ne choque, tout est fini, soigné, et vous ne trouvez nulle part ce je ne sais quoi d'inachevé et de provisoire, cet air de chantier en construction qui étonne quelquefois l'œil français dans les monuments américains.

Cette supériorité artistique des Canadiens, les Américains la reconnaissent eux-mêmes ; c'est avec une sorte de respect qu'ils viennent visiter Québec comme la ville par excellence des traditions des arts et de la littérature.

La mission de propager en Amérique le culte des arts est grande et belle ; mais combien est plus élevée encore celle de propagande religieuse que se donne non seulement le clergé, mais la société civile elle-même ! « Après avoir médité l'histoire du peuple
« canadien, dit l'abbé Casgrain, il est impossible de
« méconnaître les grandes vues providentielles qui
« ont présidé à sa formation ; il est impossible de ne
« pas entrevoir que, s'il ne trahit pas sa vocation, de
« grandes destinées lui sont réservées dans cette
« partie du monde. La mission de la France améri-
« caine est la même sur ce continent que celle de la
« France européenne sur l'autre hémisphère. Pion-
« nière de la vérité comme elle, longtemps elle a été
« l'unique apôtre de la vraie foi dans l'Amérique du
« Nord. Depuis son origine elle n'a cessé de pour-
« suivre fidèlement cette mission, et aujourd'hui elle
« envoie ses missionnaires et ses évêques jusqu'aux
« extrémités de ce continent. C'est de son sein, nous
« n'en doutons pas, que doivent sortir les conquérants
« pacifiques qui ramèneront sous l'égide du catholi-
« cisme les peuples égarés du nouveau monde (1). »

---

(1) Casgrain, *Histoire de la vénérable Marie de l'Incarnation*, t. I, p. 95.

Les progrès du catholicisme aux États-Unis sont indéniables. De toutes les Églises si nombreuses qui s'y disputent la prépondérance, l'Église catholique est aujourd'hui celle qui compte le plus de fidèles : près de 10 millions, tandis que la secte protestante la plus forte, celle des méthodistes, n'en compte pas la moitié.

C'est à l'immigration des Irlandais, des Allemands et des Canadiens qu'est due cette augmentation du nombre des catholiques ; ajoutez à cela que chez eux la natalité est fort élevée, tandis qu'elle est infime chez les protestants, si bien qu'un écrivain américain a pu calculer que dans un siècle l'Église catholique comptera 70 millions de fidèles en Amérique (1).

Ce mouvement n'est pas sans avoir, depuis longtemps, attiré l'attention des plus hautes autorités de l'Église catholique. Une nouvelle Église s'élevait en Amérique qui allait changer peut-être l'équilibre du catholicisme. Rome, désormais, devait s'appuyer sur elle en même temps que sur les vieilles Églises d'Europe. Ce nouvel arbre, jeune et plein de sève, n'était-il pas un point d'appui autrement ferme que ceux du vieux monde affaibli, et la sollicitude principale ne devait-elle pas se tourner vers l'avenir plutôt que vers le passé ?

M. de Vôgüé, à l'occasion du voyage à Rome en 1886 du cardinal Gibbons, venant plaider la cause de l'Association ouvrière des *Chevaliers du travail*, a

---

(1) *Journal des Débats* du 8 et 11 février 1891.

conté d'une façon vivante « cette irruption du Nou-
« veau Monde dans le milieu de la prélature romaine,
« peu préoccupée jusqu'ici des questions sociales »,
et, par ce seul fait, a pressenti que notre génération
allait voir peut-être de grands changements et
inaugurer une nouvelle période dans l'histoire du
monde.

Au mouvement de catholicisation de l'Amérique,
les Canadiens ont eu une grande part. Ils comptent
pour un million parmi les catholiques des États-Unis.
Mais s'ils sont, par le nombre, un élément important
de la nouvelle Église, ils le sont encore plus par l'esprit de cohésion et de solidarité qu'ils mettent au
service de leur foi. On ne voit pas chez eux de ces
relâchements du lien religieux qui ont conduit tant
d'autres émigrants catholiques à l'indifférence ou au
protestantisme, et cela parce que leur clergé canadien, toujours si dévoué et si patriote, les suit et les
dirige. Que d'Allemands, que d'Italiens, privés d'un
clergé national et entraînés par le milieu, ont été
perdus pour l'Église !

Et cependant, chose étrange, le clergé catholique
irlandais d'Amérique combat à outrance l'idée des
clergés nationaux. Il ne veut plus ni de Canadiens,
ni d'Italiens, ni d'Allemands; il prétend tout unifier
sous le joug de la langue anglaise. Quel est son but?
Ne voit-il pas qu'il risque ainsi de faire perdre à
l'Église des éléments qui, une fois perdus, ne se
retrouveront plus? N'a-t-il pas l'exemple même des
millions d'Irlandais passés au protestantisme? Ce

17

qu'il n'a pu empêcher chez les siens, ne doit-il pas craindre de le provoquer chez les autres? Il invoque la nécessité de favoriser l'unité nationale américaine. L'unité nationale consiste-t-elle donc seulement dans la langue anglaise, et, d'ailleurs, le clergé peut-il faire passer l'intérêt américain avant l'intérêt catholique?

Depuis son origine, et par la force même de l'histoire, l'Église catholique est une puissance latine. Quelle serait sa destinée si toute une portion nouvelle de cette Église, qui bientôt peut-être sera la plus puissante, était absorbée par le monde anglo-saxon?

L'idée anglaise est aussi inséparable de l'idée protestante que l'idée française de l'idée catholique. La France aurait beau s'en défendre, il lui est impossible de ne pas être une nation catholique. Son histoire tout entière l'y force; y renoncer, serait amoindrir volontairement sa puissance et briser elle-même une arme qui combat pour sa grandeur. Comptez l'influence que vaut à la France dans le monde l'œuvre admirable de ces légions de missionnaires qu'elle sème sur les deux hémisphères, et vous verrez, si elle peut, de gaieté de cœur, y renoncer sans regrets!

L'Angleterre et la civilisation anglaise sont aussi irrémédiablement liées au protestantisme que la France au catholicisme. La langue anglaise est le véhicule du protestantisme à travers le monde; et c'est à elle qu'on voudrait confier la garde des intérêts catholiques en Amérique?

Des rapprochements trop intimes avec les éléments de langue anglaise, et même avec les éléments protestants, — car le clergé irlandais a voulu conclure une sorte de trêve avec les autorités protestantes, — ne seraient-ils pas une capitulation bien plus qu'une victoire?

Ceux qui tiennent haut et ferme le drapeau de l'Église latine, ceux qui peuvent remplir là, sur ce jeune hémisphère, le rôle historique rempli par la France dans le vieux monde, ce sont les Canadiens. Puissent-ils recevoir dans cette grande tâche les encouragements et les secours que méritent et leur persévérance et leur foi. Avec un but aussi noble, ils peuvent marcher la tête haute vers l'avenir.

# TROISIÈME PARTIE

AVENIR DE LA NATION CANADIENNE

## CHAPITRE XXVI

DESTINÉE POLITIQUE ET SOCIALE.

Nous avons suivi l'évolution historique des Canadiens; nous avons exposé leur état présent au point de vue matériel et moral, montré la richesse de leur territoire et le merveilleux accroissement de leur population; nous avons aussi analysé leur sentiment national et montré que, par la réunion même de tous ces éléments divers, ils constituent dès aujourd'hui une véritable nation.

Cette nation naissante, tout fait prévoir qu'elle doit s'accroître et occuper une place honorable parmi les nations d'Amérique. Trop jeune encore pour se suffire à elle-même, elle doit, pour le moment, demeurer sous la protection d'une nation plus puissante. C'est aujourd'hui l'Angleterre, mais les Anglais eux-mêmes ne pensent pas que ce protectorat puisse être de longue durée. Tous, les uns avec regret, les autres avec joie, prévoient que dans un avenir plus ou moins long il devra cesser; en ce cas, quels changements de souveraineté pourront advenir et quelle influence ces changements auront-ils sur la situation et le progrès des Canadiens?

Quelques Anglais patriotes, inquiets de voir s'accentuer de plus en plus le mouvement d'émancipation de leurs colonies, ont émis le vœu de voir resserrer les liens qui les unissent à la métropole. Ils ont mis en avant le fameux projet de la Fédération impériale, qui n'est pas sans avoir acquis une certaine célébrité, et dont les revues et les journaux britanniques entretiennent leurs lecteurs.

C'est là, il faut bien l'avouer, une idée qui semble irréalisable. Beaucoup d'hommes éminents ont trouvé pour la combattre les arguments les plus sérieux. La Fédération impériale, disent-ils, avec un Parlement impérial siégeant à Londres et délibérant sur les affaires de tout l'Empire anglais, quelle chimère, bien mieux, quelle calamité! Dans un tel Parlement, les représentants des possessions d'outre-mer dépasseraient de beaucoup en nombre ceux de l'Angleterre britannique; ce serait l'asservissement de l'Angleterre à ses colonies, et de chacune des colonies à l'ensemble des autres. Possédant toutes aujourd'hui leur autonomie particulière, consentiront-elles à une pareille capitulation? Une alliance, d'ordinaire, se contracte, une fédération s'organise par suite de la réunion d'intérêts communs; mais quelle force serait capable de former et de maintenir une alliance contraire à la fois aux intérêts de tous les contractants?

Les promoteurs eux-mêmes de la Fédération impériale se rendent parfaitement compte de ce que leurs désirs ont de pratiquement irréalisable, et leurs plans ne vont guère au delà du vœu de réunir périodiquement de grandes conférences coloniales, « composées des hommes les plus compétents des colonies et de la mère patrie », dont la tâche serait « l'élaboration, non de lois, mais de recommandations ou vœux (1) », et dont les délibérations porteraient sur « la défense impériale, les arrangements postaux et « télégraphiques, les problèmes sociaux, dans la dis« cussion desquels la mère patrie peut apprendre des « colonies, et les colonies de la mère patrie ».

Un congrès d'hommes éminents qui ne fait pas de lois, mais émet des vœux, dont les sujets de délibération se renferment dans l'étude des arrangements postaux et télégraphiques et dans celle des problèmes sociaux, cela se voit tous les jours, en Angleterre, en France et ailleurs ; des représentants de la Russie, de l'Autriche, de l'Allemagne, et même des États de l'Extrême-Orient, se rassemblent pour discuter en commun sur les grandes questions d'intérêt général, et ces congrès internationaux ne constituent pas une « Fédération impériale ».

Entendue de cette façon, la fédération des colonies anglaises est donc fort praticable ; mais c'est la seule. Toute autre interprétation du projet n'obtient, dans

---

(1) Compte rendu du discours de lord Rosberry à une réunion des fédéralistes impériaux à Mansion-House, le 15 novembre 1889. (*Canadian Gazette*, 24 novembre 1889.)

les grandes colonies, et spécialement au Canada, qu'un succès de silence et de dédain. Tout au plus sort-elle quelquefois de l'oubli aux jours d'élections pour servir d'épouvantail auprès du peuple, auquel on montre la *Fédération impériale* comme un monstre affamé, prêt à le dévorer.

En Angleterre même, le mouvement fédéraliste, malgré sa ligue, ses comités, ses présidents et ses séances, n'a qu'une importance factice, et les organes les plus autorisés de l'opinion tendent à réagir contre « les aspirations vagues et trompeuses qui se glissent sous cette rubrique (1) ».

L'indépendance des colonies est une hypothèse bien plus probable que la réalisation du rêve des fédéralistes.

Et pourquoi ne pas parler ouvertement de la rupture du lien colonial entre le Canada et l'Angleterre, quand tous les hommes d'État anglais eux-mêmes en parlent, quand les organisateurs de la Confédération canadienne, en 1867, ne se sont pas fait illusion sur la durée probable de leur œuvre, en tant que soumise à l'hégémonie anglaise!

Dans la discussion du projet, un des orateurs, M. Bright, déclara qu'il serait peut-être préférable d'ériger tout de suite les colonies américaines en État indépendant; un autre, M. Fortescue, émit l'espoir que la nouvelle Confédération donnerait naissance « à un grand royaume transatlantique, sur

---

(1) *Spectator*, cité par le journal *Paris-Canada*, 22 août 1891.

« lequel l'Angleterre serait toujours heureuse et fière
« de compter (1) ».

Dans combien de réunions, dans combien de discours, a-t-on, depuis, entendu des déclarations semblables! Tout récemment, M. Blake disait encore :
« Si le Canada se décide à se séparer de nous, nous
« pouvons faire acte de résignation, lui serrer cor-
« dialement la main et lui dire adieu (2). »

Les organes les plus autorisés de la presse vont répétant sans cesse aux colonies qu'elles sont libres de se séparer à l'heure où elles le voudront, que l'Angleterre n'y mettra pas obstacle, laissant presque entendre qu'elle le verrait avec plaisir. Le *Times* écrit : « Les colonies nous jettent sans cesse dans des
« querelles qui ne nous regardent pas... Combien de
« temps cela doit-il durer? Quelques autres différends
« comme celui de la mer de Behring nous forceront
« à regarder en face le problème et à nous demander
« sérieusement si les relations actuelles entre la mère
« patrie et les colonies sont bien équitables pour les
« contribuables anglais (3). » La presse libérale canadienne prend acte d'une telle déclaration pour railler l'*indiscrète et tenace loyauté* des conservateurs envers une si indifférente métropole. Ne veulent-ils donc pas *comprendre à demi-mot* et s'obstineront-ils, dit

---

(1) *Moniteur universel*, 2 mars 1867. Compte rendu de la séance de la Chambre des communes du 1ᵉʳ mars 1867.

(2) *Patrie*, 27 août 1892. Discours de M. Blake au Club des Quatre-vingts.

(3) Cité par la *Patrie*, journal de Montréal, 27 août 1892.

17.

le journal *la Patrie*, « à abuser de l'hospitalité que
« l'Angleterre continue, un peu malgré elle, à nous
« accorder? Comprendront-ils enfin une bonne fois
« toute l'inconvenance de notre position, et faudra-t-il
« la force pour nous faire déguerpir (1)? »

Les conservateurs canadiens eux-mêmes, qui désirent maintenir le plus longtemps possible le lien colonial avec l'Angleterre, reconnaissent cependant qu'un jour il sera fatalement rompu. Le lieutenant gouverneur actuel de la province de Québec, M. Chapleau, l'un des représentants les plus autorisés du parti conservateur, déclarait à un journaliste français, durant un séjour fait récemment en France, que, « quant à l'indépendance du Canada, tout le monde
« est persuadé qu'elle arrivera à être proclamée du
« consentement même de l'Angleterre, mais qu'il faut
« attendre encore, et retarder la demande de l'indé-
« pendance jusqu'au jour où la population sera plus
« dense et où le pays sera plus puissamment orga-
« nisé (2) ».

Et pourquoi les Anglais redouteraient-ils cette séparation? Lequel de leurs intérêts est engagé au maintien du lien colonial? L'intérêt commercial? Mais ils ne jouissent à ce point de vue d'aucun privilège particulier, et le tarif douanier canadien frappe les produits anglais à l'égal des produits étrangers. Regretteront-ils un débouché pour les fonctionnaires

---

(1) La *Patrie*, article du 9 avril 1892.
(2) Journal *le Matin*, 26 avril 1893.

métropolitains, une mine à places lucratives? De toutes les fonctions, il n'en est qu'une qui demeure à la nomination de l'Angleterre, celle du gouverneur général; toutes les autres appartiennent au gouvernement canadien et sont réservées à des Canadiens.

Les plus intéressés, en somme, au maintien de l'allégeance anglaise, ce ne sont pas les Anglais, ce sont les Canadiens eux-mêmes, qui, sans en supporter aucun frais, ont droit à la protection diplomatique et militaire d'une grande nation.

Le lien colonial rompu, — le plus tard possible, suivant le vœu des conservateurs, — le plus tôt qu'il se pourra, suivant le désir des libéraux, — qu'adviendrait-il du Canada? Est-il mûr pour l'indépendance? Beaucoup de bons esprits en doutent et se demandent quelles garanties elle offrirait à un État, jeune encore, placé seul en face d'un voisin tel que les États-Unis.

La Confédération canadienne possède bien un territoire égal, supérieur même à celui de l'Union, mais sa population n'est que de 5 millions d'âmes, en regard de 60 millions d'Américains. On cite l'exemple de l'Europe, où des États minuscules subsistent côte à côte avec des États puissants. Mais dans notre vieux monde lui-même, l'existence de ces petits États serait-elle possible s'ils ne s'équilibraient par leur nombre, et si la rivalité des forts n'était une garantie de la durée des faibles?

La rupture par le Canada de son union avec l'Angleterre serait probablement le prélude de son annexion aux États-Unis. C'est à cette annexion que pousse, ouvertement ou d'une façon indirecte, le parti libéral canadien. Cette campagne a pris depuis quelque temps une certaine ampleur, mais il ne s'ensuit pas que nous soyons tout près d'en voir les résultats. Depuis longtemps qu'elle est commencée (1), elle n'a pas abouti, et cela peut durer longtemps encore.

A quel mobile obéissent les libéraux canadiens en souhaitant cette union? Beaucoup d'entre eux se laissent éblouir par le mot même de *République*, qui désigne le gouvernement de leurs voisins. Pure question de mots, car la république que leur a octroyée la reine d'Angleterre sous le protectorat de sa couronne — c'est la meilleure définition qu'on puisse donner du gouvernement canadien — est dotée d'institutions tout aussi libérales que la République américaine elle-même.

Les hommes éclairés, les chefs du parti, obéissent à des considérations d'une nature plus élevée et plus sérieuse. Ils considèrent le Dominion comme un théâtre trop restreint pour le développement de leur activité et de leurs talents. Cette confédération de sept provinces, égrenées de l'est à l'ouest, presque sans intérêts communs entre elles, sans lien géographique ni économique, ne formera jamais, pensent-ils, qu'un État désuni, sans cohésion et sans puissance. Toutes les carrières ouvertes à une ambition

---

(1) En 1849, Papineau avait, devant le Parlement canadien, émis l'idée de l'annexion aux États-Unis.

légitime : armée, marine, diplomatie, commerce, politique, l'Union les leur ouvrirait bien plus larges et plus grandes que ne peut le faire le Dominion.

Les conservateurs, de leur côté, combattent l'idée d'annexion au nom de la liberté même. Ils ne pensent pas que les institutions américaines soient supérieures à celles dont ils jouissent, et ne peuvent admettre, par exemple, que l'élection des juges, adoptée par presque tous les États américains, soit une garantie de la dignité et de l'indépendance de la magistrature.

L'intérêt national canadien-français est enfin invoqué à la fois par les deux partis, pour soutenir — chose curieuse — les deux thèses opposées. Nous devons, disent les libéraux, donner la main, par delà la frontière, à nos compatriotes des États-Unis. Déjà ils exercent une influence politique dans la grande République. Leur vote est recherché dans les élections présidentielles ; à quoi ne pourrons-nous pas aspirer quand nous compterons, par l'annexion, trois millions d'électeurs français ? N'aurons-nous pas le droit d'exiger au moins un ministre français ? Les Irlandais, vivant en fait dans une situation inférieure et manquant d'hommes d'État et de chefs, les nôtres, — comme catholiques, — prennent tout naturellement leur direction. Soit douze millions d'électeurs en plus. Quelle puissance alors, quelle influence exercée dans la grande République par la race canadienne-française !

A ce langage enthousiaste et optimiste, les conservateurs répondent : voyons l'exemple des Français de la Louisiane, tombés, sans influence, déjà à demi absorbés par l'élément de langue anglaise, et craignons pour nous le même sort. Et vraiment, quoique la situation des Louisianais ne soit pas analogue à celle des Canadiens, qu'ils n'aient eu, pour résister à l'envahissement américain, aucun des moyens dont disposent leurs compatriotes du Nord, ni la densité de population, ni l'ardeur du sentiment national, il y a dans ces craintes quelque apparence de raison.

Quant aux Américains eux-mêmes, dont l'avis, après tout, ne devrait pas être le dernier à prendre en cette question, que pensent-ils de l'annexion du Canada à leur pays? La souhaitent-ils? refuseraient-ils ce cadeau s'il leur était offert? Il est du moins incontestable qu'ils attendront cette offre et ne la solliciteront pas.

Certes, les plus enthousiastes se laissent entraîner à déclarer que les « limites de la République doivent être celles du continent même ». Mais c'est là une opinion de sentiment, une opinion de la foule ; quelle est celle des gens qui se laissent guider par la raison plus que par l'imagination? Ils pensent que leur pays est déjà suffisamment vaste pour qu'il ne soit pas désirable de l'agrandir encore ; que leur population se compose d'éléments assez divers, et qu'il pourrait être dangereux d'en augmenter encore la diversité par l'addition de populations nouvelles. N'ont-ils pas assez de la rivalité naissante de l'Est et de l'Ouest, de la rancune toujours persistante du Sud contre le Nord?

N'ont-ils pas assez de la question noire, de la question chinoise et de la question allemande, sans s'embarrasser encore d'une question canadienne?

Aussi, leur presse de toute opinion déclare-t-elle très haut, et avec une pointe de fatuité bien américaine, que « le pays n'est pas disposé à flirter avec « le Canada. Le Canada peut être une fort jolie et « mignonne personne, et agiter son mouchoir d'une « façon provocante, mais les États-Unis ont d'autres « affaires en tête et ne se soucient pas de se compro- « mettre avec de petites créatures inconsidérées (1) ».

Que dites-vous du compliment? Et un autre journal ajoute sur un ton plus sérieux : « Quand le Canada « voudra être annexé, il aura à en solliciter la faveur « et devra se montrer heureux s'il l'obtient (2). »

Les deux journaux cités appartiennent aux deux opinions différentes qui partagent les Américains : l'un est démocrate, l'autre républicain; on peut donc supposer qu'ils reflètent l'opinion générale à l'égard de l'annexion.

A ne considérer que l'intérêt national des Canadiens-Français, quels seraient les résultats probables de l'Union? Il est à croire que les espérances enthousiastes des libéraux et les craintes pessimistes des conservateurs sont également exagérées. L'Union ne donnerait pas aux Canadiens français la direction des affaires publiques en Amérique, pas plus qu'elle

---

(1) *Louisville Courrier* (journal démocrate), 7 mars 1891.
(2) *Indianapolis Journal* (républicain), 7 mars 1891.

n'anéantirait leur nationalité. Mais on peut dire en toute sincérité, en ce qui concerne le groupe le plus compact de leur population, celui de la province de Québec, que son influence nationale serait certes moindre dans l'Union qu'elle ne l'est dans le Dominion.

On a beau faire remarquer que les droits souverains de Québec seraient semblables, qu'ils seraient même un peu plus étendus comme État de l'Union qu'ils ne le sont comme province du Dominion (les matières réservées au gouvernement fédéral étant moins nombreuses d'après la Constitution américaine que d'après la constitution canadienne); il n'en reste pas moins vrai que la province de Québec est aujourd'hui une des deux provinces les plus importantes d'une confédération qui n'en comprend que sept, tandis qu'elle entrerait dans l'Union comme cinquantième État d'une vaste confédération qui en comprend de très populeux et très puissants.

Au Parlement fédéral du Canada, les députés de langue française siègent au nombre de soixante environ sur deux cent six députés; combien seraient-ils au Congrès? En supposant que le nombre total des Canadiens et des Français s'élevât à 3 millions, ne représentant que le vingtième de la population, ils ne pourraient, suivant les prévisions les plus optimistes, espérer que le vingtième des sièges; ils en possèdent près du tiers au Parlement fédéral!

Sous prétexte de renforcer l'élément canadien aux États-Unis, n'aurait-on pas affaibli leur principal point d'appui, la province de Québec? n'aurait-on pas diminué la source en essayant d'enfler la rivière?

Quoi qu'il en soit, et quelles que puissent être les destinées politiques auxquelles elle sera soumise, la nation canadienne suivra ses destinées.

Favorable ou restrictif, aucun régime ne peut, à l'heure actuelle, entraver d'une façon absolue sa marche et ses progrès. Pas plus que de maîtriser la tempête, aucune force humaine n'est capable de réprimer l'expansion d'un peuple qui s'accroît.

Sortie de la France, la nation canadienne sera grande comme elle. Si nous avons le passé, elle a l'avenir : la jeune terre d'Amérique, quel terrain pour la marche d'une nation !

Les habitants du nouveau monde regardent — il faut bien l'avouer — notre Europe vieillie, avec une mélancolie un peu dédaigneuse ; elle perce jusque dans leur admiration et leurs éloges : « Un jour, en
« Italie, raconte un Canadien, M. Routhier, je gravis-
« sais les montagnes de la Sabine... J'avais laissé
« derrière moi les vieilles maisons de Frascati, et je
« montais lentement les hauteurs de Tusculum, comp-
« tant pour ainsi dire sous mes pas les larges pavés
« de la voie Latine, construite par les Empereurs.
« De temps en temps je m'arrêtais et je me retournais
« pour mesurer l'espace parcouru et la hauteur à
« laquelle j'étais arrivé. Sous mes pieds se cachaient
« déjà dans la verdure des bosquets les petites villes
« que je venais de quitter, et plus bas, au loin, s'éten-
« dait à perte de vue la campagne romaine, sans

« arbres, sans haies, sans cultures, solitaire et aban-
« donnée comme un désert, ou plutôt comme un im-
« mense sépulcre au milieu duquel se dressaient les
« arêtes irrégulières et croulantes des grands aque-
« ducs romains.

« Et je me disais : Voilà ce que deviennent les
« anciens peuples ! Partout ici je n'aperçois que des
« ruines. Sur ma gauche, de l'autre côté de ce ravin,
« s'élevait autrefois Albe la Longue; il n'en reste
« plus rien! Ces amas de pierres, ces tronçons de
« colonnes renversées qui couronnent le sommet de
« la montagne, c'est tout ce qui reste de Tusculum,
« la ville chérie de Cicéron!

« Et ma pensée, franchissant dans son vol l'Europe
« et l'Atlantique, revenait vers la patrie, toute pal-
« pitante de bonheur. Vivent les peuples jeunes!
« m'écriai-je; vive mon jeune pays tout brillant de
« promesses, auquel l'avenir sourit, et qui peut regar-
« der son passé, sans y voir de ces ruines que l'on
« admire, mais qui font pleurer (1)! »

Cette même idée, exprimée par M. Routhier d'une façon si pittoresque et si littéraire que nous n'avons pas hésité à en donner la citation tout entière, le peuple la rend d'une façon plus naïve, mais non moins sincère, quand il désigne toute contrée d'Europe, quelle qu'elle soit, sous ce nom un peu dédaigneux : « *les vieux pays* » ! *Old Contries,* comme disent les

---

(1) ROUTHIER, *Conférences et discours,* p. 34. Québec, 1890, in-8°.

Américains... Les vieux pays! comme cela est usé relativement à la jeune Amérique!

Eh bien, c'est sur cette terre toute neuve, toute prête à recevoir chaque impression nouvelle et à se vivifier de tout labeur et de tout effort, que les Canadiens, par leur population et par leur patriotisme, travaillent à l'édification d'une nation. Ils ont la confiance de la faire grande et forte; et cette nation, ils aiment à le dire et à le répéter à tous les échos de la renommée, cette nation, ce sera la *France Américaine!*

# CHAPITRE XXVII

## LA NATION CANADIENNE COMPTE ENCORE DANS LA PATRIE FRANÇAISE.

Quel que soit son avenir politique, et bien que la nation canadienne ait des destinés désormais distinctes de celles de la France, elle fait toujours partie cependant de la grande famille française. La patrie ne s'étend-elle pas au delà des frontières, et ne doit-on pas l'entendre aujourd'hui d'une façon plus large et plus haute ?

C'est une histoire curieuse à suivre que celle des vicissitudes par lesquelles est passée, à travers les siècles, cette noble idée de la patrie, et l'on peut constater qu'elle s'est agrandie ou rétrécie suivant les moyens dont les hommes ont pu disposer pour l'expansion de leurs idées, de leurs mœurs et de leur langue. Par les voies immenses qu'il a ouvertes, l'Empire romain a propagé au loin la patrie latine. Sur ces voies, le moyen âge a laissé pousser l'herbe ; la patrie est alors rentrée dans les murs de la cité. Elle en est de nouveau sortie à la voix des monarchies qui ont groupé en des royaumes unifiés et en des patries plus grandes ces petites unités éparses. Et voilà qu'aujourd'hui, après s'être agrandie de siècle en siècle, c'est le monde entier qu'il faut au développement merveilleux de la patrie, depuis qu'elle peut s'élancer sur les ailes de la vapeur et se propager avec elle.

Voilà trois siècles seulement que les navigateurs ont ouvert le nouveau monde à la conquête de l'Europe ; déjà cette conquête est presque entièrement accomplie, et de tous ceux qui y ont pris part, c'est un des plus petits peuples européens, un de ceux dont on pouvait le moins attendre ce grand mouvement d'expansion, qui a conquis la plus belle part, a le plus multiplié au loin sa patrie, sa langue, ses mœurs.

Au dix-septième siècle, suivant Macaulay, l'Angleterre ne comptait pas 5,000,000 d'habitants. Aujourd'hui elle compte 250 millions de sujets, règne en souveraine sur une partie de l'univers et fait sentir son influence sur tout le reste.

On peut sans exagération lui appliquer cette apostrophe que Tertullien adressait à l'Empire romain : « Le monde devient de plus en plus notre tributaire ; « aucun de ses points les plus écartés ne nous est de- « meuré inaccessible. On est sûr de trouver partout « un de nos navires... Nous écrasons le monde de « notre poids ! *Onerosi sumus mundo !* »

La patrie anglaise est-elle demeurée confinée dans les limites étroites de son île ? Non. Elle s'étend aujourd'hui partout où résonne la langue anglaise, partout où le nom anglais est connu, respecté ou craint.

Eh bien, dans ce mouvement d'expansion de l'Europe, qu'a fait la France? Partie l'une des premières, comme elle le fait toujours quand il s'agit de quelque chevalesque entreprise, la France, qui au dix-septième siècle dépassait de beaucoup l'Angleterre par l'importance et la beauté de ses colonies, s'est laissé depuis distancer, a lâché la proie pour l'ombre et négligé la possession du monde pour l'acquisition de quelques provinces en Europe.

Les hommes d'État qui l'ont dirigée au dix-septième siècle s'étaient efforcés pourtant de lui tracer ses grandes destinés ; Henri IV, Richelieu, Colbert (1) avaient inauguré et mis en pratique une vigoureuse politique coloniale, mais les pâles ministres qui leur ont succédé dans le cours du siècle suivant n'ont pas continué cette œuvre et ont laissé perdre à la France l'influence qu'elle devait occuper dans le monde.

Par quelle aberration les ministres de Louis XV ont-ils pu considérer les colonies comme des quantités négligeables, et sacrifier l'Amérique entière à je ne sais quelle politique européenne sans plan, sans but, sans mobile grandiose? C'est ce qu'il serait diffi-

---

(1) « Lorsque je considère, écrivait en 1663 M. d'Avaugour, gouverneur du Canada, à Colbert, la fin des guerres d'Europe depuis vingt ans, et les progrès qu'en dix ans on peut faire ici, non seulement mon devoir m'oblige, mais il me presse d'en parler hardiment. » (Cité par GARNEAU, t. I, p. 159.)

cile de s'imaginer, si l'on ne savait que les successeurs des Richelieu et des Colbert étaient alors des hommes pleins de charme et d'élégance, mais non plus de sévères et profonds politiques. La guerre de Sept ans, commencée comme une lutte maritime entre la France et l'Angleterre, — lutte d'où devait dépendre la prépondérance de l'une ou de l'autre dans l'univers, et dont nous pouvions certes sortir vainqueurs, — c'est un charmant poète, l'abbé de Bernis, qui, de concert avec Mme de Pompadour, l'a transformée en une guerre générale en Europe, dont nous devions nécessairement sortir vaincus.

« Un homme d'État, a écrit M. de la Boulaye, eût
« risqué la France pour sauver le Canada et con-
« server à la civilisation latine une part du nouveau
« continent. Céder, c'était signer l'affaiblissement de
« notre race; la part que la France a prise à la révo-
« lution d'Amérique contre l'Angleterre a bien pu
« laver son injure, mais elle n'a pas relevé sa puis-
« sance abattue (1). »

Les Anglais avaient une autre intuition des intérêts en jeu. Ils comprenaient que c'était l'empire du monde qu'ils allaient conquérir ou qu'ils allaient perdre, et ils s'acharnèrent, à force d'argent et de sang, — et malgré leurs premiers revers, — à obtenir la victoire finale.

Cette grandiose conception d'une haute destinée,

(1) Article de M. La Boulaye sur le premier volume de l'*Histoire de la Révolution américaine* de BANCROFT. (*Journal des Débats*, 28 mai 1852.)

ce n'était pas seulement les hommes d'État qu'elle inspirait en Angleterre, c'était le peuple anglais tout entier. La guerre du Canada avait été aussi populaire chez lui qu'elle était passé inaperçue chez nous, et tandis que Voltaire la tournait en ridicule, que les seuls journaux qui, en France, pussent renseigner l'opinion publique, *le Mercure* et *la Gazette*, gardaient sur les exploits de nos soldats un silence étonnant, ceux d'Angleterre éclairaient le peuple sur l'importance de ses conquêtes. La nouvelle de la perte du Canada, qui émut si peu en France et ne parvint à secouer ni l'indifférence des ministres ni celle du peuple, donna lieu en Angleterre à d'immenses explosions de patriotiques réjouissances.

Ce calme surprenant de la nation française devant le plus grand désastre qui eût frappé la patrie depuis plusieurs siècles n'est-elle pas une excuse pour les ministres qui avaient signé son abaissement? N'étaient-ils pas les directeurs que méritait cette France dégénérée, et peut-on reprocher au cardinal de Bernis et à Choiseul d'avoir été de leur temps, d'avoir obéi à l'influence du milieu dans lequel ils vivaient? La grande coupable ne fut-elle pas l'opinion publique elle-même?

L'opinion publique! ceux-là mêmes qui auraient dû l'éclairer et lui montrer de quel côté était vraiment le progrès et la grandeur de la nation étaient précisément ceux qui contribuaient le plus à l'égarer et à la lancer dans une fausse direction. Lisez l'œuvre des philosophes du dix-huitième siècle, et voyez s'ils ont eu seulement l'intuition des destinées qui, à leur époque même, se dessinaient pour l'Europe!

Montesquieu ne voit dans l'établissement des colonies d'autre objet que « de faire avec elles le commerce « à de meilleures conditions qu'on ne le fait avec les « peuples voisins... Le but de leur établissement est « l'extension du commerce, non la fondation d'une « ville ou d'un nouvel empire (1). » Ainsi, ce qui le frappe dans les avantages de l'expansion coloniale, ce sont ses côtés les plus plus étroits et les plus mesquins; il aperçoit le profit matériel, le gain et le lucre, mais déclare de peu d'importance le partage du monde en de *nouveaux empires*. La grandeur naissante de l'empire colonial de l'Angleterre qui commençait ne l'a même pas frappé!

Et Voltaire, ce génie qui agissait d'une façon si puissante sur l'opinion de son temps, qui agit encore, disons-le, sur la nôtre, avait-il des idées plus larges et des visées plus hautes? En aucune façon. Nul plus que lui n'a contribué à répandre l'indifférence et le mépris sur ces quelques arpents de neige, sur ce pays des ours et des castors qui formaient, en somme, non seulement le Canada, mais l'Amérique presque tout entière, avec les vallées du Mississipi, de l'Ohio, du Missouri et le golfe du Mexique, ces régions en un mot où se développe aujourd'hui la formidable puissance des États-Unis.

---

(1) Voir Montesquieu, *Esprit des lois*, liv. XXI. — *Lettres persanes*, lettres 49, 121, 110.

Tout ce vaste domaine, tout ce riche héritage légué à la France par les hommes du dix-septième siècle, c'est lui qui, pour sa large part, a contribué à le faire jeter aux Anglais comme une défroque inutile et gênante. Non seulement il l'a fait mépriser par ses contemporains, mais il a engagé les ministres à l'abandonner sans remords, et pendant la guerre même il entrait en négociation avec le frère de Pitt, notre implacable ennemi, pour s'efforcer de faire céder le Canada aux Anglais (1).

Il engage Choiseul à conclure la paix à tout prix : « J'aime mieux, dit-il, la paix que le Canada (2). »

Et quand la signature du néfaste traité de 1763 met enfin le sceau à la ruine de notre empire colonial, il en témoigne sa joie par des feux d'artifice et des réjouissances à Ferney, dont les journaux de Londres donnent la description avec des éloges bien naturels (3).

Comme historien, Voltaire n'a pas exprimé d'autres regrets de la perte, par la France, du continent

---

(1) « Le gouvernement ne me pardonnera donc pas d'avoir dit que les Anglais ont pris le Canada, que j'avais, par parenthèse, *offert il y a quatre ans* de *vendre* aux Anglais ; ce qui aurait tout fini et que le frère de M. Pitt m'avait proposé. » (Lettre au comte d'Argental, 8 mai 1763, t. LXVII, p. 18.)

Arpents de neige, pays des ours et des castors, ce n'est pas une fois, c'est cent fois que ces expressions reviennent sous la plume de Voltaire. Voy. lettres à M. de Moncrif, mars 1757 (t. LXV, p. 38); à la marquise du Deffand, 13 octobre 1757 ; à M. Thieriot, 29 février 1756 (t. LIV, p. 477), et *Candide*, ch. xxiii. (Édition Thiessé-Baudouin, 1829.)

(2) Lettre du 6 septembre 1762.

(3) *Public Advertiser*, cité par Garneau, t. II, p. 388.

américain. Le chapitre de son *Siècle de Louis XV* dans lequel il traite des causes de la guerre de Sept ans est intitulé : *Guerres funestes pour quelques territoires vers le Canada!* Quelques territoires vers le Canada, voilà la conception qu'il a de l'Amérique et le cas qu'il en fait !

Dans le récit de cette guerre, s'il parle des combats dans les colonies, toute son attention est absorbée par l'Inde, mais des *admirables faits d'armes* dont le Canada fut le théâtre, des victoires de Carillon et des batailles des plaines d'Abraham, de tous ces émouvants combats dans ce cadre si plein de poésie et de mystère des forêts du nouveau monde, de la gloire des Montcalm et des Levis, pas un mot ! Ces noms glorieux, il ne les prononce même pas et semble les ignorer.

Et croyez-vous que nos défaites, nos défaillances, nos hontes, l'abaissement dans lequel nous étions tombés au point de devenir la risée des peuples voisins, fissent saigner son cœur français ? Écoutez ce qu'il écrit à ces amis auprès desquels il se découvre tout entier : « Il me vient quelquefois des Russes, « des Anglais, des Allemands ; ils se moquent tous « prodigieusement de nous, de nos vaisseaux, de notre « vaisselle, de nos sottises en tout genre. Cela me « fait d'autant plus de peine, à moi qui suis bon Fran- « çais — qu'on ne me paye point mes rentes (1). »

Voilà quels étaient ses véritables sentiments, et sa

---

(1) Lettre à Thieriot, 26 septembre 1760.

sollicitude pour l'Inde, quand il gardait pour l'Amérique un si superbe dédain, n'avait pas d'autres causes que ces considérations fort peu nobles et fort peu désintéressés. Gros actionnaire de la Compagnie des Indes, il s'inquiète de Pondichéry; mais, que lui importait le Canada? La France peut être heureuse sans Québec (1)! Mais sans Pondichéry, non pas; c'est de là que viennent les rentes de Voltaire! Aussi tremble-t-il, car il y a là, dit-il, « un Lally, une « diable de tête irlandaise qui me coûtera tôt ou « tard 20,000 livres tournois, le plus clair de ma « pitance (2) » !

De Rosbach, de Crevelt, de tous nos lamentables revers de la guerre de Sept ans, il n'y a presque pas de trace dans sa correspondance. Toutes ces cruelles blessures qui, une à une, venaient saigner la patrie française et diminuer ses forces, le laissaient indifférent; mais Pondichéry, c'est autre chose! « Toute ma « joie est finie, écrit-il, nous sommes encore plus « battus dans l'Inde qu'à Minden. Je tremble que Pon- « dichéry ne soit flambé. Il y a trois ans que je crie : « Pondichéry! Pondichéry! Ah! quelle sottise de se « brouiller avec les Anglais pour un *ut?* et Annapolis « sans avoir cent vaisseaux! Mon Dieu, qu'on a été « bête! Mais est-il vrai qu'on a un peu pendu vingt « Jésuites à Lisbonne? C'est quelque chose, mais cela « ne rend point Pondichéry. »

---

(1) Lettre à Choiseul, 6 avril 1762.
(2) Lettre au comte d'Argental, 15 février 1760.

Vraiment, Harpagon criait-il mieux *ma cassette!* que Voltaire *Pondichéry!* Certes, personne ne lui contestera le titre de grand écrivain, mais personne ne lui donnera celui de grand patriote aux vues généreuses et aux conceptions élevées. Plus littérateur que philosophe, il avait bien plus de souci du succès que de la vérité, et à qui lui eût demandé son avis, il aurait peut-être répondu qu'une erreur bien dite vaut mieux qu'une vérité gauchement présentée.

Le malheur est que ses opinions, basées quelquefois sur une étude si peu approfondie des choses, ont été admises par ses contemporains et le sont encore par beaucoup des nôtres comme des espèces d'axiomes et d'oracles.

Son mépris du Canada et du continent américain ne reposait que sur des motifs tout personnels et fort peu élevés, mais il l'affichait avec tant d'assurance! Les esprits les plus sérieux ont pu croire qu'émises par un génie aussi élevé, ces opinions devaient être basées sur quelques profondes considérations; M. de Sacy, dans *l'Encyclopédie*, s'appuie sur elles pour faire au Canada et à notre puissance coloniale une bien maigre oraison funèbre : « M. de Voltaire, dit-« il, ne semble pas regretter cette perte, et pense que « si la dixième partie de l'argent englouti dans cette « colonie avait été employé à défricher nos terres « incultes de France, on aurait fait un gain considé-« rable. Cette réflexion est d'un citoyen philosophe. « On ne peut nier cependant que le commerce des « pelleteries, peu dispendieux en lui-même, ne fût une

« source de richesses (1). » Et c'est tout! Ainsi, tandis que les Anglais sortaient de leur petite île pour fonder des empires de 250 millions d'habitants, ceux qui, en France, dirigeaient l'opinion publique disaient au peuple : Reste chez toi, épuise-toi pour tirer un maigre revenu des terres méprisées par tes ancêtres. Piétine sur place, renferme-toi sur toi-même et ignore le reste du monde!

Rien n'égale la rancune que les Canadiens ont conservé contre Voltaire, rien, sinon celle qu'ils ont vouée à Mme de Pompadour elle-même et à Louis XV. Leur poète a pu s'écrier, en s'adressant à nous :

> O France, ces héros qui creusaient si profonde,
> Au prix de tant d'efforts, ta trace au nouveau monde,
> Ne méritaient-ils pas un peu mieux, réponds-moi,
> Qu'un mépris de Voltaire et que l'oubli d'un roi (2)?

L'œuvre des Richelieu et des Colbert, que Voltaire, les philosophes, les ministres et l'opinion publique au dix-huitième siècle avaient sapée par la base et dont ils avaient détruit les résultats, ne fut jamais reprise. L'heure était passée et la partie était définitivement perdue : c'est aux Anglais que devait appartenir la prépondérance dans le monde. Napoléon, qui aurait pu la leur arracher encore, se laissa distraire par l'Europe de la conquête de l'univers. Son œuvre fut celle d'un conquérant, non celle d'un homme d'État. L'homme d'État prépare pour l'ave-

---

(1) *Encyclopédie méthodique,* article : Canada.
(2) Fréchette, *Légende d'un peuple.*

nir des œuvres durables : il a vu la sienne se briser entre ses mains.

La France du dix-neuvième siècle s'est efforcée de se reconstituer un empire colonial en Afrique et en Asie. C'est un heureux retour vers la politique du dix-septième siècle ; mais combien la place qui nous reste est moins belle que celle que nous avons laissé prendre par nos rivaux !

Tout n'est pas perdu cependant. Le rôle de la France peut être grand encore, si elle veut cesser de se renfermer en elle-même et suivre la conduite hardie, les larges idées qui ont fait le succès des Anglais et édifié leur puissance.

Pendant que nous nourrissions sur les colonies et sur l'expansion coloniale des idées si étroites, quelles étaient les leurs et à quels mobiles ont-ils obéi ? Leur conduite a été, il faut bien le dire, totalement différente de la nôtre.

Aujourd'hui même que nous n'attachons de prix qu'à des colonies fortement centralisées, unies à nous par les liens les plus étroits, et que nous nous efforcerons jalousement d'en assimiler l'administration à celle des départements de France, redoutant le moindre signe de particularisme ou d'indépendance, les Anglais, peu soucieux au contraire du lien politique, se montrent moins fiers de régenter de nombreuses colonies que de créer des peuples puissants de leur sang et de leur civilisation.

« L'Angleterre aspire à être non la souveraine
« mais la mère d'une foule d'États qui, répandus sous

« toutes les latitudes, établis dans toutes les parties
« de l'univers et issus de la même origine, parlant la
« même langue, ayant les mêmes mœurs, pratiquant
« les mêmes institutions politiques, exerceraient dans
« l'ensemble une influence prépondérante sur les des-
« tinées du genre humain. Ce rêve ambitieux, elle en
« poursuit la réalisation avec une énergie qui doit don-
« ner à réfléchir à ceux qui se préoccupent de l'ave-
« nir du monde. Combien étaient-ils au commence-
« ment du siècle ceux que l'on aurait comptés comme
« appartenant à la race anglo-saxonne ? 25 millions au
« plus. Combien sont-ils aujourd'hui ? 70 millions au
« moins, et avec l'Inde ils règnent sur 200 millions de
« sujets ! » Voilà l'appréciation que donnait déjà il y
a une trentaine d'années sur la politique de l'Angleterre un écrivain de la *Revue des Deux Mondes* (1).

Et ces idées, d'ailleurs, les orateurs et les hommes
d'État anglais se plaisent à les affirmer bien haut :
« Le grand principe de l'Angleterre dans la fonda-
« tion de ses colonies, disait en 1851 M. Gladstone
« devant la Chambre des communes, dans un dis-
« cours au sujet de la Nouvelle-Zélande, le grand prin-
« cipe de l'Angleterre est la multiplication de la race
« anglaise pour la propagation de ses institutions...
« Vous rassemblez un certain nombre d'hommes
« libres destinés à former un *État indépendant* dans
« un autre hémisphère, à l'aide d'institutions analo-
« gues aux nôtres. Cet État se développe par le prin-

(1) *Annuaire des Deux Mondes*

« cipe d'accroissement qui est en lui, protégé comme
« il le sera par votre pouvoir impérial contre toute
« agression étrangère ; et ainsi, avec le temps, se pro-
« pageront votre langue, vos mœurs, vos institutions,
« *votre religion*, jusqu'aux extrémités de la terre. —
« Que les émigrants anglais emportent avec eux *leurs*
« *libertés*, tout comme ils emportent leurs instruments
« aratoires : voilà le secret pour triompher des diffi-
« cultés de la colonisation (1) ! »

Ces larges idées sont aujourd'hui universellement admises par les Anglais, et toutes leurs grandes colonies, le Canada, Terre-Neuve, le Cap, la Nouvelle-Zélande, l'Australie, sont en fait devenues, de leur propre consentement, et même avec leur encouragement et leur appui, des États presque indépendants. Cela ne les empêche pas de les compter toujours comme unies par les liens les plus forts, sinon les plus apparents de la grande patrie anglaise.

Bien mieux, les États-Unis eux-mêmes, cette République qui, il y a un siècle, s'est séparée de l'Angleterre d'une façon si violente, ils la comptent aujourd'hui dans la famille des peuples anglais, et elle se

(1) M. Huskisson, ministre des colonies, disait déjà devant la Chambre des communes en 1828 : « L'Angleterre est la mère de plusieurs colonies, dont l'une forme aujourd'hui un des empires les plus vastes et les plus florissants de la terre; ces colonies ont porté jusqu'aux coins les plus reculés du monde notre langue, nos institutions, nos libertés et nos lois. Ce que nous avons ainsi planté a pris ou prend racine; les colonies que nous favorisons et protégeons actuellement deviendront tôt ou tard elles-mêmes des nations libres, qui à leur tour légueront la liberté à d'autres peuples... » (GARNEAU, t. III, p. 266-267.)

laisse elle-même de plus en plus entraîner à ce rapprochement amical.

Après la guerre d'Amérique, les Anglais s'aperçurent bien vite qu'ils n'avaient rien perdu, que la rupture du lien politique n'avait pas entraîné celle du lien commercial, et que si leur amour-propre national avait pu recevoir une blessure, leur intérêt n'avait pas été atteint : « Le résultat de cette grande
« querelle, dit dans ses Mémoires le duc de Levis, un
« des compagnons de Rochambeau, confondait encore
« une fois tous les calculs de la prudence humaine.
« Cette indépendance de l'Amérique que le commerce
« anglais regardait comme devant lui porter un coup
« fatal eut pour lui des conséquences aussi heureuses
« qu'imprévues. Le nombre des vaisseaux marchands,
« ce signe infaillible de la prospérité d'une nation
« commerçante, doubla en peu d'années, et l'on vit
« avec étonnement ces mêmes négociants de Bristol,
« qui trafiquaient principalement avec les colonies
« américaines et qui encore, à la fin de la guerre,
« avaient annoncé au Parlement, dans une séance
« solennelle, que si l'indépendance était prononcée il
« faudrait fermer leur port, on les vit, dis-je, deman-
« der un bill pour être autorisés à l'agrandir (1) ! »

Que restait-il donc pour séparer les deux peuples? Une certaine rancune des hostilités subies et de la rupture imposée, mais les vestiges de cette rancune ont disparu bien vite devant la communauté des inté-

---

Mémoires du maréchal de Levis, p. 413. Collection Barrière.

rêts. Les relations des deux nations sont devenues, comme l'affirmait déjà en 1820 d'une façon officielle lord Canning au représentant des États-Unis, celle « d'une mère et de sa fille », et leur rôle, remarquons bien ceci, est de « marcher côte à côte pour « *faire face au reste du monde* (1) ».

Les pénibles souvenirs de la guerre sont tout à fait effacés; les tendances et les sympathies anglaises se manifestent de plus en plus dans la presse, dans la littérature et dans la politique américaines. Bien mieux, la guerre d'indépendance est non seulement pardonnée, mais presque glorifiée par les Anglais eux-mêmes, et George Washington, le rebelle de 1774, est honoré par des écrivains anglais, des historiens, professeurs dans les fameuses Universités d'Oxford et de Cambridge (ces vieilles forteresses, ces solides remparts de l'esprit anglais), comme un héros que l'Angleterre doit revendiquer et dont les actions ont contribué à sa grandeur et à son expansion!

« George Washington, Expander of England! » tel est le titre d'une conférence faite le 22 février 1886 à l'Université d'Oxford par le célèbre professeur Freeman, auteur de plusieurs travaux historiques fort sérieux et bien connus en France. « George Washington et ses compagnons », — j'emprunte ici les expressions mêmes du professeur, — « en travail-

---

(1) Cité par GERVINUS, *Histoire du dix-neuvième siècle*, t. X, p. 383.

lant au démembrement de l'empire anglais, ont travaillé à l'expansion de l'Angleterre! » et le conférencier explique ainsi sa pensée : « Sûrement les
« Anglais de ces treize États qui, par malheur, eurent
« à combattre l'Angleterre *pour avoir le droit d'être*
« *Anglais* et de jouir de tous les privilèges de ce
« titre, n'ont pas pu cesser d'être Anglais justement
« parce qu'ils ont conquis ces droits. Leurs pays sont
« devenus des *colonies du peuple anglais* dans un sens
« bien plus vrai depuis qu'ils ont cessé d'être des
« *dépendances de l'Angleterre.*

« Voyez la bannière des États-Unis, comptez les
« étoiles qui la constellent, représentant chacune un
« des États de la Confédération, nommez-les par leur
« nom : le nom de chacune d'elles est celui d'une
« libre république du peuple anglais! Ne voyez-vous
« pas là l'expansion de l'Angleterre dans sa forme la
« plus haute? Tant qu'elles ont dépendu de l'Angle-
« terre, ces provinces sont demeurées timidement en-
« fermées entre l'Océan et la barrière des monts Alle-
« ghanis. Devenues indépendantes, elles ont trouvé ces
« frontières trop étroites, elles sont allées de l'avant
« et ont pris possession du continent, elles ont porté
« avec elles notre commune langue et notre commune
« loi au delà des montagnes, au delà des fleuves, au
« delà de montagnes plus grandes encore, au delà de
« l'Océan lui-même, jusqu'à ces extrêmes frontières
« d'Amérique qui de loin regardent l'Asie!

« Nous sommes fiers aujourd'hui d'écrire l'histoire
« des *Anglais en Amérique.* D'autres plumes dans l'ave-

« nir auront à écrire celle des *Anglais en Australie* et
« celle des *Anglais en Afrique*... Je ne verrai peut-
« être pas ce jour, mais la plupart d'entre vous le
« verront sans doute (il s'adressait aux étudiants), où
« l'œuvre de Washington sera répétée, mais d'une
« façon pacifique et sans effusion de sang, alors que,
« à côté du *Royaume de la Grande-Bretagne* et des
« *États-Unis d'Amérique* pourront se dresser comme
« des « homes » anglais indépendants les *États-Unis*
« *d'Australie*, les *États-Unis de l'Afrique du Sud* et les
« *États-Unis de la Nouvelle-Zélande*, tous liés les uns
« aux autres par des liens communs et fraternels, unis
« aussi à leur commune mère par une loyale recon-
« naissance sans lui être politiquement soumis (1). »

Voilà les larges idées dont s'imprègne, dans les
universités (2), dans celle de Cambridge, où domine
l'esprit whig, aussi bien qu'à Oxford, où règne l'esprit
tory, la jeunesse anglaise, la nation de demain. La
jeune école historique s'étonne de l'aveuglement des
historiens anglais du commencement du siècle qui,
dans l'histoire d'Angleterre au dix-huitième siècle,
n'ont aperçu que les luttes politiques et qui, absorbés
en entier par les débats du Parlement, ont passé
sous silence l'admirable mouvement d'expansion que
leur patrie commençait à cette époque.

L'expansion de l'Angleterre, la fraternité du sang,

---

(1) FREEMAN; Georges WASHINGTON, *Expander of England*.
(2) M. Seeley, professeur à l'Université de Cambridge, a publié
sur le même sujet et dans les mêmes idées un intéressant ouvrage
sous le titre : *Expansion of England*.

les libres colonies anglaises, ce sont là des expressions qui sont aujourd'hui dans toutes les bouches. Mais qu'on ne croie pas que cette satisfaction platonique soit le seul avantage qu'attendent les Anglais.

Certes, c'est quelque chose que cette puissance morale que donne à la patrie la présence sur tous les points du globe de nations issues d'elle, reliées à elle par des liens plus ou moins relâchés au point de vue politique, mais fort étroits encore au point de vue plus important des mœurs et des idées. Le peuple anglais en garde à bon droit une légitime fierté, mais son intérêt y trouve son compte en même temps que son orgueil. Les relations commerciales survivent au relâchement et même à la rupture du lien colonial. Bien qu'elles soient depuis longtemps absolument émancipées au point de vue économique, bien que toutes elles soient libres de régler elles-mêmes et leur régime commercial et leurs tarifs douaniers, les colonies anglaises demeurent, en fait, en étroites relations d'affaires avec la métropole.

Pour les États-Unis eux-mêmes, c'est encore avec l'Angleterre que se fait la moitié de leur commerce total (1).

En même temps qu'une augmentation de puissance morale, en même temps qu'une augmentation de richesses, ces colonies indépendantes ne procurent-elles pas à l'Angleterre une augmentation de puissance matérielle, leurs intérêts commerciaux se con-

---

(1) RECLUS, *Géographie universelle*. États-Unis, p. 744.

fondant avec les siens, ne demeureront-elles pas nécessairement des alliées naturelles dans tous les conflits qui pourraient se produire ?

Le principe de l'indépendance coloniale n'est plus contesté par personne en Angleterre, et ceux que leurs tendances entraîneraient le plus à des idées de centralisation, les partisans eux-mêmes du projet un peu chimérique de Fédération impériale ne vont pas au delà, dans leurs plans les plus audacieux, de réclamer la formation, entre toutes les colonies, d'une sorte de ligue qui ne restreindrait en rien l'autonomie particulière de chacune d'elles, et n'ajouterait pas grand chose au lien moral, mais indiscutable, qui existe déjà.

Quelle différence avec les idées qui ont cours en France ! et quel est celui de nos publicistes ou de nos hommes politiques qui oserait, comme le font chaque jour pour leurs colonies les publicistes et les hommes d'État anglais les plus autorisés, émettre seulement la possibilité de l'indépendance future des colonies françaises ?

Entre deux conceptions si opposées de l'expansion coloniale, l'histoire tout entière, la puissance de l'Angleterre, son influence dans le monde, nous disent quelle est la bonne.

Le Français qui aime son pays et voudrait le voir grand parmi les nations s'afflige, en parcourant des yeux la carte de l'univers, d'y trouver trop peu de ces « libres colonies du peuple français », par lesquelles se propage « notre langue, nos mœurs, nos institu-

« tions et notre religion, jusqu'aux extrémités de la
« terre », de ces libres nations que les Anglais, eux,
ont semées tout autour du globe et dont ils sont si
fiers.

Sur quelques points pourtant le patriote français
peut, lui aussi, arrêter avec fierté son regard. La
France elle-même a donné naissance à de jeunes
nations qui comptent parmi les plus avancées, les
plus actives, et qu'elle peut revendiquer avec orgueil.
La plus belle, la plus grande et la plus prospère
d'entre elles, c'est ce Canada français qu'a méprisé
Voltaire, mais que nous retrouvons aujourd'hui grand,
glorieux, et toujours fier de son ancienne patrie.
Séparé d'elle à jamais par les liens politiques, il lui
demeure uni par les liens bien plus forts de l'histoire
et du patriotisme. Si l'on peut relever dans une partie
de la presse canadienne des attaques à l'adresse des
institutions gouvernementales qu'à tort ou à raison il
nous a plu de nous donner, ces polémiques ne diffèrent
en rien de celles dont la moitié de notre presse elle-
même accable ces institutions. Pouvons-nous faire un
reproche aux Canadiens de dire de nous ce que nous
en disons nous-mêmes? Jusque dans leurs attaques
ils demeurent Français. Leurs divisions, leurs luttes,
leurs inimitiés ne sont pas autres que les nôtres;
vous pouvez, près de beaucoup d'entre eux, dire
tout le mal que vous voudrez du gouvernement français, mais auprès d'aucun ne dites de mal de la
France!

« Notre destinée, dit M. Chauveau, séparée depuis

« si longtemps de la sienne, s'y rattache encore par
« des liens mystérieux et invisibles ; que nous le vou-
« lions ou que nous ne le voulions pas, nous ne pouvons
« nous empêcher de nous réjouir avec elle, de nous
« affliger avec elle, de nous humilier avec elle, et,
« s'il nous échappe quelques paroles amères à son
« adresse, elles sont dues à notre amour qui nous fait
« sentir, comme si elles étaient faites à nous-mêmes,
« les-mutilations qu'elle s'inflige dans le délire des
« révolutions. »

Ces sentiments, rien ne les déracinera du cœur des Canadiens ; vouons donc à leur patrie un amour égal à celui qu'ils conservent à la nôtre. Ces deux patries d'ailleurs ne sont-elles pas communes, et le Canada français n'est-il pas resté, malgré la conquête, la plus belle, non pas des possessions françaises, mais des « libres colonies du peuple français » ?

Une terre où résonne notre langue, où le culte de la France est si pieusement gardé, n'est-elle pas une terre française bien plus que celles que nous conquérons et que nous gouvernons sans y implanter notre race et y propager notre sang ?

Tâchons de nous pénétrer des larges idées de nos voisins ; cessons de croire que là où est l'hôtel du gouverneur et la caserne, où sont la direction des douanes, les bureaux et les administrations, là est la colonie. Non : la colonie est là où est le peuple, là où sont les colons. Si le peuple est français, quels que soient les liens de protectorat politique qui l'attachent à une nation étrangère, c'est là, dans le vrai sens du mot, une colonie française. A ce titre, réjouissons-nous de la formation de la jeune nation canadienne; elle fait partie de la patrie française, applaudissons à ses progrès et efforçons-nous de les encourager.

# TABLE DES MATIÈRES

Introduction. . . . . . . . . . . . . . . . . . . . . . . .   vii

## PREMIÈRE PARTIE

### ORIGINES ET ÉVOLUTION HISTORIQUE DE LA NATION CANADIENNE

#### CHAPITRE PREMIER
##### LES ORIGINES.

François I$^{er}$ et Jacques Cartier. — Henri IV et Champlain. — Le fort de Québec. — Mesures coloniales de Colbert. — Peuplement. — Convois de colons. — Le régiment de Carignan. — Colonisation militaire. — Les mariages. — Explorations et découvertes. — Le Mississipi. — Marquette et Joliet. — Cavelier de la Salle. . . . . . . . . . . . . . . . . . . . . . . . .   1

#### CHAPITRE II
##### LA COLONISATION.

Défrichements. — Concessions de terres. — Système seigneurial. — Condition sociale des seigneurs canadiens. — Leurs droits et leurs devoirs. — Obligation du moulin banal. — Droits et devoirs des censitaires. — Existence laborieuse des seigneurs canadiens. — Défaut de la colonisation française. — La centralisation.   16

## CHAPITRE III
### PERTE DE LA COLONIE.

Les mesures de Colbert sont abandonnées au dix-huitième siècle. — Projets de M. de la Galissonnière sur la vallée du Mississipi écartés. — La guerre de Sept ans. — Mme de Pompadour et la politique continentale. — Situation désespérée du Canada. — La catastrophe. — Mort de Montcalm. — La capitulation et la paix de 1763.................. 30

## CHAPITRE IV
### L'ANGLETERRE S'ATTACHE LES CANADIENS.
### LA FRANCE LES OUBLIE (1763-1778).

Humiliation de la France. — Incroyable indifférence de l'opinion publique. — Quel appui demeure aux Canadiens? — Le clergé. — La révolte des colonies anglaises d'Amérique force la générosité de l'Angleterre envers les Canadiens. — L'acte de Québec, 1774. — Étrange engouement des Français pour la liberté américaine. — Tout pour les Américains, rien pour les Canadiens. — Étonnement des Anglais devant la politique française. — Par le traité d'alliance de 1778 avec la République américaine, la France s'engage à ne pas reprendre le Canada!...... 41

## CHAPITRE V
### DES RIVAUX AUX CANADIENS. — LES LOYALISTES
### (1778-1791).

Formation de cantons anglais sur les confins du territoire occupé par les Canadiens-Français. — Rivalité des deux populations. — Nécessité de ménager l'une et l'autre. — Projet de Pitt. — Formation de deux provinces. — Constitution de 1791. — Le clergé catholique rallié au gouvernement anglais......... 52

## CHAPITRE VI
### GAULOIS CONTRE SAXONS. — LA RÉVOLTE DE 1837.

Opposition de l'oligarchie anglaise du Canada à la constitution de 1791. — Contraste entre la politique généreuse du gouvernement anglais et la haine de cette oligarchie contre les Canadiens. — Systématiquement écartés du pouvoir, les hommes d'action canadiens deviennent des hommes d'opposition. — Papineau. — Exaspération des esprits. — Révolte de 1837. — Les Canadiens trouvent en Angleterre de généreux défenseurs. — Lord Gosford et lord Brougham. — Répressions sanglantes au Canada. — Excitations haineuses de la presse : « Balayons les Canadiens de la surface de la terre. » — Les gibets. — La sympathie se réveille en France pour les Canadiens. — La *Gazette de France*. — Les Canadiens ont un drapeau ! . . 59

## CHAPITRE VII

### MALGRÉ LA RÉPRESSION, LES CANADIENS PROGRESSENT. RÉGIME DE L'UNION DES PROVINCES (1840-1867).

Constitution adoptée en 1840 dans le but avoué d'anéantir l'influence des Canadiens-Français. — Triple injustice de cette constitution. — L'influence politique des Canadiens n'en est pas atteinte. — Gouvernement généreux de lord Elgin. — Fureur de l'oligarchie anglaise : « Ceux qu'on voulait écraser dominent ! » — Le maintien de l'Union des provinces devient impossible. — Recherche d'une solution. — Organisation de la Confédération des colonies anglaises de l'Amérique du Nord. — Les Canadiens y entrent, non plus en vaincus, mais en égaux. 71

## CHAPITRE VIII

### L'AUTONOMIE DU DOMINION.

Sir John A. Macdonald et son œuvre. — La Confédération. — Sa constitution. — Indépendance presque absolue vis-à-vis de l'Angleterre. . . . . . . . . . . . . . . . . . . . . 81

## CHAPITRE IX

### L'AUTONOMIE DES CANADIENS-FRANÇAIS.
### LA PROVINCE DE QUÉBEC.

Étendue des pouvoirs réservés aux provinces. — Autonomie de la province de Québec vis-à-vis du gouvernement fédéral. — Les Canadien-Fsrançais chez eux . . . . . . . . . . . . . . . . 90

## DEUXIÈME PARTIE

ÉTAT ACTUEL, AU POINT DE VUE MATÉRIEL
ET MORAL, DE LA NATION CANADIENNE
TERRITOIRE — POPULATION — SENTIMENT NATIONAL

### CHAPITRE X
#### LE TERRITOIRE DES CANADIENS ET SA RICHESSE.

Étendue. — Grandes villes. — Québec et Montréal. — Beauté du Saint-Laurent. — Lacs, forêts, montagnes, rivières. . . .   99

### CHAPITRE XI
#### LA FORÊT ET LES FORESTIERS.

Importance de l'exploitation forestière. — La vallée du Haut-Ottawa. — Vie des bûcherons canadiens. — Un chantier. — Produits de la forêt. — Le *dravage* et les *cages* de bois. — Les scieries d'Ottawa et de Hull. . . . . . . . . . . . . . . . .   106

### CHAPITRE XII
#### LE PRÊTRE COLONISATEUR ET LE COLON.

Zèle pour la colonisation. — OEuvre patriotique et religieuse. — Mgr Labelle. — Courageuse persévérance du colon canadien. — — Difficulté des défrichements. — Moyens employés. — Rancune du colon contre la forêt. . . . . . . . . . . . . .   118

### CHAPITRE XIII
#### LA LÉGISLATION FAVORISE LA COLONISATION.

Lois relatives à la propriété. — Suppression du système seigneurial (1854). — Mode de concession des terres. — Conditions imposées aux colons. — Garanties et avantages qui leur sont assurés. — Régime municipal. . . . . . . . . . . . . . .   127

### CHAPITRE XIV
#### MARCHE DE LA COLONISATION.

Richesse des anciennes paroisses. — Contrées récemment colonisées : lac Saint-Jean, le Témiscamingue, presqu'île de Gaspé.   136

# CHAPITRE XV
### INDUSTRIE ET COMMERCE.

Importance du mouvement commercial. — Principales industries. — La province de Québec détient l'entrée du Canada. — Elle est maîtresse du commerce de transit. — Voies de communication. — Navigation maritime et fluviale. — Chemins de fer. — Le territoire occupé par les Canadiens-Français est propre au développement d'une grande nation. . . . . . . . . . . . . 146

# CHAPITRE XVI
### POPULATION CANADIENNE FRANÇAISE DANS LES PROVINCES DE QUÉBEC ET D'ONTARIO.

Accroissement merveilleux de la population canadienne-française. — Chiffres donnés par les statistiques. — Aveux des Anglais. . . . . . . . . . . . . . . . . . . . . . 156

# CHAPITRE XVII
### LES ACADIENS.

Populations françaises des provinces du Nouveau-Brunswick et de la Nouvelle-Écosse. — Origine et histoire des Acadiens. — Persécutions surmontées. — Leur état actuel . . . . . . . . 165

# CHAPITRE XVIII
### POPULATIONS FRANÇAISES DU MANITOBA ET DES TERRITOIRES DU NORD-OUEST.

L'Ouest des Grands Lacs. — Description de la prairie. — La traite des fourrures. — Rivalité des compagnies de la baie d'Hudson et du Nord-Ouest. — Les Indiens et les voyageurs. — Formation de la race métisse. — Les métis français, leur fierté. — Entrée des territoires de l'Ouest dans la Confédération. — Louis Riel. — La province de Manitoba. — État actuel des populations françaises. — Les *territoires* d'Assiniboïa, Alberta et Saskatchewan. — Nouvelle révolte des métis. — Supplice de Riel. — Persécutions actuelles contre l'élément français . . . . 177

# CHAPITRE XIX
### AUX ÉTATS-UNIS, LES CANADIENS DE L'OUEST.

L'émigration des Canadiens aux États-Unis. — L'Ouest américain a été une terre française. — Depuis la conquête anglaise les Canadiens ont continué à s'y porter. — Les Canadiens à Chicago. — A Dubuque. — A Milwaukee, à Saint-Paul, etc. — Rude existence des Canadiens de l'Ouest. — Saint-Paul en 1852. — Les traîneaux à chiens. — État actuel des populations canadiennes de l'ouest des États-Unis. . . . . . . . . . . . 192

## CHAPITRE XX
### CANADIENS DANS LA NOUVELLE-ANGLETERRE.

Leur vie est moins aventureuse que celle des Canadiens de l'Ouest, mais ils s'établissent d'une façon plus solide dans le pays. — Leurs progrès constatés par les Américains eux-mêmes. — Décadence de la population de souche américaine. — Influence générale des Canadiens dans l'Union . . . . . . . . . . . 207

## CHAPITRE XXI
### PATRIOTISME ET SENTIMENT NATIONAL DES CANADIENS.

Il résulte de leur histoire même. — Amour du sol et sentiment particulariste manifesté déjà sous la domination française. — Rivalité du marquis de Vaudreuil, Canadien d'origine, et de Montcalm. — La conquête anglaise fortifie le sentiment français dans le cœur des Canadiens. — Les héros canadiens. — Cartier et Champlain. — Héros religieux : les missionnaires et les martyrs. La vénérable Marie de l'Incarnation. — Héros militaires : d'Iberville et les sept frères Le Moyne. — Les Varennes de la Vérandrye. — Héros contemporains : le colonel de Salaberry et la défense de Châteauguay en 1812. — Les victimes politiques de 1838. — Monuments élevés par les Canadiens à toutes leurs gloires nationales. . . . . . . . . . . . 216

## CHAPITRE XXII
### LA LANGUE FRANÇAISE AU CANADA.

L'instruction publique dans la province de Québec. — Système scolaire. — La langue populaire. — Anglicismes et canadianismes. — Le langage parlementaire. — Il est légitime d'adopter les mots qui manquent en français. . . . . . . . . . . . 236

## CHAPITRE XXIII

### LA LITTÉRATURE CANADIENNE. — LES HISTORIENS.

Respect des Canadiens pour leur histoire. — L'historien national Garneau. — Naissance de sa vocation et but de son livre. — « Effacer le nom de peuple conquis! » — Les continuateurs de l'œuvre patriotique de Garneau. . . . . . . . . . . . . 255

## CHAPITRE XXIV

### ROMANCIERS ET POÈTES.

Tendance unanime des romanciers et des poètes canadiens. — Célébrer la gloire et la beauté de la patrie canadienne. — Romans historiques. — Peinture des mœurs canadiennes. — Souvenirs de la France dans la poésie canadienne. — Poésie populaire : les vieilles chansons. — Succès de la littérature canadienne . . . . . . . . . . . . . . . . . . . . . . . . 267

## CHAPITRE XXV

### MISSION PROVIDENTIELLE.

La foi en une mission providentielle à remplir en Amérique est l'aliment le plus fort du patriotisme des Canadiens. — Remplir dans le nouveau monde le rôle civilisateur de la France en Europe. — Dans un milieu voué aux préoccupations matérielles, enseigner le culte des arts et de l'idéal. — Répandre la foi catholique sur un monde qui se crée . . . . . . . . . . . . 281

---

# TROISIÈME PARTIE

### AVENIR DE LA NATION CANADIENNE.

## CHAPITRE XXVI

### DESTINÉE POLITIQUE ET SOCIALE.

L'union politique du Canada avec l'Angleterre n'est que temporaire. — Opinion des hommes d'Etat anglais. — Hypothèses d'avenir : Fédération impériale, indépendance ou annexion aux

États-Unis ? — Opinion des conservateurs et des libéraux canadiens. — Les Américains désirent-ils s'annexer le Canada ? — Quelle serait la solution la plus favorable aux intérêts des Canadiens français ? — Confiance des Canadiens dans leur avenir. — La France américaine . . . . . . . . . . . . . . . . . 293

## CHAPITRE XXVII

### LA NATION CANADIENNE COMPTE ENCORE DANS LA PATRIE FRANÇAISE.

La patrie s'élargit avec le perfectionnement des voies de communication. — La conquête du monde depuis deux siècles. — Fausse politique de la France au dix-huitième siècle. — Elle perd l'empire du monde. — Mauvaise direction de l'opinion publique. — Étroites idées de l'École philosophique sur les colonies et la politique coloniale. — Opinions de Montesquieu. — Un ennemi personnel du Canada : Voltaire. — M. de Sacy et l'*Encyclopédie*. — Formidable expansion de la patrie anglaise. — Larges idées des Anglais. — Répandre à travers le monde de libres nations, de leur *sang, de leur langue et de leur religion*. — Opinions de M. Gladstone. — Opinions des Universités d'Oxford et de Cambridge. — Étroites idées des Français sur la centralisation des colonies. — Efforçons-nous de les élargir. — Toute terre où l'on parle français est une terre française. — Les Canadiens sont toujours français. . . 308

PARIS

TYPOGRAPHIE DE E. PLON, NOURRIT ET C<sup>ie</sup>

Rue Garancière, 8.

www.ingramcontent.com/pod-product-compliance
Lightning Source LLC
Chambersburg PA
CBHW070843170426
43202CB00012B/1920